le persone
people

il corpo • body

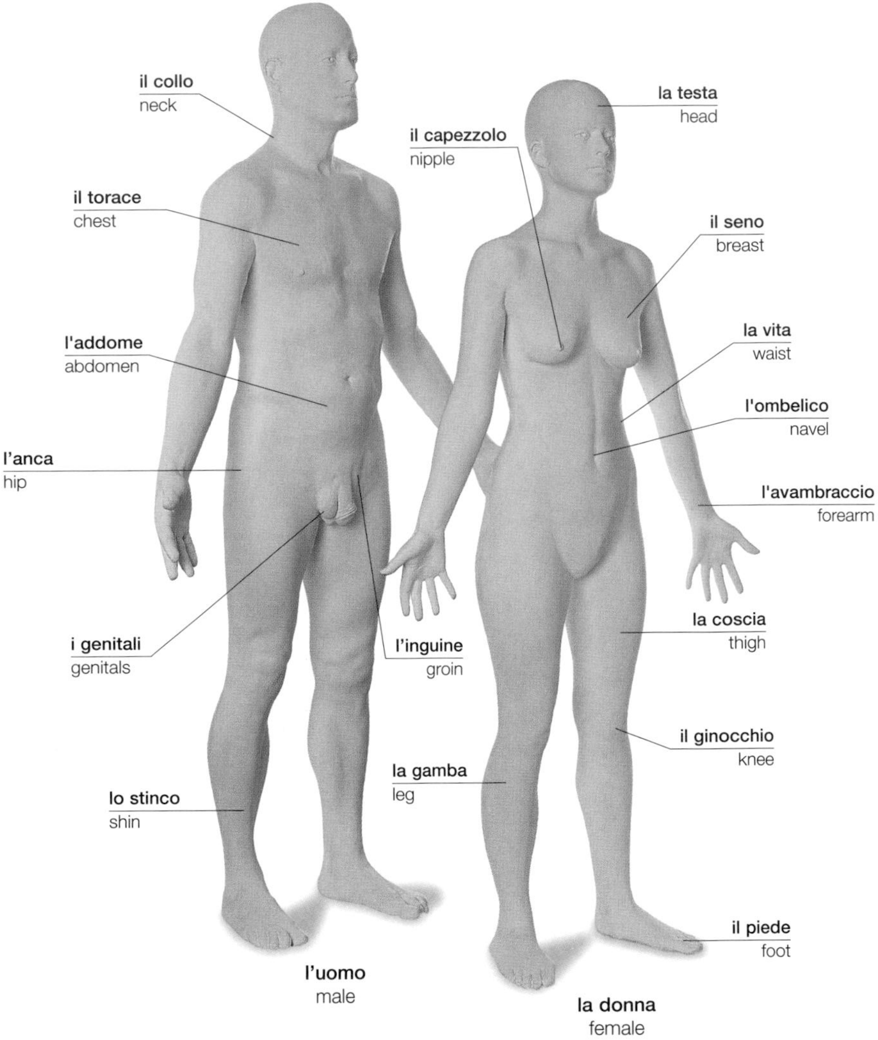

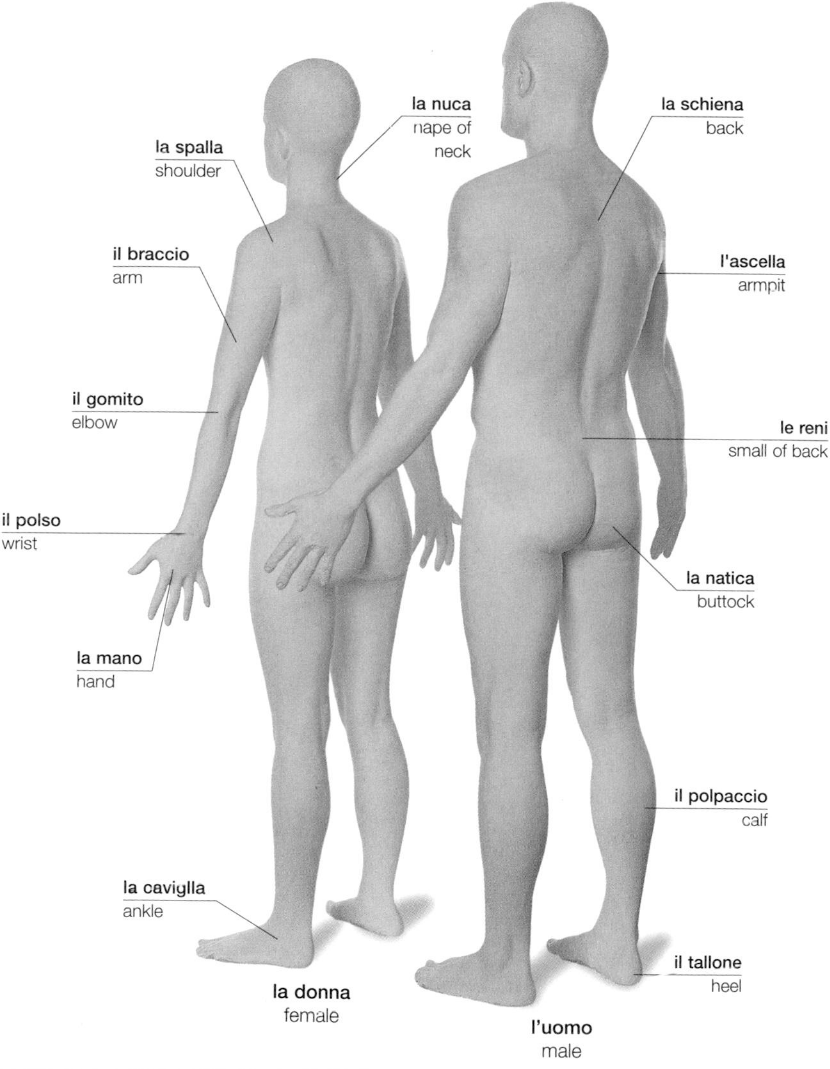
la nuca
nape of neck
la schiena
back
la spalla
shoulder
il braccio
arm
l'ascella
armpit
il gomito
elbow
le reni
small of back
il polso
wrist
la natica
buttock
la mano
hand
il polpaccio
calf
la caviglla
ankle
il tallone
heel
la donna
female
l'uomo
male

la faccia • face

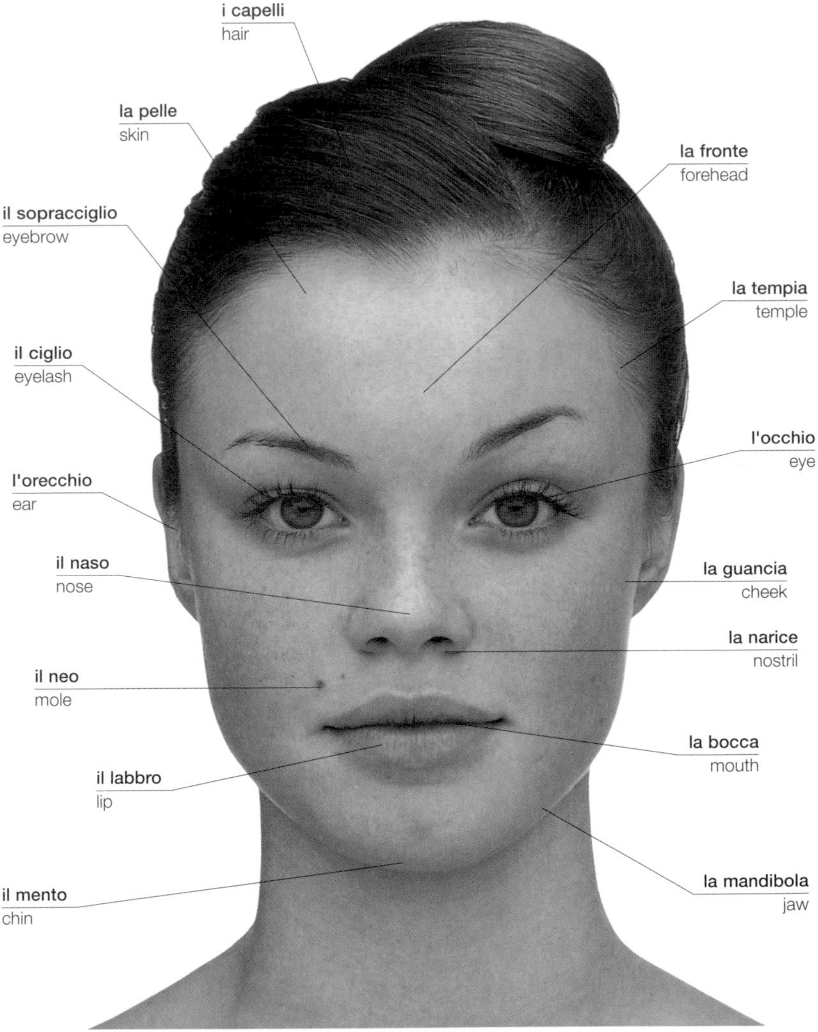

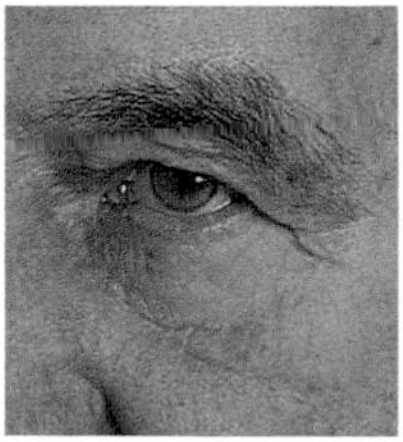

la ruga
wrinkle

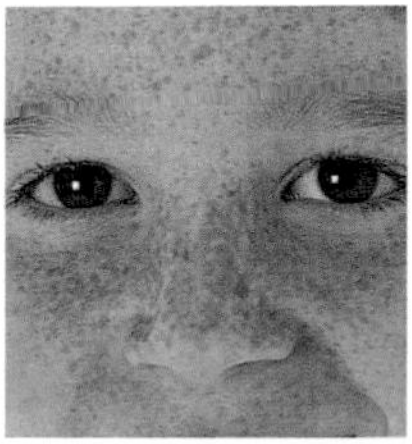

la lentiggine
freckle

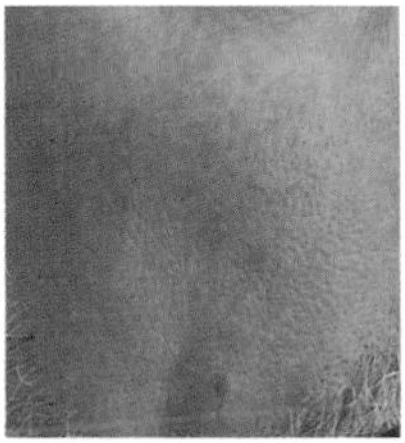

il poro
pore

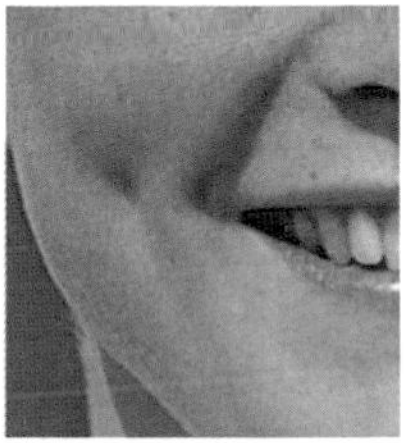

la fossetta
dimple

la mano • hand

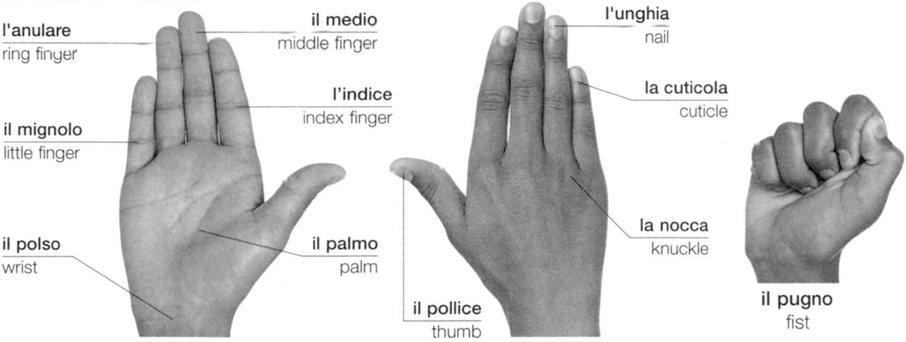

il piede • foot

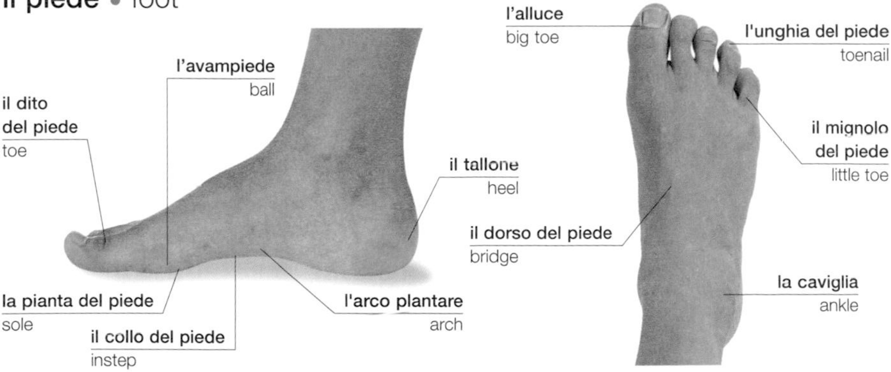

i muscoli • muscles

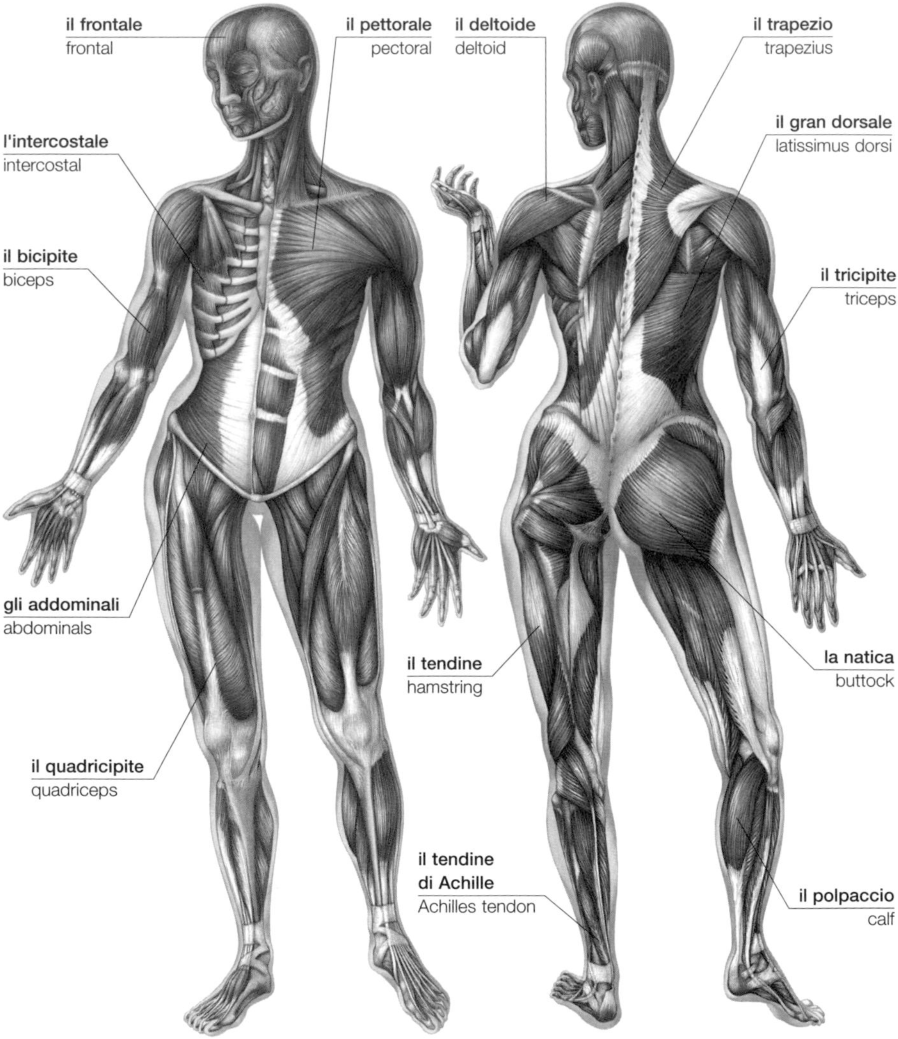

lo scheletro • skeleton

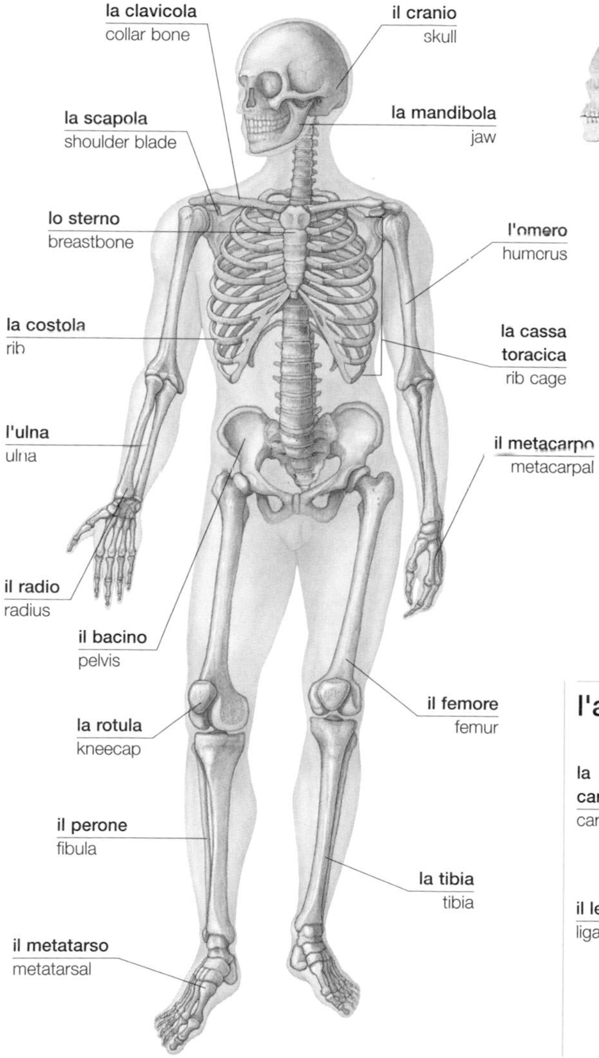

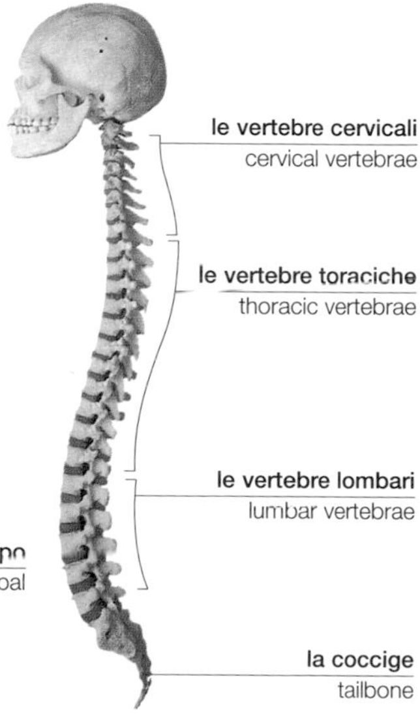

la spina dorsale
spine

l'articolazione • joint

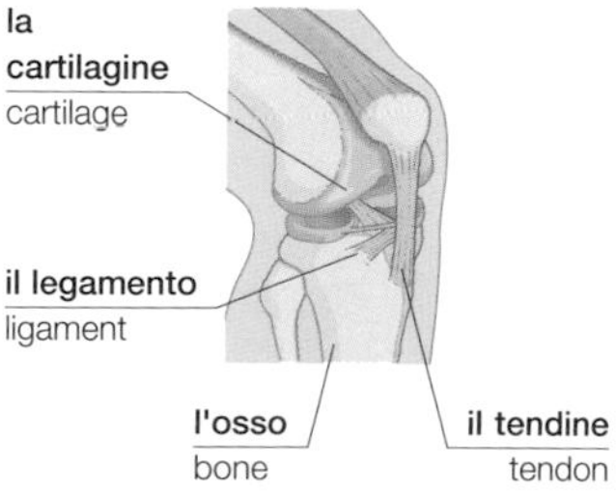

gli organi interni • internal organs

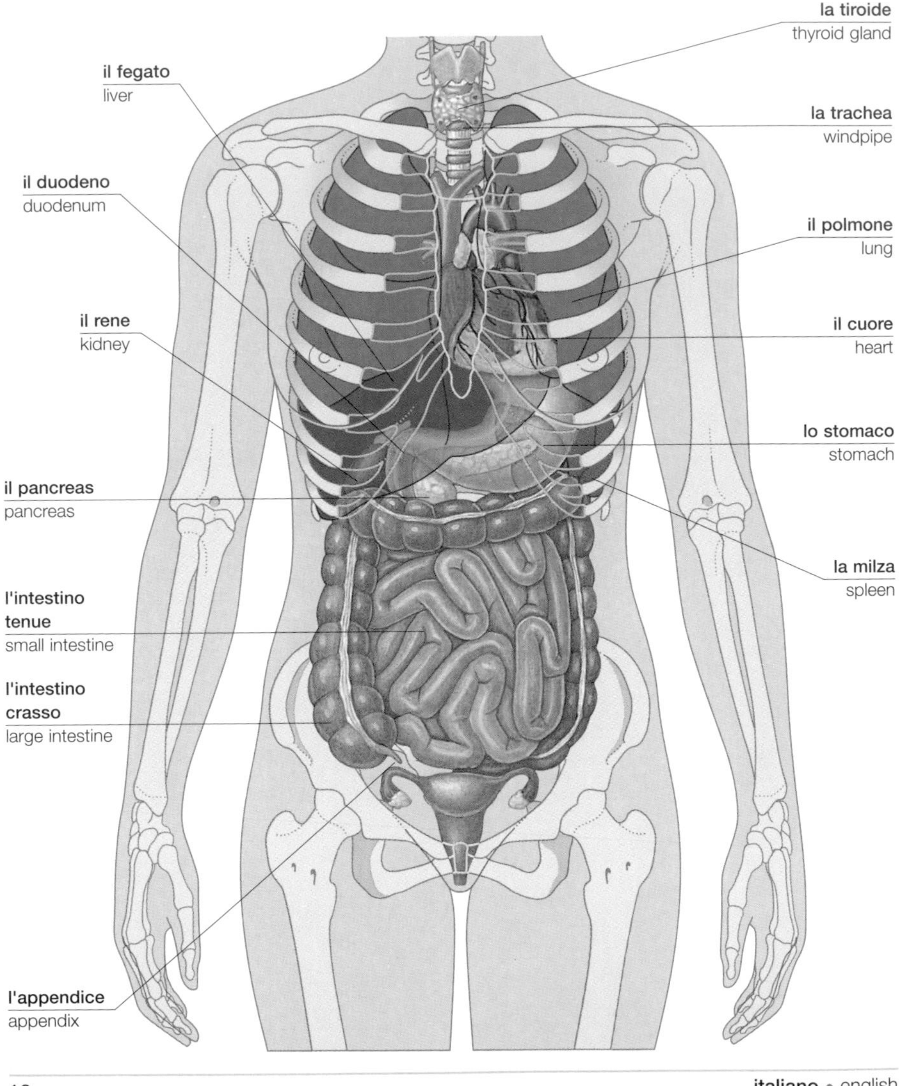

la testa • head

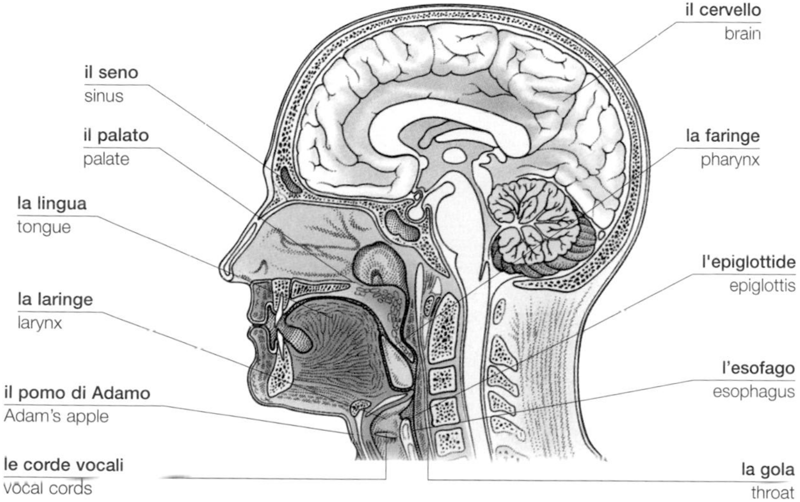

i sistemi organici • body systems

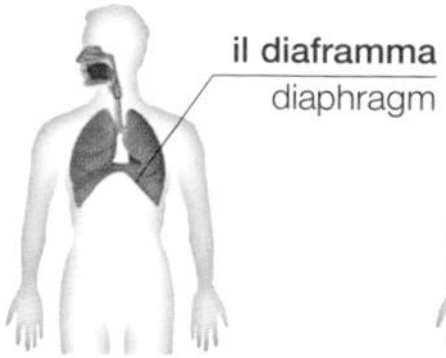

respiratorio
respiratory

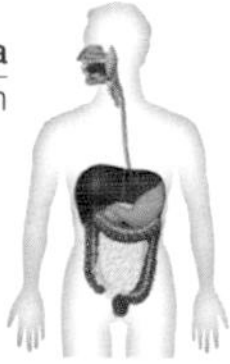

digerente
digestive

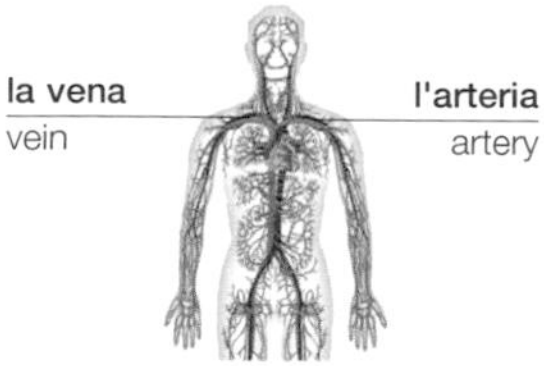

cardiovascolare
cardiovascular

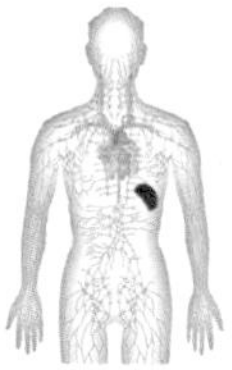

linfatico
lymphatic

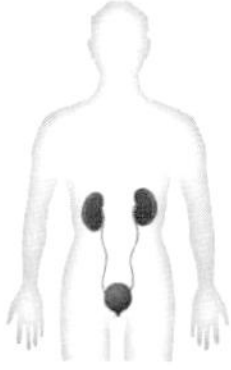

urinario
urinary

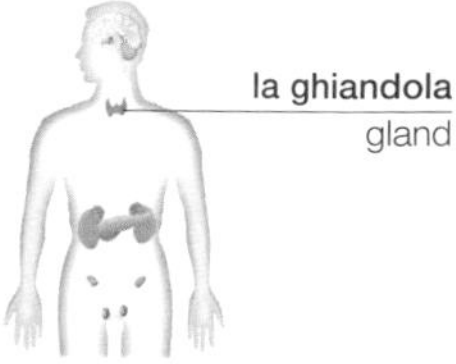

endocrino
endocrine

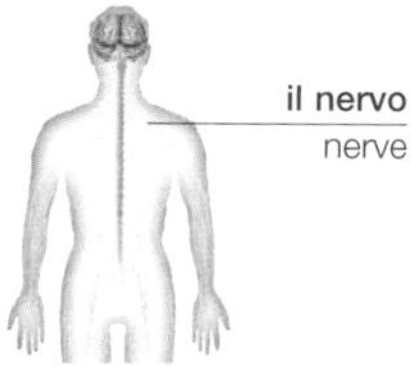

nervoso
nervous

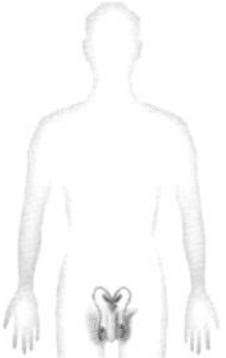

riproduttivo
reproductive

gli organi riproduttivi • reproductive organs

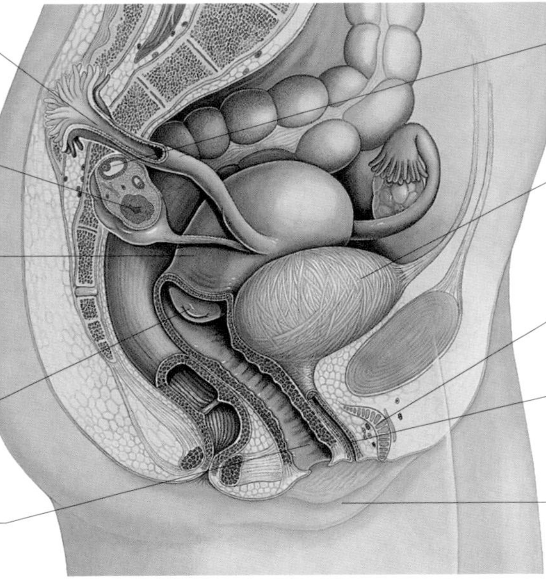

femminili | female

la riproduzione • reproduction

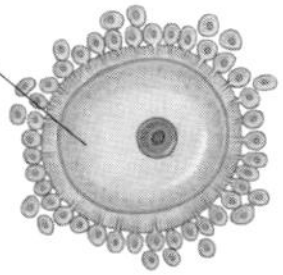

la fecondazione | fertilization

vocabolario • vocabulary

l'ormone hormone	**impotente** impotent	**la mestruazione** menstruation
l'ovulazione ovulation	**fecondo** fertile	**il coito** intercourse
sterile infertile	**concepire** conceive	**la malattia sessualmente trasmessa** sexually transmitted disease

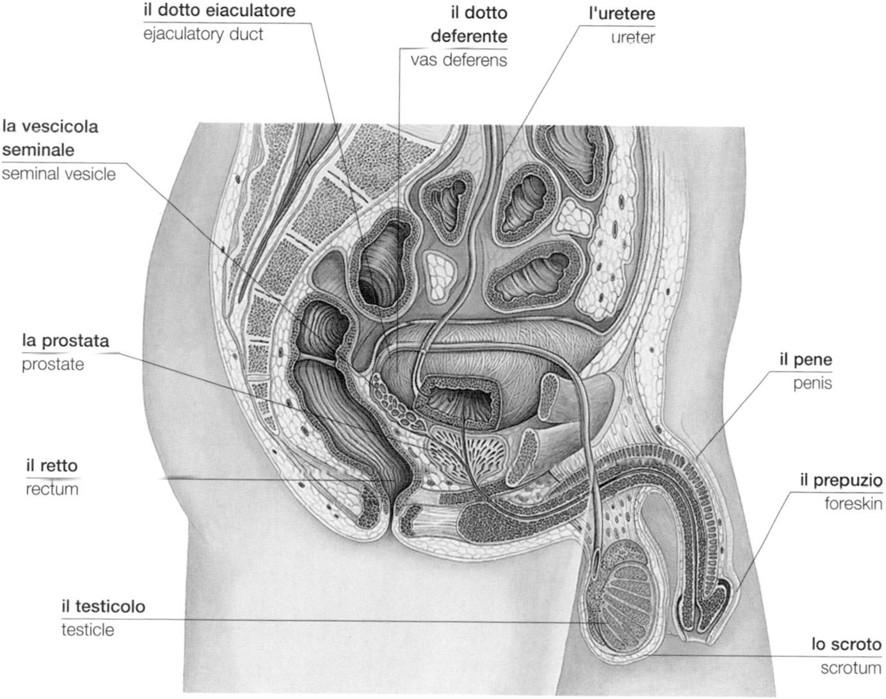

maschili | male

la contraccezione • contraception

il cappuccio cervicale
cervical cap

il diaframma
diaphragm

il preservativo
condom

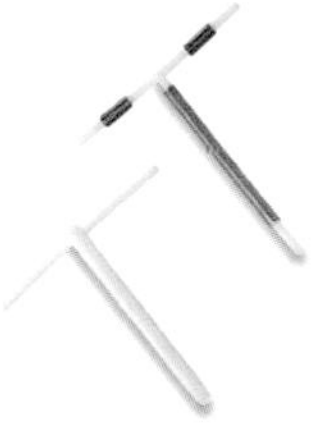

il dispositivo intrauterino
IUD

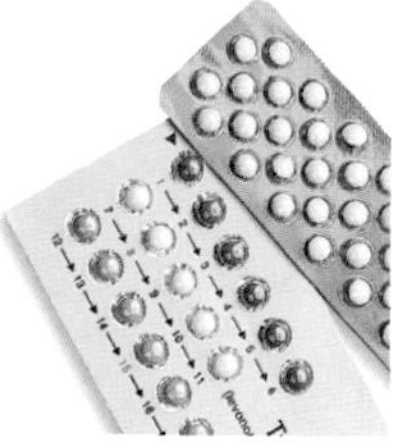

la pillola
pill

la famiglia • family

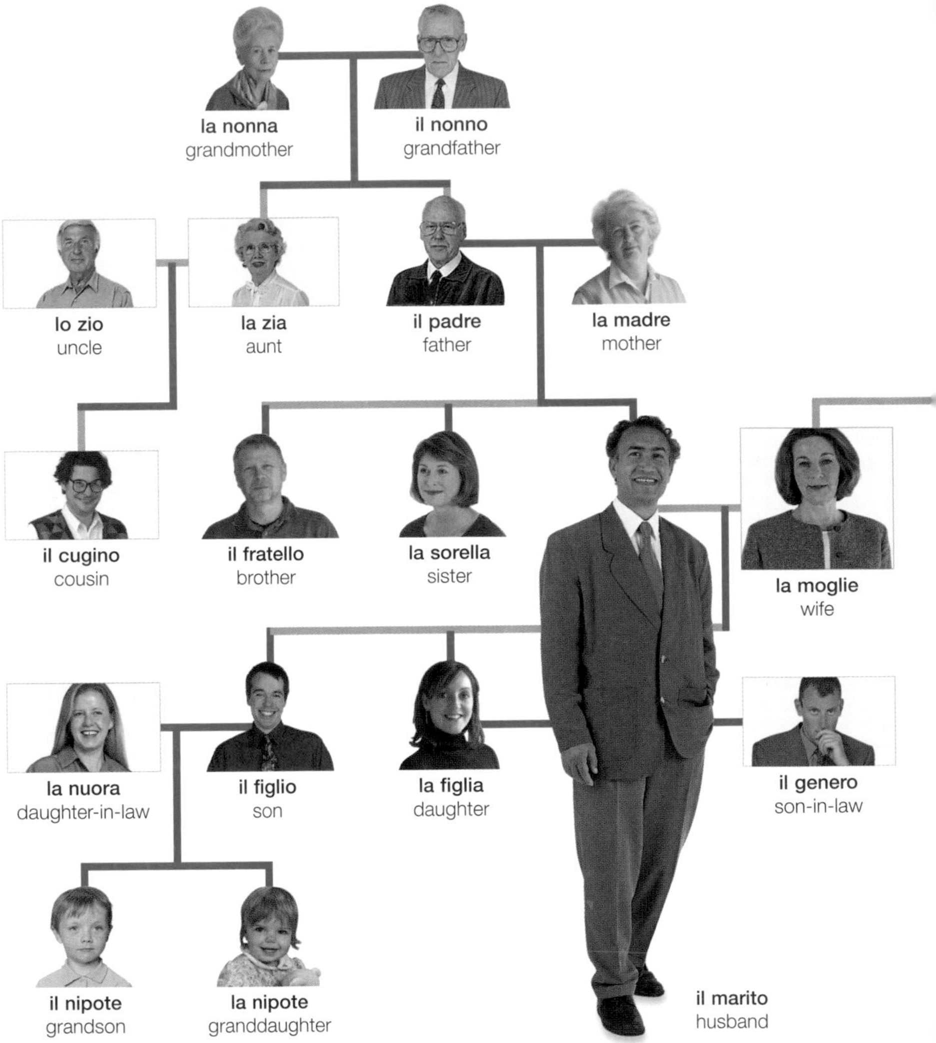

vocabolario • vocabulary

i parenti relatives	**i genitori** parents	**i nipoti** grandchildren	**la matrigna** stepmother	**il figliastro** stepson	**la generazione** generation
i nonni grandparents	**i bambini** children	**il patrigno** stepfather	**la figliastra** stepdaughter	**il/la compagno/-a** partner	**i gemelli** twins

la suocera
mother-in-law

il suocero
father-in-law

il cognato
brother-in-law

la cognata
sister-in-law

la nipote
niece

il nipote
nephew

gli appellativi • titles

le fasi • stages

il bimbo
baby

il bambino
child

il ragazzo
boy

la ragazza
girl

l'adolescente
teenager

l'adulto
adult

l'uomo
man

la donna
woman

i rapporti • relationships

l'ufficio | office

il vicino
neighbor

l'amico
friend

il conoscente
acquaintance

l'amico di penna
pen pal

la coppia | couple

i fidanzati | engaged couple

le emozioni • emotions

felice
happy

triste
sad

eccitato
excited

annoiato
bored

sorpreso
surprised

spaventato
scared

arrabbiato
angry

confuso
confused

preoccupato
worried

nervoso
nervous

fiero
proud

fiducioso
confident

imbarazzato
embarrassed

timido
shy

vocabolario • vocabulary

sbadigliare yawn (v)	**ridere** laugh (v)	**sospirare** sigh (v)	**turbato** upset
gridare shout (v)	**svenire** faint (v)	**piangere** cry (v)	**scioccato** shocked

gli avvenimenti della vita • life events

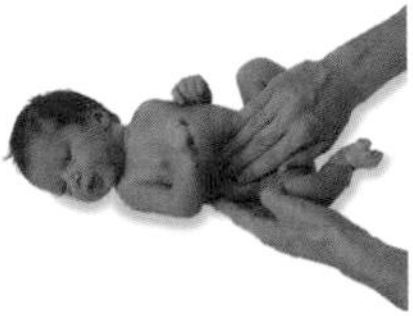

nascere
be born (v)

iniziare la scuola
start school (v)

fare amicizia
make friends (v)

laurearsi
graduate (v)

trovare un lavoro
get a job (v)

innamorarsi
fall in love (v)

sposarsi
get married (v)

avere un bambino
have a baby (v)

il matrimonio | wedding

il divorzio
divorce

il funerale
funeral

vocabolario • vocabulary

il battesimo
christening

il bar mitzvah
bar mitzvah

l'anniverario
anniversary

emigrare
emigrate (v)

andare in pensione
retire (v)

morire
die (v)

fare testamento
make a will (v)

il ricevimento nuziale
wedding reception

il viaggio di nozze
honeymoon

il certificato di nascita
birth certificate

le celebrazioni • celebrations

la festa di compleanno
birthday party

il biglietto d'auguri
card

il compleanno
birthday

il regalo
present

il Natale
Christmas

il Capodanno
New Year

il carnevale
carnival

la processione
procession

il nastro
ribbon

il Giorno del Ringraziamento
Thanksgiving

la Pasqua
Easter

la Festa di Halloween
Halloween

le feste • festivals

la Pasqua ebraica
Passover

il Ramadan
Ramadan

il Diwali
Diwali

l'aspetto
appearance

gli abiti per il bambino • children's clothing

il bimbo • baby

la tutina da neve
snowsuit

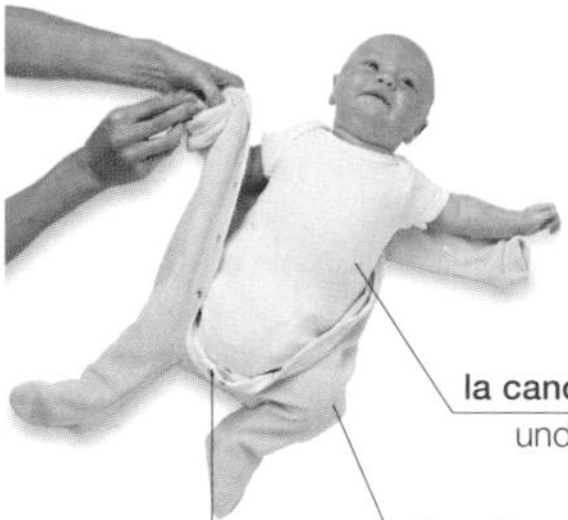

la canottiera
undershirt

la tutina
coverall

il bottone automatico
snap

il pigiamino
sleeper

il pagliaccetto
romper

il bavaglino
bib

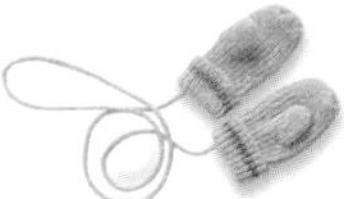

i guanti
mittens

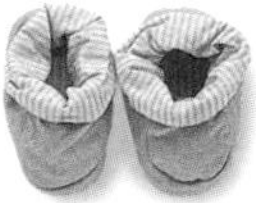

le scarpette
booties

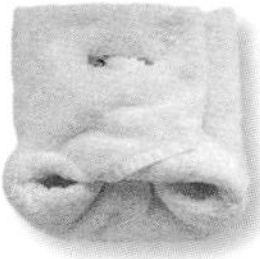

il pannolino di spugna
cloth diaper

il pannolino usa e getta
disposable diaper

le mutande di plastica
plastic pants

il bambino piccolo • toddler

il cappello per il sole
sun hat

il grembiulino
apron

i pantaloncini
shorts

la salopette
overalls

la maglietta
T-shirt

la gonna
skirt

il bambino • child

il vestito
dress

i sandali
sandals

l'estate
summer

il cappuccio
hood

l'impermeabile
raincoat

i jeans
jeans

lo zaino
backpack

l'autunno
fall

l'olivetta
toggle

il montgomery
duffle coat

la sciarpa
scarf

l'eskimo
parka

le galosce
wellington boots

l'inverno
winter

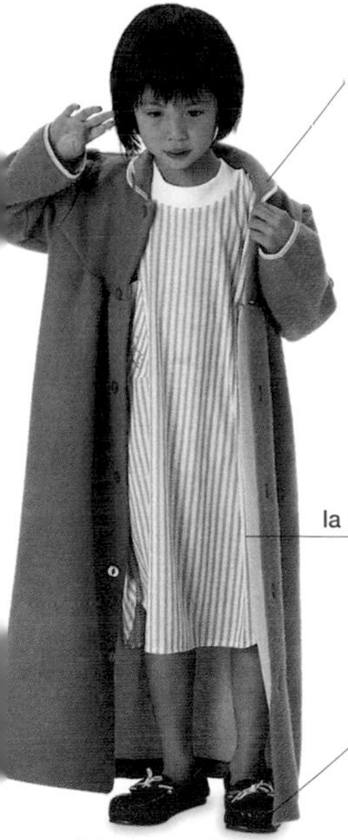

la vestaglia
bathrobe

la camicia da notte
nightgown

le pantofole
slippers

gli indumenti per la notte
nightwear

il distintivo
logo

le scarpe da ginnastica
athletic shoes

la tenuta da calcio
soccer uniform

la tuta
jogging suit

il pantacollant
leggings

vocabolario • vocabulary

la fibra naturale natural fiber	**È lavabile in lavatrice?** Is it machine washable?
sintetico synthetic	**È la taglia giusta per un bambino di due anni?** Will this fit a two-year-old?

l'abbigliamento da uomo • men's clothing

l'abito
business suit

l'impermeabile
raincoat

vocabolario • vocabulary

la camicia shirt	**la tuta da sport** jogging suit	**la vestaglia** bathrob	**lungo** long
il cardigan cardigan	**la biancheria intima** underwear	**il cappotto** coat	**corto** short

Ha una taglia più grande/più piccola?
Do you have this in a larger/smaller size?

Posso provarlo?
May I try this on?

il blazer
blazer

la giacca sportiva
sport coat

il collo a V
V-neck

il gilet
waistcoat

il girocollo
round neck

la maglietta
T-shirt

i pantaloni di felpa
sweatpants

il casual
casual wear

il giaccone
parka

la felpa
sweatshirt

la giacca a vento
windbreaker

il maglione
sweater

il pigiama
pajamas

la canottiera
vest

i calzoncini
shorts

lo slip
briefs

i boxer
boxer shorts

i calzini
socks

l'abbigliamento da donna • women's clothing

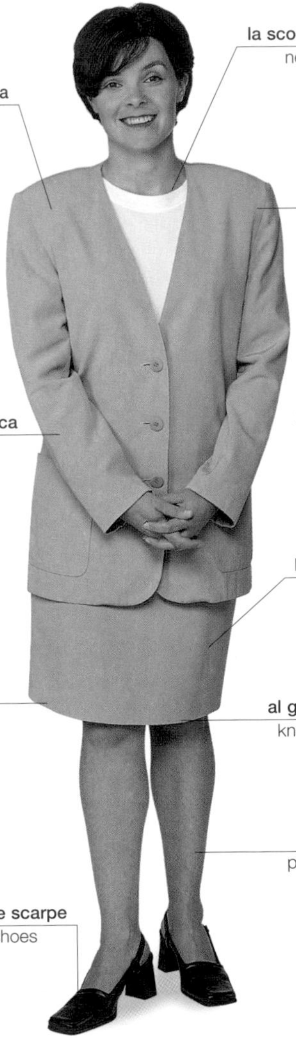

l'abito da sera
evening dress

il vestito
dress

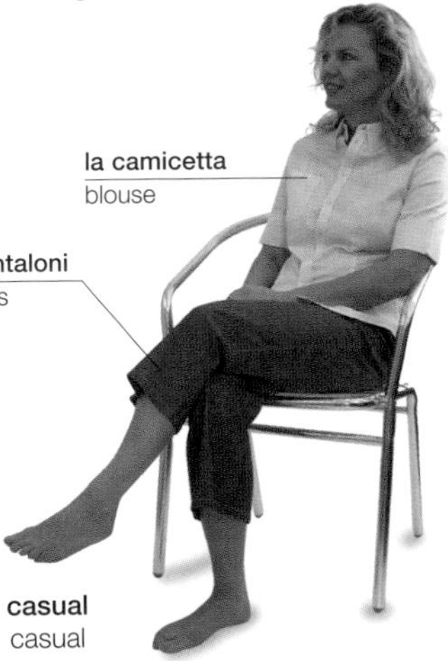

casual
casual

la biancheria intima • lingerie

il négligé
negligée

la sottoveste
slip

il corpetto
camisole

la guêpière
bustier

le calze
stockings

il collant
pantyhose

il reggiseno
bra

lo slip
panties

la camicia da notte
nightgown

il matrimonio • wedding

l'abito da sposa
wedding dress

vocabolario • vocabulary

il busto
corset

la giarrettiera
garter

scollo all'Americana
halter neck

il girovita
waistband

la spallina
shoulder pad

attillato
tailored

il reggiseno sportivo
sports bra

con armatura
underwired

gli accessori • accessories

il berretto
cap

il cappello
hat

il foulard
scarf

la fibbia
buckle

la cintura
belt

il fazzoletto
handkerchief

la farfalla
bow tie

il fermacravatta
tie-pin

i guanti
gloves

il manico
handle

la punta
tip

l'ombrello
umbrella

i gioielli • jewelry

il pendaglio
pendant

la spilla
brooch

il gemello
cufflink

la maglia
link

il bracciale
bracelet

il fermaglio
clasp

la pietra
stone

la catena
chain

il filo di perle
string of pearls

l'orecchino
earring

l'anello
ring

la collana
necklace

l'orologio da polso
watch

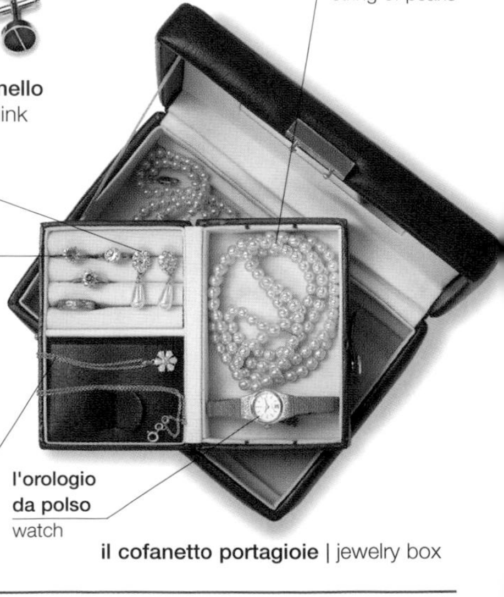

il cofanetto portagioie | jewelry box

le borse • bags

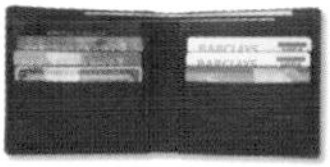

il portafoglio
wallet

il portamonete
purse

la borsa a tracolla
shoulder bag

la sacca da viaggio
duffle bag

la valigetta
briefcase

la borsetta
handbag

lo zainetto
backpack

le scarpe • shoes

la scarpa con i lacci
lace-up

la scarpa da trekking
walking boot

la scarpa da ginnastica
athletic shoe

la scarpa di cuoio
leather shoe

l'infradito
flip-flop

la scarpa con il tacco alto
high-heeled shoe

lo zatterone
platform shoe

il sandalo
sandal

il mocassino
slip-on

la scarpa da uomo
oxford

i capelli • hair

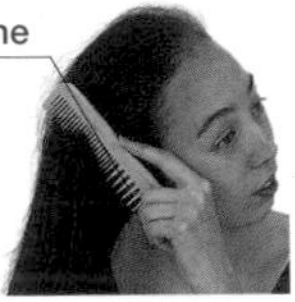

il pettine
comb

pettinare
comb (v)

la spazzola
brush

spazzolare | brush (v)

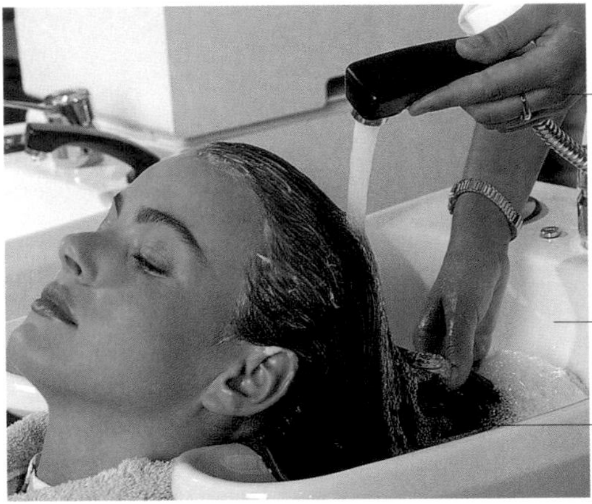

la parrucchiera
hairdresser

il lavandino
sink

la cliente
client

lavare | wash (v)

sciacquare
rinse (v)

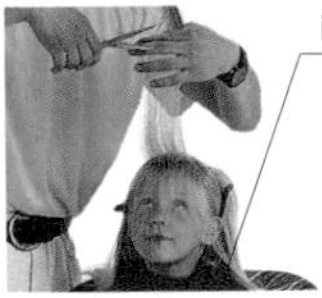

il grembiule
robe

tagliare
cut (v)

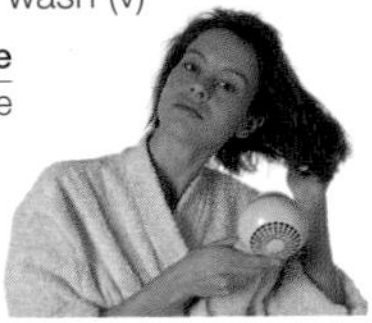

asciugare con il phon
blow-dry (v)

mettere in piega
set (v)

gli accessori • accessories

l'asciugacapelli
hairdryer

lo shampoo
shampoo

il balsamo
conditioner

il gel
gel

la lacca
hairspray

l'arricciacapelli
curling iron

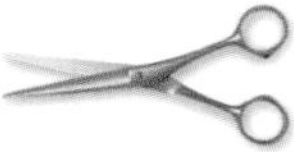

le forbici
scissors

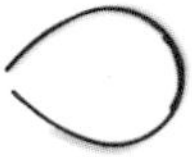

il cerchietto
headband

il bigodino
curler

la forcina
hairpin

le acconciature • styles

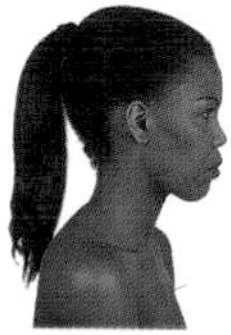

la coda di cavallo
ponytail

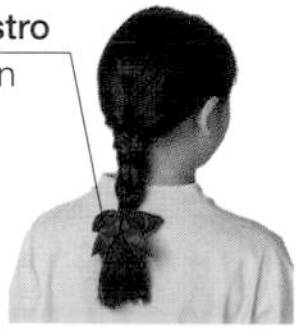

la treccia
braid

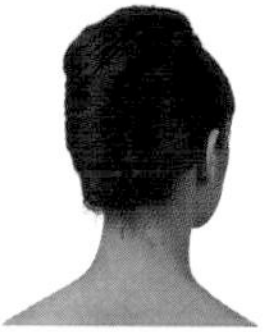

la piega alla francese
French braid

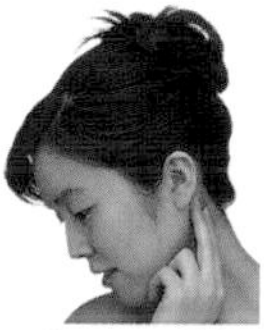

la crocchia
bun

i codini
pigtails

il caschetto
bob

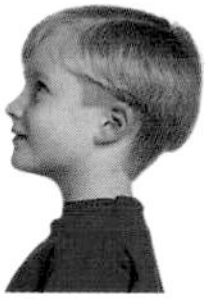

la sfumatura alta
crop

ricci
curly

la permanente
perm

lisci
straight

i colpi di sole
highlights

calvo
bald

la parrucca
wig

i colori • colors

biondo
blonde

bruno
brunette

castano
auburn

rosso
red

nero
black

grigio
gray

bianco
white

tinto
dyed

vocabolario • vocabulary

l'elastico
hairband

spuntare
trim (v)

il barbiere
barber

le doppie punte
split ends

la forfora
dandruff

grassi
greasy

secchi
dry

normali
normal

il cuoio capelluto
scalp

lisciare
straighten (v)

la bellezza • beauty

il trucco • makeup

la matita per le sopracciglia
eyebrow pencil

la spazzolina per le sopracciglia
eyebrow brush

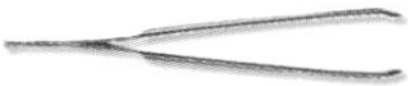

le pinzette
tweezers

il lucidalabbra
lip gloss

il pennello per le labbra
lip brush

la matita per le labbra
lip liner

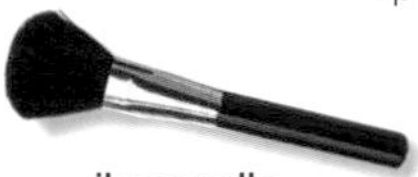

il pennello
brush

il correttore
concealer

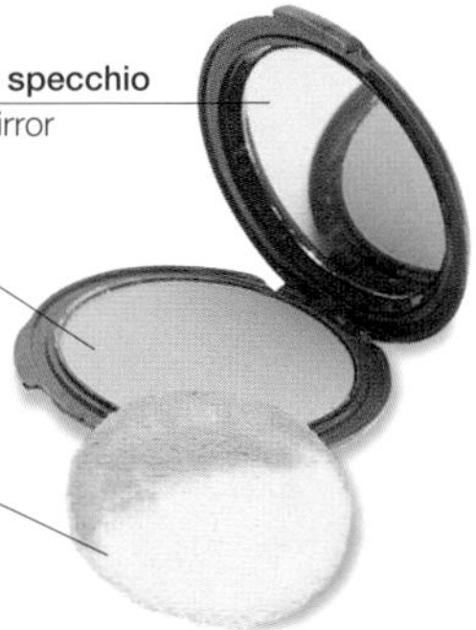

il portacipria | compact

i trattamenti di bellezza • beauty treatments

la maschera di bellezza
face mask

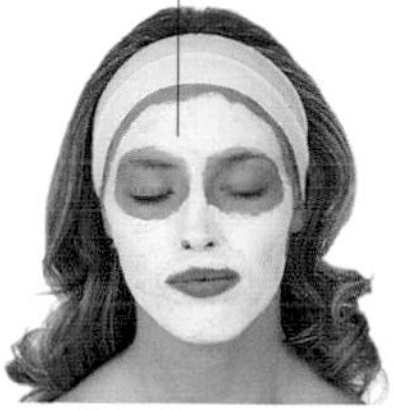

il trattamento per il viso
facial

il lettino solare
sunbed

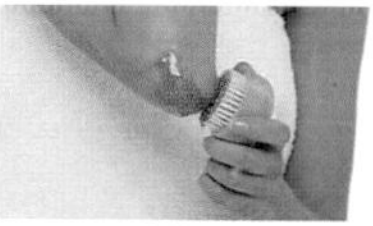

esfoliare
exfoliate (v)

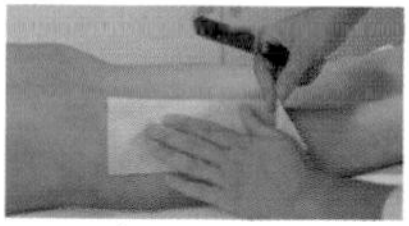

la ceretta
wax

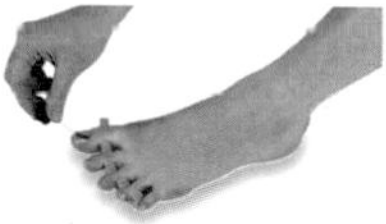

la pedicure
pedicure

la manicure • manicure

la limetta
nail file

l'acetone
nail polish remover

lo smalto per unghie
nail polish

le forbicine per le unghie
nail scissors

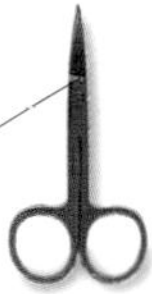

il tagliaunghie
nail clippers

gli articoli da toilette • toiletries

il latte detergente
cleanser

la lozione tonificante
toner

la crema idratante
moisturizer

la crema autoabbronzante
self-tanning cream

il profumo
perfume

l'acqua di colonia
cologne

vocabolario • vocabulary

chiaro fair	**grasso** oily	**l'abbronzatura** tan
scuro dark	**sensibile** sensitive	**il tatuaggio** tattoo
secco dry	**ipoallergenico** hypoallergenic	**antirughe** antiwrinkle
la carnagione complexion	**la tonalità** shade	**i batuffoli di ovatta** cotton balls

la salute
health

la malattia • illness

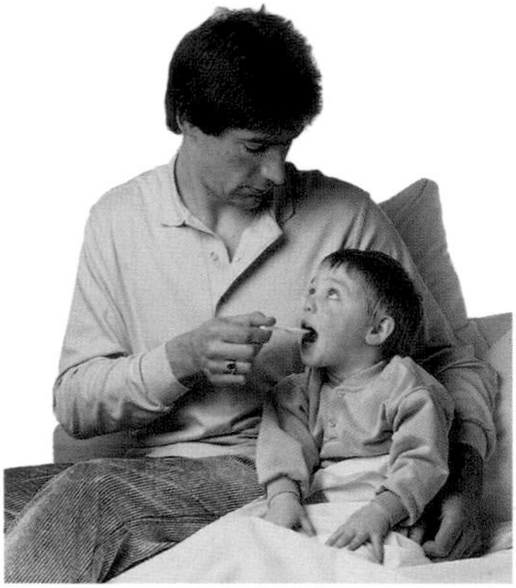

la febbre | fever

il mal di testa
headache

l'emorragia nasale
nosebleed

la tosse
cough

lo starnuto
sneeze

il raffreddore
cold

l'influenza
flu

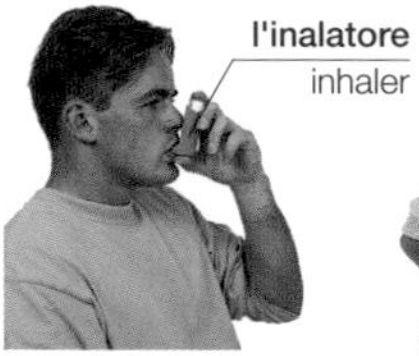

l'asma
asthma

i crampi
cramps

la nausea
nausea

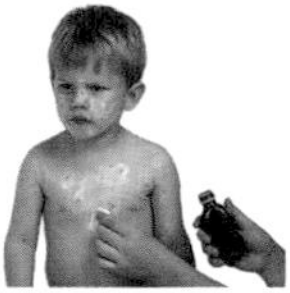

la varicella
chickenpox

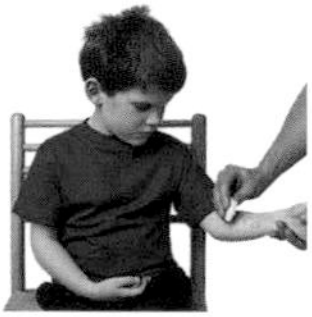

lo sfogo
rash

vocabolario • vocabulary

l'infarto heart attack	**il diabete** diabetes	**l'eczema** eczema	**l'infreddatura** chill	**vomitare** vomit (v)	**la diarrea** diarrhea
l'ictus stroke	**l'allergia** allergy	**l'infezione** infection	**svenire** faint (v)	**l'epilessia** epilepsy	**il morbillo** measles
la pressione sanguigna blood pressure	**la febbre da fieno** hayfever	**il virus** virus	**il mal di stomaco** stomachache	**l'emicrania** migraine	**gli orecchioni** mumps

il medico • doctor

la visita • consultation

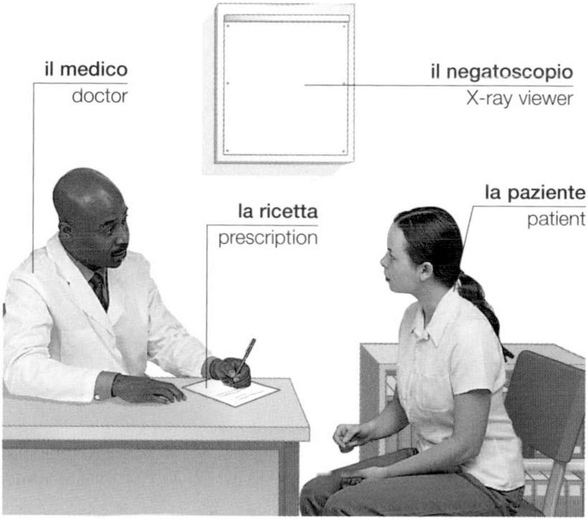

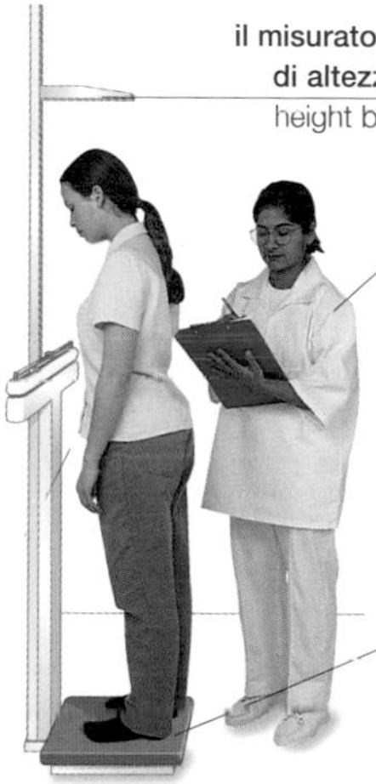

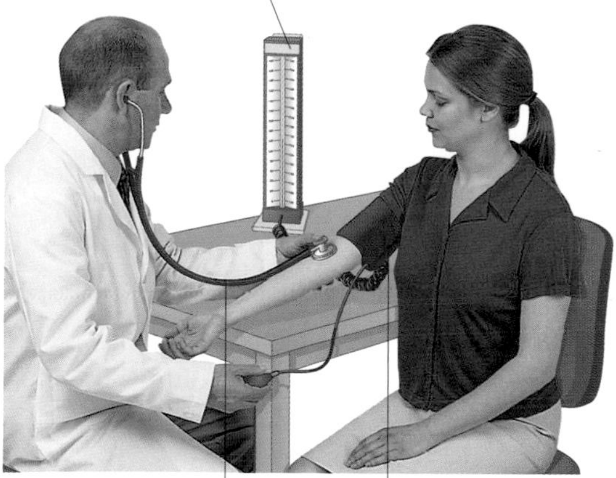

vocabolario • vocabulary

l'appuntamento appointment	**l'inoculazione** vaccination
l'ambulatorio surgery	**il termometro** thermometer
la sala d'attesa waiting room	**la visita medica** medical examination

Ho bisogno di vedere un medico.
I need to see a doctor.

Ho un dolore qui.
It hurts here.

la ferita • injury

la slogatura | sprain

la fascia a tracolla
sling

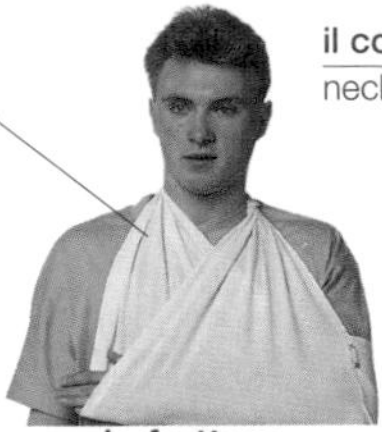

la frattura
fracture

il collare
neck brace

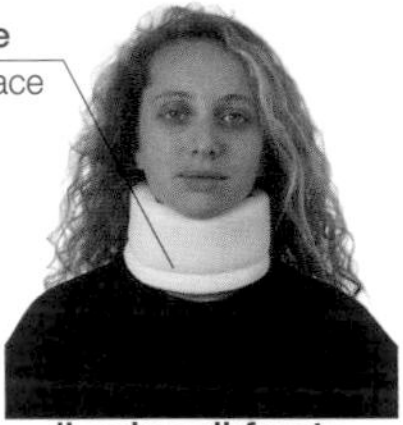

il colpo di frusta
whiplash

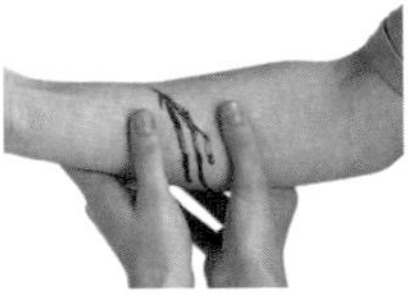

il taglio
cut

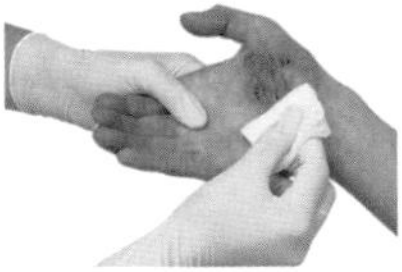

la sbucciatura
graze

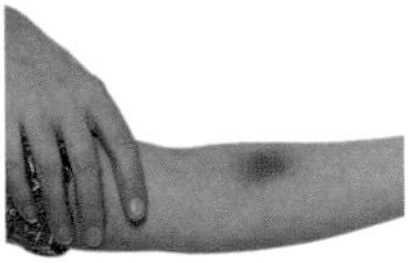

il livido
bruise

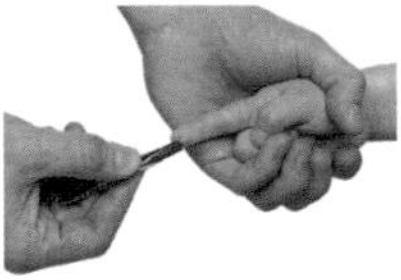

la scheggia
splinter

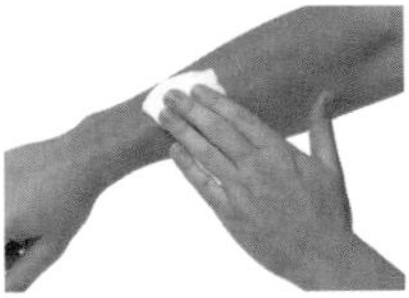

la scottatura
sunburn

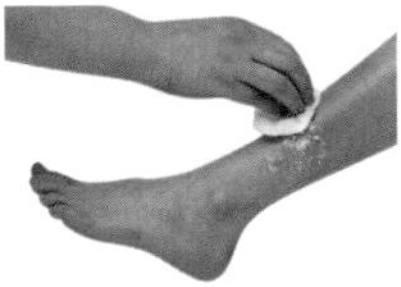

l'ustione
burn

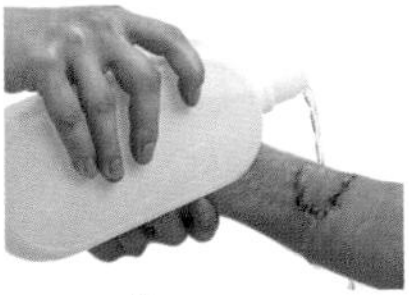

il morso
bite

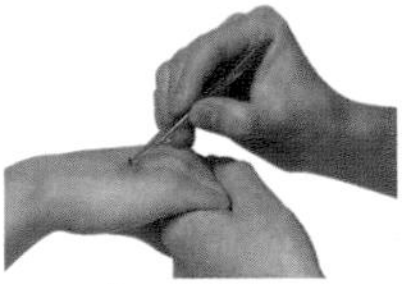

la puntura
sting

vocabolario • vocabulary

l'incidente
accident

l'emergenza
emergency

la ferita
wound

l'emorragia
hemorrhage

la vescica
blister

l'avvelenamento
poisoning

la commozione cerebrale
concussion

la ferita alla testa
head injury

la scossa elettrica
electric shock

Si rimetterà?
Will he/she be all right?

Chiami un'ambulanza, per favore.
Please call an ambulance.

Dove le fa male?
Where does it hurt?

il pronto soccorso • first aid

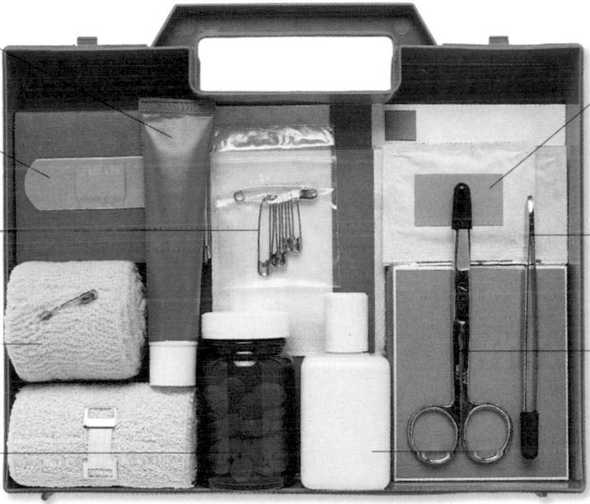

la cassetta di pronto soccorso | first aid box

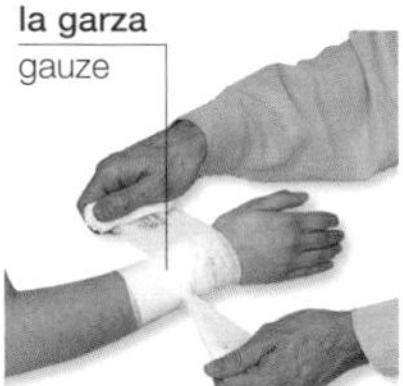

la bendatura
dressing

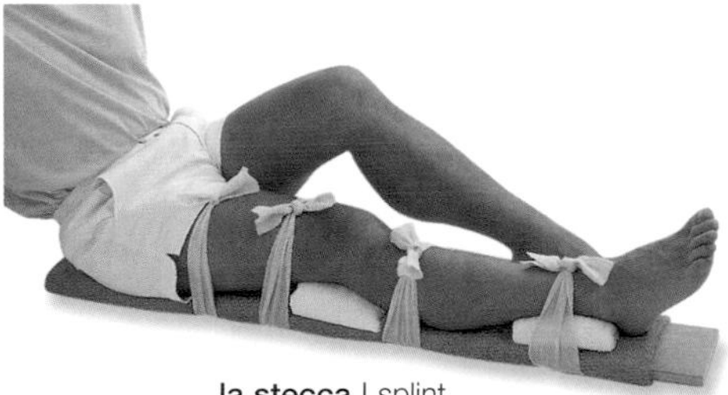

la stecca | splint

il nastro adesivo
adhesive tape

la rianimazione
resuscitation

vocabolario • vocabulary

lo shock shock	**sterile** sterile	**soffocare** choke (v)	**Può aiutarmi?** Can you help?
privo di sensi unconscious	**la respirazione** breathing	**le pulsazioni** pulse	**Sa dare pronto soccorso?** Do you know first aid?

l'ospedale • hospital

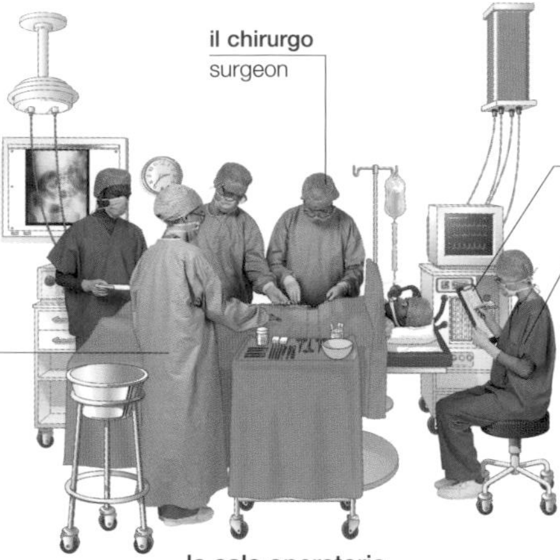

la sala operatoria
operating room

l'analisi del sangue
blood test

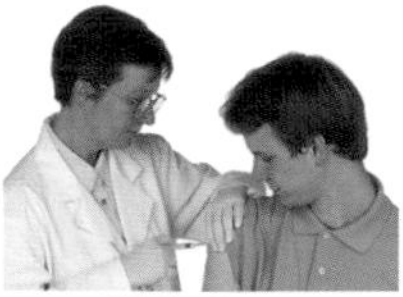

l'iniezione
injection

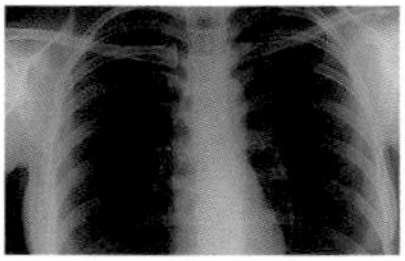

la radiografia
X-ray

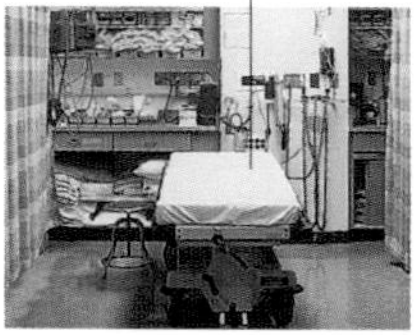

la sala emergenze
emergency room

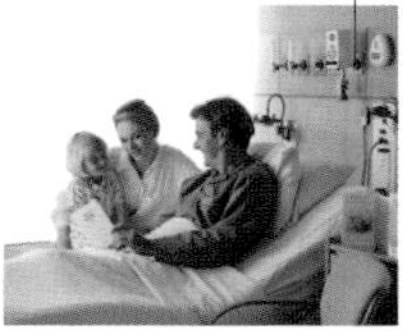

il reparto
ward

la sedia a rotelle
wheelchair

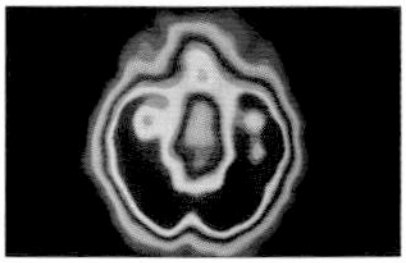

l'ecografia
scan

vocabolario • vocabulary

l'operazione operation	**dimesso** discharged	**l'orario delle visite** visiting hours	**il reparto maternità** maternity ward	**il paziente esterno** outpatient
ricoverato admitted	**la clinica** clinic	**il reparto pediatrico** children's ward	**la camera privata** private room	**il reparto di cura intensiva** intensive care unit

i reparti • departments

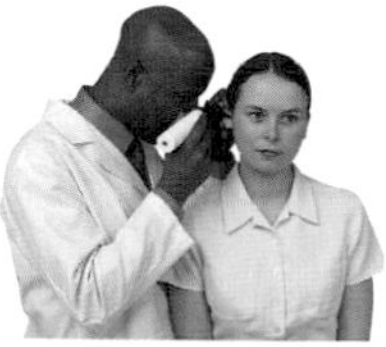

l'otorinolaringologia
ENT (otolaryngology)

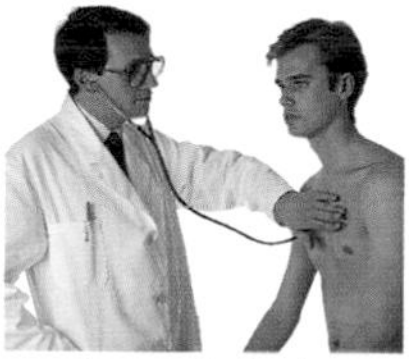

la cardiologia
cardiology

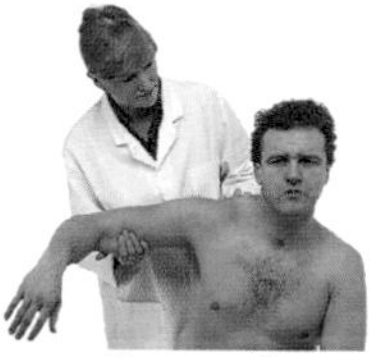

l'ortopedia
orthopedics

la ginecologia
gynecology

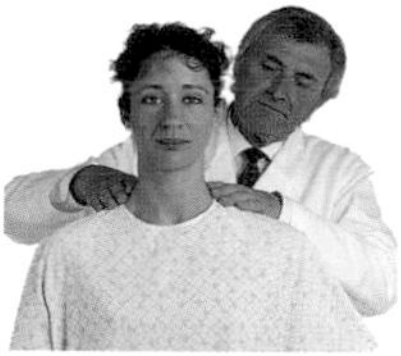

la fisioterapia
physiotherapy

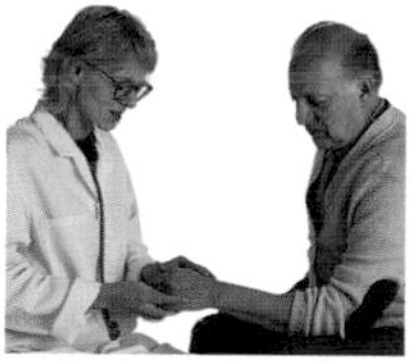

la dermatologia
dermatology

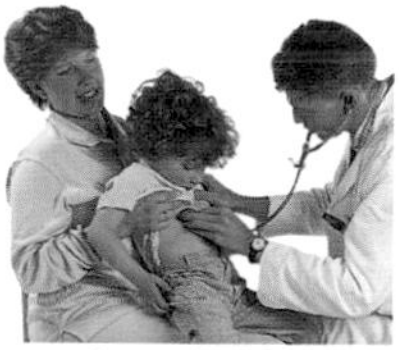

la pediatria
pediatrics

la radiologia
radiology

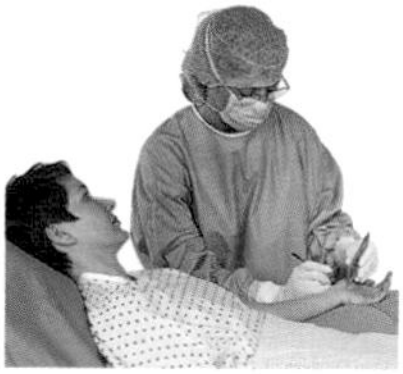

la chirurgia
surgery

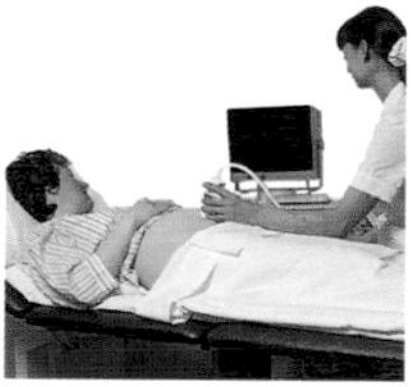

la maternità
maternity

la psichiatria
psychiatry

l'oftalmologia
ophthalmology

vocabolario • vocabulary

la neurologia
neurology

l'urologia
urology

l'analisi
test

la patologia
pathology

il risultato
result

l'oncologia
oncology

l'endocrinologia
endocrinology

lo specialista
specialist

la chirurgia plastica
plastic surgery

mandare da uno specialista
referral

il dentista • dentist

il dente • tooth

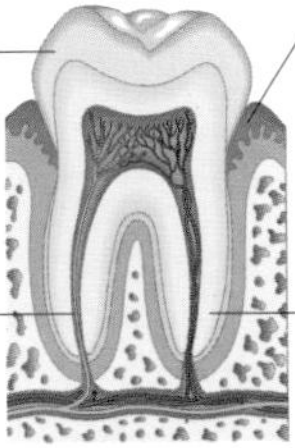

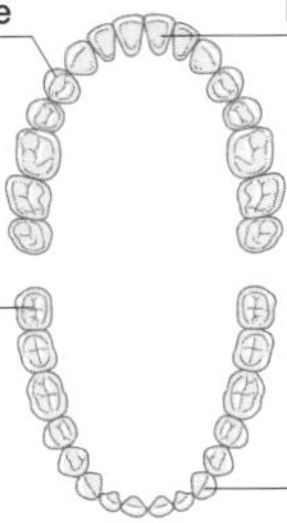

il controllo • checkup

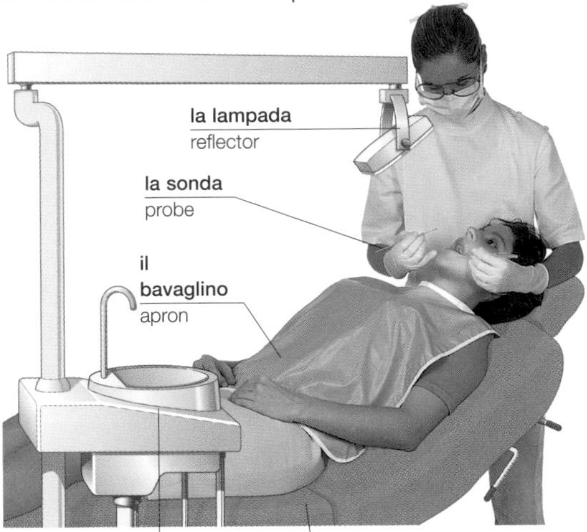

vocabolario • vocabulary

il mal di denti
toothache

la placca
plaque

la carie
decay

l'otturazione
filling

il trapano
drill

il filo dentale
dental floss

l'estrazione
extraction

la capsula
crown

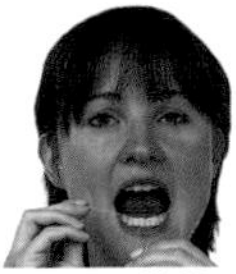
usare il filo dentale
floss (v)

spazzolare
brush

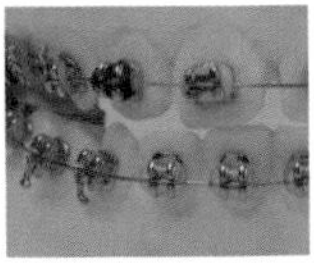
l'apparecchio correttore
brace

la radiografia dentale
dental X-ray

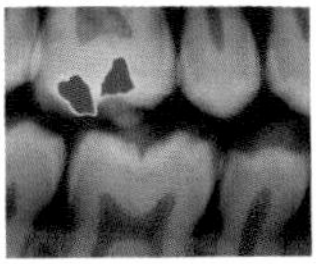
la pellicola radiografica
X-ray film

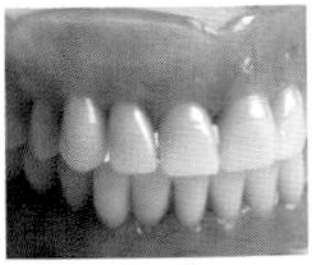
la dentiera
dentures

l'oculista • optometrist

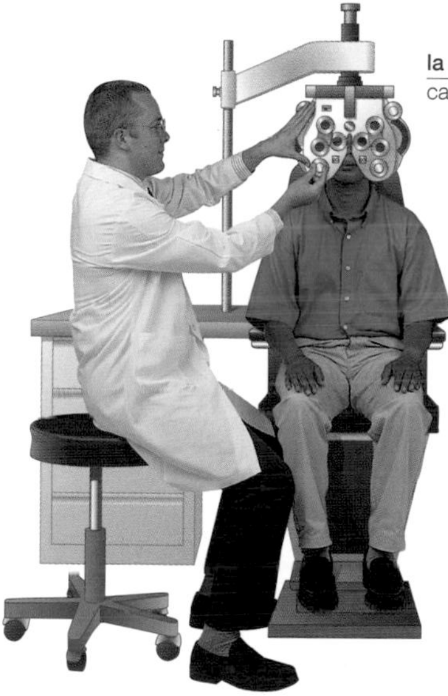

l'esame della vista | eye test

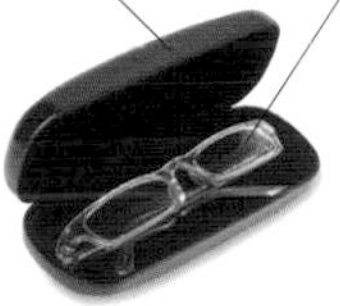

gli occhiali
glasses

gli occhiali da sole
sunglasses

le lenti a contatto | contact lenses

l'occhio • eye

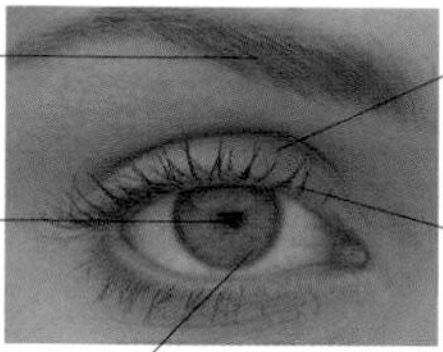

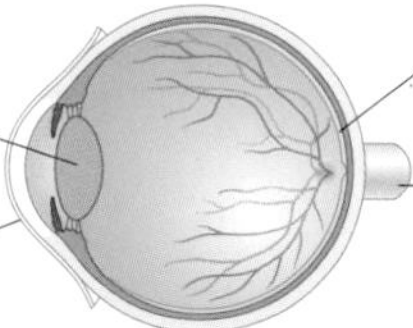

vocabolario • vocabulary

la vista vision	**l'astigmatismo** astigmatism
la diottria diopter	**la presbiopia** farsightedness
la lacrima tear	**la miopia** nearsightedness
la cataratta cataract	**bifocale** bifocal

la gravidanza • pregnancy

il test di gravidanza
pregnancy test

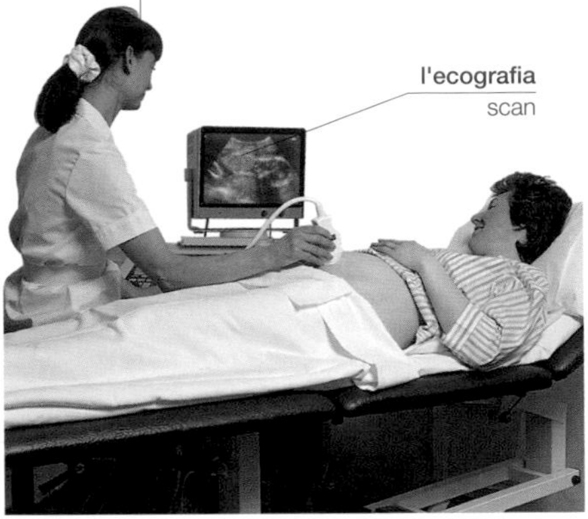

l'ultrasuono | ultrasound

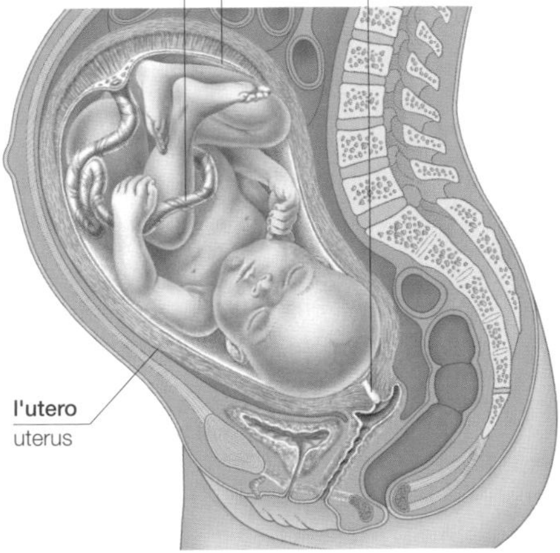

il feto | fetus

vocabolario • vocabulary

l'ovulazione ovulation	**prenatale** prenatal	**l'utero** womb	**la dilatazione** dilation	**i punti** stitches	**podalico** breech
il concepimento conception	**il trimestre** trimester	**l'amniocentesi** amniocentesis	**l'epidurale** epidural	**il parto** delivery	**prematuro** premature
incinta pregnant	**l'embrione** embryo	**la contrazione** contraction	**l'episiotomia** episiotomy	**la nascita** birth	**il ginecologo** gynecologist
in stato interessante expecting	**il liquido amniotico** amniotic fluid	**rompere le acque** break water (v)	**il taglio cesareo** cesarean section	**l'aborto spontaneo** miscarriage	**l'ostetrico** obstetrician

il parto • childbirth

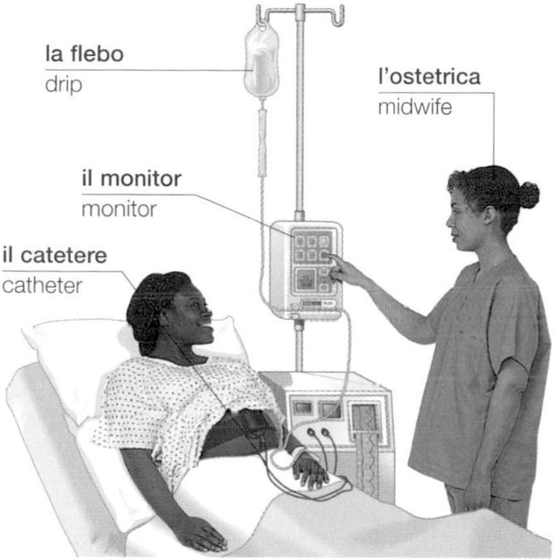

indurre il travaglio
induce labor (v)

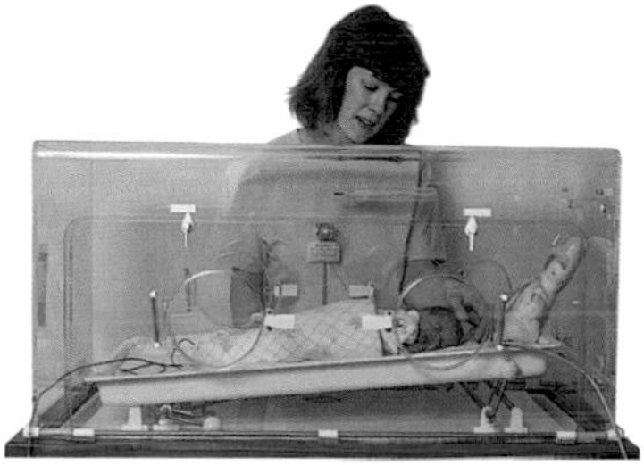

l'incubatrice | incubator

il peso alla nascita | birth weight

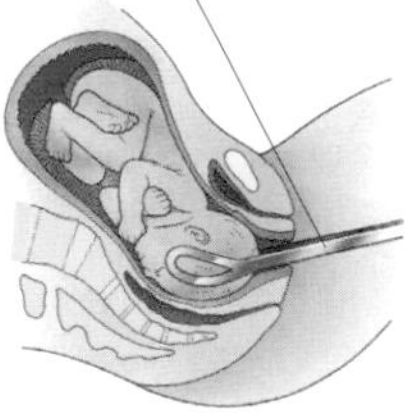

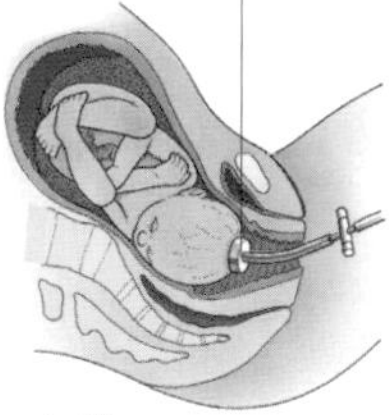

il parto assistito
assisted delivery

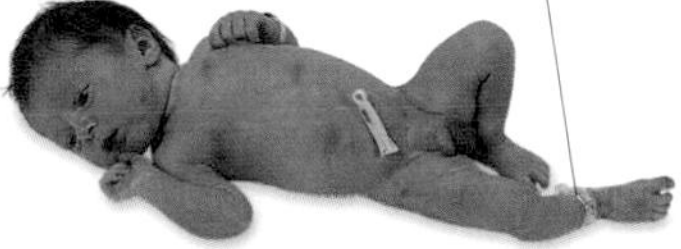

il neonato
newborn baby

l'allattamento • nursing

la pompa tiralatte
breast pump

il reggiseno da allattamento
nursing bra

allattare al seno
breastfeed (v)

le coppe
pads

le terapie alternative • complementary therapy

lo yoga | yoga

il massaggio
massage

lo shiatsu
shiatsu

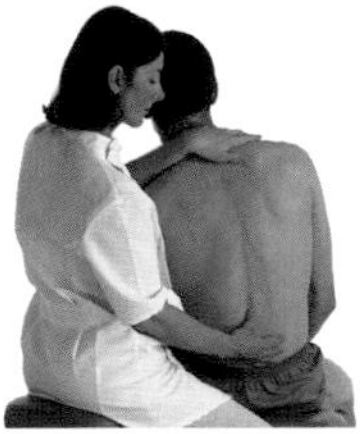

la chiropratica
chiropractic

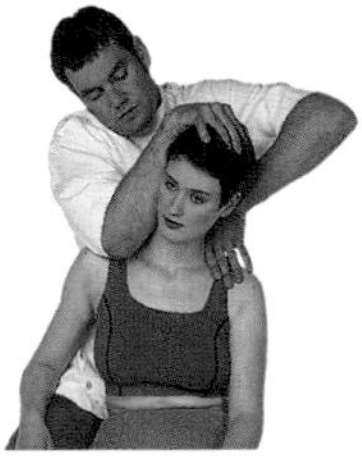

l'osteopatia
osteopathy

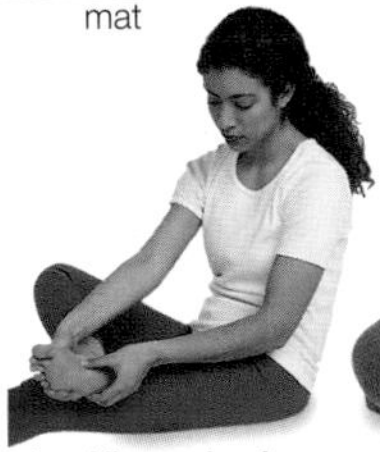

la riflessologia
reflexology

la meditazione
meditation

l'assistente socio-psicologico
counselor

la terapia di gruppo
group therapy

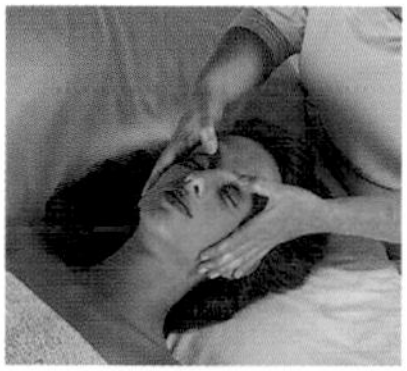

il reiki
reiki

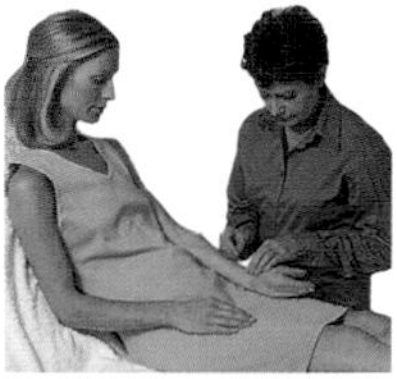

l'agopuntura
acupuncture

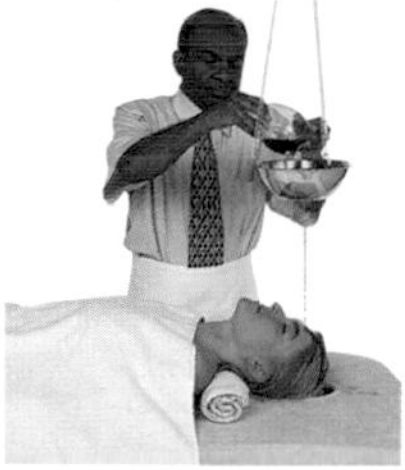

la medicina aiurvedica
ayurveda

l'ipnositerapia
hypnotherapy

l'erbalismo
herbalism

gli oli essenziali
essential oils

l'aromaterapia
aromatherapy

l'omeopatia
homeopathy

l'agopressione
acupressure

la terapista
therapist

la psicoterapia
psychotherapy

vocabolario • vocabulary

la cristalloterapia crystal healing	**la naturopatia** naturopathy	**il rilassamento** relaxation	**l'erba** herb
l'idroterapia hydrotherapy	**il feng shui** feng shui	**lo stress** stress	**l'integratore** supplement

la casa
home

la casa • house

vocabolario • vocabulary

unifamiliare single-family	**la casa di città** townhouse	**il garage** garage	**il piano** floor	**il seminterrato** basement	**affittare** rent (v)
bifamiliare duplex	**il bungalow** ranch house	**l'attico** attic	**il cortile** courtyard	**la stanza** room	**l'affitto** rent
a schiera row house	**l'allarme antifurto** burglar alarm	**la cassetta per le lettere** mailbox	**la luce del portico** porch light	**il padrone di casa** landlord	**l'inquilino** tenant

l'ingresso • entrance

l'entrata
foyer

il campanello
doorbell

lo zerbino
doormat

il battente
door knocker

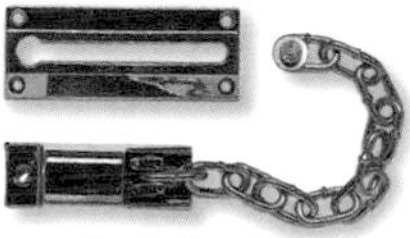

la catenella
door chain

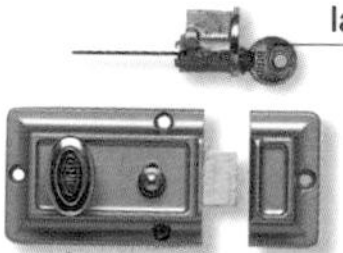

la serratura
lock

il chiavistello
bolt

l'appartamento • apartment

il palazzo
apartment building

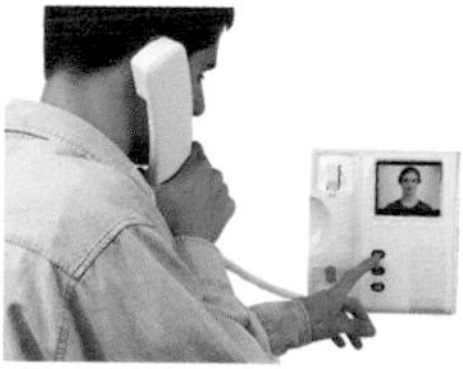

il citofono
intercom

l'ascensore
elevator

i sistemi interni • internal systems

il calorifero
radiator

la stufa
space heater

il ventilatore
fan

la stufa a convezione
convector heater

l'elettricità • electricity

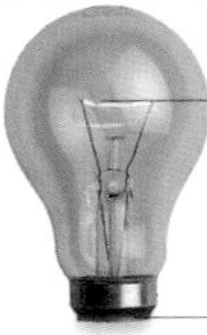

la lampadina
light bulb

la spina
plug

i fili
wires

vocabolario • vocabulary

la tensione
voltage

l'ampere
amp

l'interruzione di corrente
power outage

il fusibile
fuse

la valvoliera
fuse box

la corrente continua
direct current

la presa
outlet

l'interruttore
switch

la corrente alternata
alternating current

il generatore
generator

l'elettricità
power

il contatore di corrente
electric meter

il trasformatore
transformer

l'alimentazione di rete
household current

l'impianto idraulico • plumbing

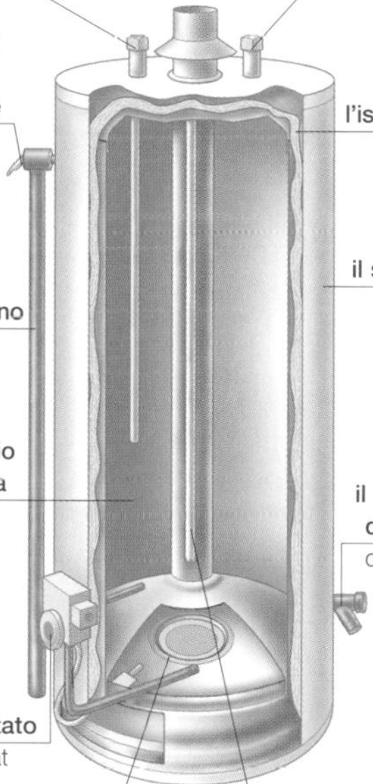

lo scaldaacqua
water heater

l'acquaio • sink

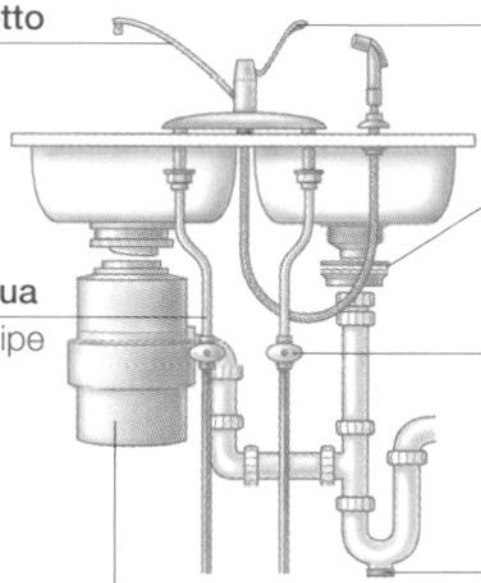

il water • toilet

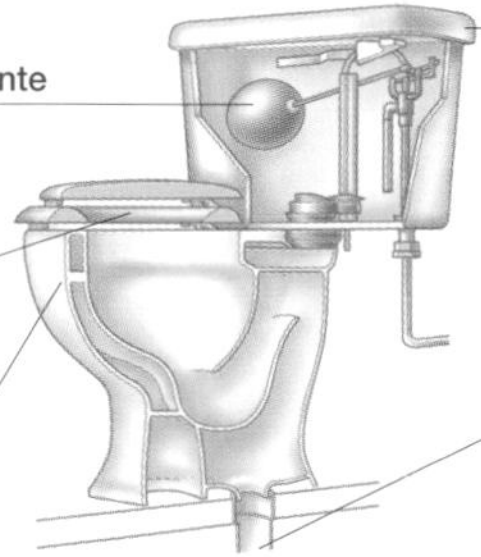

lo smaltimento dei rifiuti • waste disposal

il contenitore di riciclaggio
recycling bin

la pattumiera
garbage can

l'unità di smistamento
sorting unit

i rifiuti organici
organic waste

il salotto • living room

la tenda
curtain

la tendina
net curtain

la veneziana
venetian blind

l'avvolgibile
roller shade

lo studio | study

la sala da pranzo • dining room

vocabolario • vocabulary

servire serve (v)	**la colazione** breakfast	**il pranzo** lunch	**sazio** full	**affamato** hungry
mangiare eat (v)	**la tovaglia** tablecloth	**la cena** dinner	**il pasto** meal	**l'ospite** guest
apparecchiare set the table (v)	**il sottopiatto** placemat	**la porzione** portion	**il padrone di casa** host	**la padrona di casa** hostess

Posso averne ancora, per favore?
Can I have some more, please?

Sono sazio, grazie.
I've had enough, thank you.

Era squisito.
That was delicious.

le stoviglie e le posate • crockery and cutlery

il cucchiaino
teaspoon

la tazza
mug

la tazzina da caffè
coffee cup

la tazza da tè
teacup

il piatto
plate

la ciotola
bowl

il calice da vino
wine glass

il bicchiere
tumbler

la caffettiera
cafetière

la teiera
teapot

la brocca
jug

il portauovo
egg cup

la cristalleria
glassware

il portatovagliolo
napkin ring

il piattino
side plate

il piatto piano
dinner plate

il piatto fondo
soup bowl

il cucchiaio da minestra
soup spoon

il tovagliolo
napkin

la forchetta
fork

il cucchiaio
spoon

il coltello
knife

il coperto
place setting

la cucina • kitchen

gli elettrodomestici • appliances

il forno a microonde
microwave oven

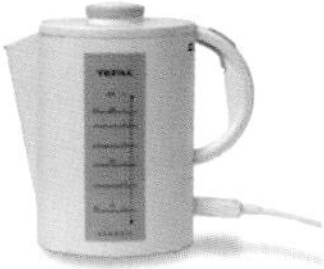

il bollitore
electric kettle

il tostapane
toaster

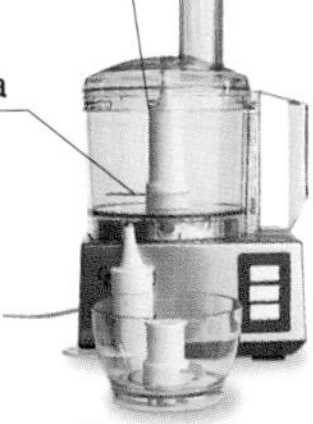

il tritatutto
food processor

il frullatore
blender

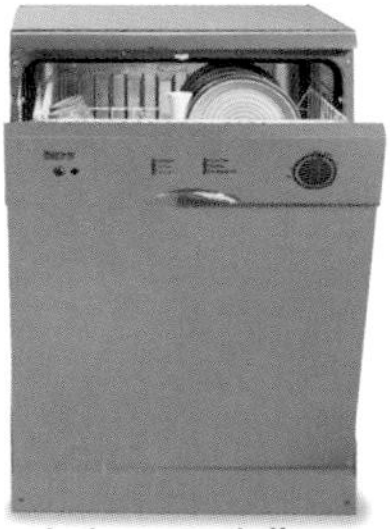

la lavastoviglie
dishwasher

il frigocongelatore | refrigerator

vocabolario • vocabulary

il piano di cottura
range

lo scolapiatti
draining board

il fornello
burner

la pattumiera
garbage can

congelare
freeze (v)

scongelare
defrost (v)

cuocere al vapore
steam (v)

saltare in padella
sauté (v)

cucinare • cooking

sbucciare
peel (v)

affettare
slice (v)

grattugiare
grate (v)

versare
pour (v)

mescolare
mix (v)

sbattere
whisk (v)

bollire
boil (v)

friggere
fry (v)

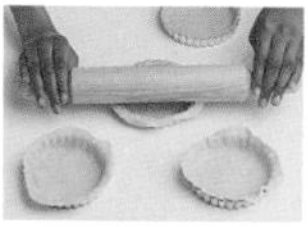

spianare
roll (v)

rimestare
stir (v)

cuocere a fuoco lento
simmer (v)

affogare
poach (v)

cuocere al forno
bake (v)

arrostire
roast (v)

cuocere alla griglia
broil (v)

gli utensili da cucina • kitchenware

il tagliere
cutting board

il coltello da pane
bread knife

il coltello da cucina
kitchen knife

la mannaia
cleaver

l'affilacoltelli
knife sharpener

il martello
meat tenderizer

lo spiedino
skewer

il pelapatate
vegetable peeler

il cavatorsoli
apple corer

la grattugia
grater

il pestello
pestle

il mortaio
mortar

lo schiacciapatate
masher

l'apriscatole
can opener

l'apribottiglie
bottle opener

lo spremiaglio
garlic press

il cucchiaio da portata
serving spoon

la paletta forata
slotted spatula

lo scolapasta
colander

la spatola
spatula

il cucchiaio di legno
wooden spoon

la schiumarola
slotted spoon

il mestolo
ladle

il forchettone
carving fork

il cucchiaio dosatore
ice-cream scoop

la frusta
whisk

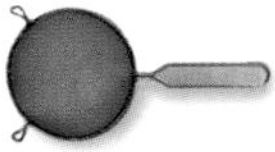

il colino
sieve

il coperchio
lid

antiaderente
nonstick

la padella
frying pan

la pentola
saucepan

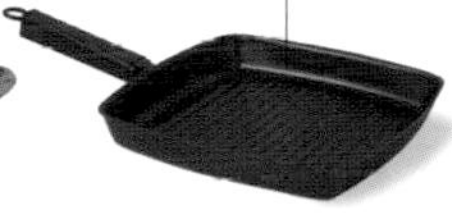

la padella per grigliare
grill pan

il wok
wok

la casseruola di terracotta
earthenware dish

di vetro
glass

pirofilo
ovenproof

la scodella
mixing bowl

lo stampo per soufflé
soufflé dish

il piatto da gratin
gratin dish

lo stampo
ramekin

la casseruola
casserole dish

la cottura dei dolci • baking cakes

la bilancia
scale

il bricco misuratore
measuring cup

lo stampo per dolci
cake pan

lo stampo per torte
pie pan

lo stampo per flan
quiche pan

il pennello da cucina
pastry brush

il matterello
rolling pin

la tasca da pasticciere
piping bag

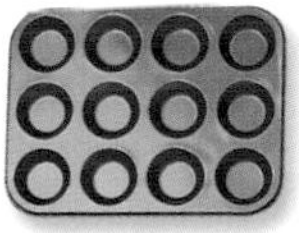

la teglia per pasticcini
muffin pan

la placca da forno
baking sheet

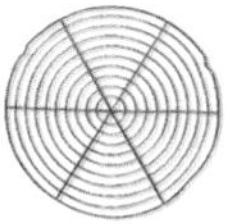

la gratella
cooling rack

il guanto da forno
oven mitt

il grembiule
apron

la camera da letto • bedroom

l'armadio
wardrobe

l'abatjour
bedside lamp

la testata
headboard

il comodino
nightstand

il cassettone
chest of drawers

il cassetto
drawer

il letto
bed

il materasso
mattress

il copriletto
bedspread

il guanciale
pillow

la borsa calda
hot-water bottle

la radiosveglia
clock radio

la sveglia
alarm clock

la scatola di fazzolettini
box of tissues

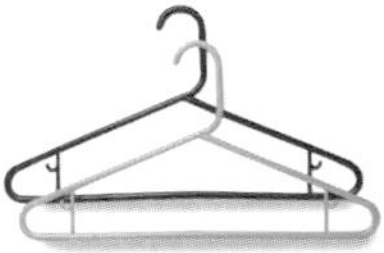

la gruccia
coat hanger

la biancheria da letto • bed linen

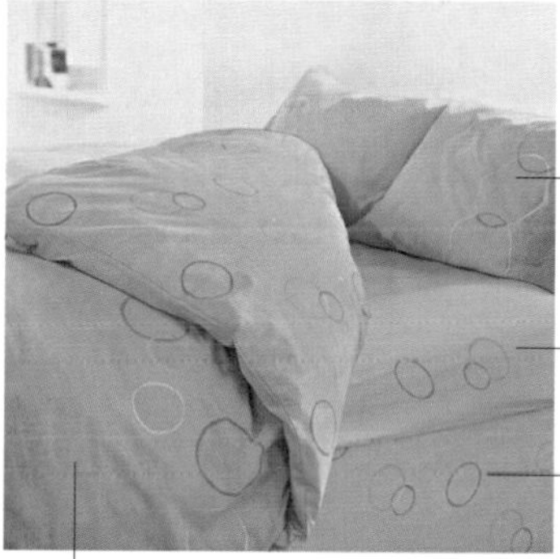

vocabolario • vocabulary

la termocoperta electric blanket	**la molla** spring	**l'insonnia** insomnia	**svegliarsi** wake up (v)	**mettere la sveglia** set the alarm (v)
il letto singolo twin bed	**il tappeto** carpet	**andare a letto** go to bed (v)	**alzarsi** get up (v)	**russare** snore (v)
il letto matrimoniale full bed	**la pedana del letto** footboard	**addormentarsi** go to sleep (v)	**fare il letto** make the bed (v)	**l'armadio a muro** built-in wardrobe

la stanza da bagno • bathroom

la porta della doccia
shower door

il rubinetto dell'acqua fredda
cold faucet

il rubinetto dell'acqua calda
hot faucet

il soffione della doccia
shower head

il portasciugamani
towel bar

il lavandino
sink

il tappo
plug

la doccia
shower

lo scolo
drain

il sedile
toilet seat

il water
toilet

la spazzola da water
toilet brush

la vasca
bathtub

il bidè | bidet

vocabolario • vocabulary

la carta igienica
toilet paper

lo scendibagno
bath mat

l'armadietto dei medicinali
medicine cabinet

la tenda da doccia
shower curtain

farsi la doccia
take a shower (v)

farsi il bagno
take a bath (v)

l'igiene dentale • dental hygiene

lo spazzolino da denti
toothbrush

il dentifricio
toothpaste

il collutorio
mouthwash

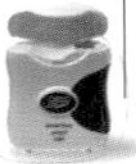

il filo interdentale
dental floss

la spugna
sponge

la pomice
pumice stone

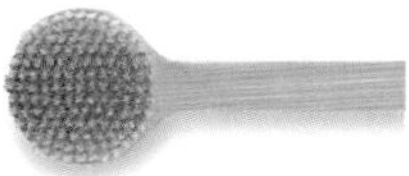

la spazzola
back brush

il deodorante
deodorant

il sapone
soap

la crema per il viso
face cream

il bagnoschiuma
bubble bath

gli asciugamani
towels

la lozione per il corpo
body lotion

il talco
talcum powder

l'accappatoio
bathrobe

la rasatura • shaving

la schiuma da barba
shaving foam

il rasoio monouso
disposable razor

il dopobarba
aftershave

la camera dei bambini • baby's room

l'igiene del neonato • baby care

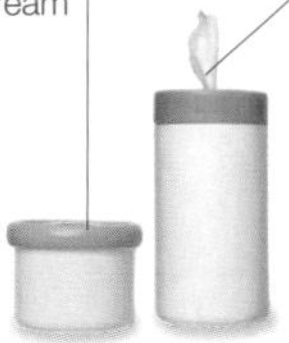

la vaschetta
baby bath

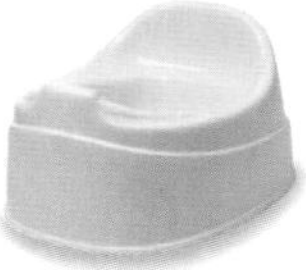

il vasino
potty

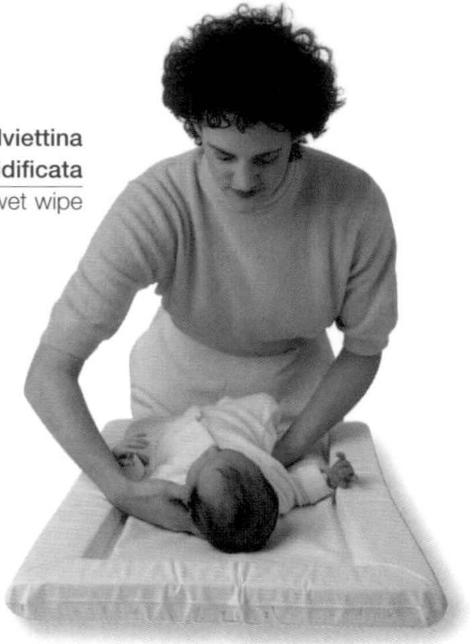

il materassino
changing mat

dormire • sleeping

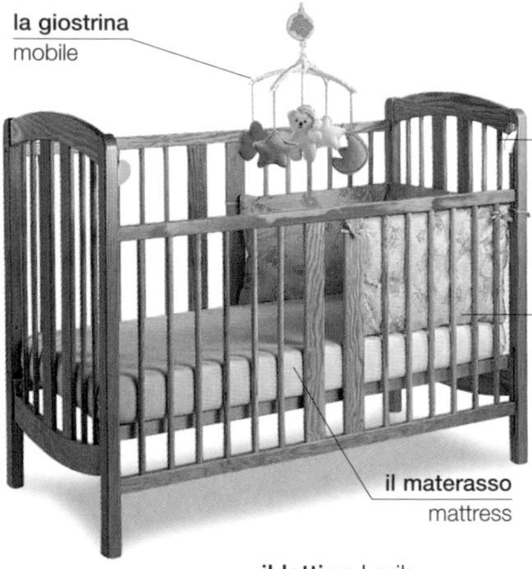

il lettino | crib

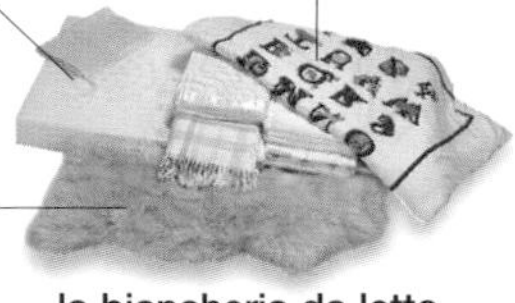

la biancheria da letto
bedding

il sonaglio
rattle

il portabebè
bassinet

il gioco • playing

il giocattolo di pezza
soft toy

la casa delle bambole
dollhouse

la casa da gioco
playhouse

il cesto dei giocattoli
toy basket

il box
playpen

la sicurezza • safety

l'interfono
baby monitor

lo sbarramento
stair gate

il pasto • eating

il seggiolone
high chair

il biberon
bottle

la passeggiata • going out

il passeggino
stroller

la carrozzina
baby carriage

la culla portatile
carrier

la borsa per il cambio
diaper bag

il marsupio
baby sling

la lavanderia • utility room

il bucato • laundry

i panni sporchi
dirty laundry

il cesto della biancheria da lavare
laundry basket

la lavatrice
washing machine

la lavasciuga
washer-dryer

l'asciugabiancheria
tumble-dryer

i vestiti puliti
clean clothes

il cesto della biancheria pulita
linen basket

la corda per bucato
clothesline

la molletta
clothespin

asciugare
dry (v)

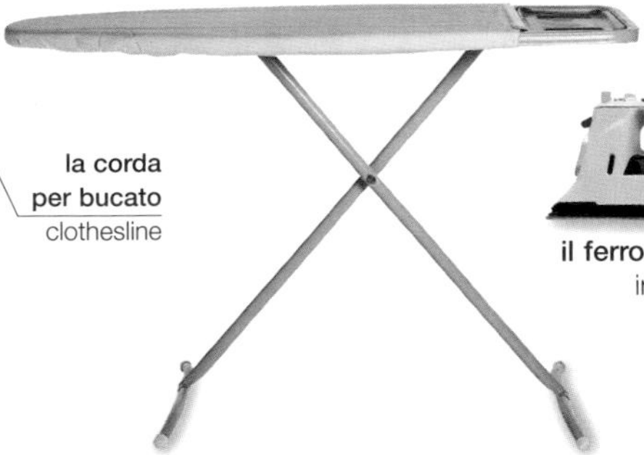

l'asse da stiro | ironing board

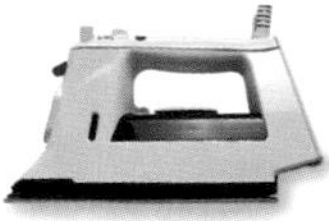

il ferro da stiro
iron

vocabolario • vocabulary

caricare
load (v)

centrifugare
spin (v)

stirare
iron (v)

sciacquare
rinse (v)

la centrifuga
spin-dryer

l'ammorbidente
fabric softener

Come funziona la lavatrice?
How do I operate the washing machine?

Qual è il programma per i tessuti colorati/bianchi?
What is the setting for colors/whites?

gli accessori per la pulizia • cleaning equipment

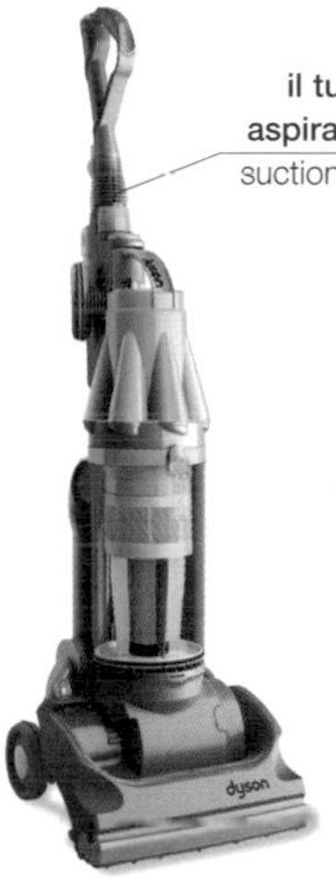

l'aspirapolvere
vacuum cleaner

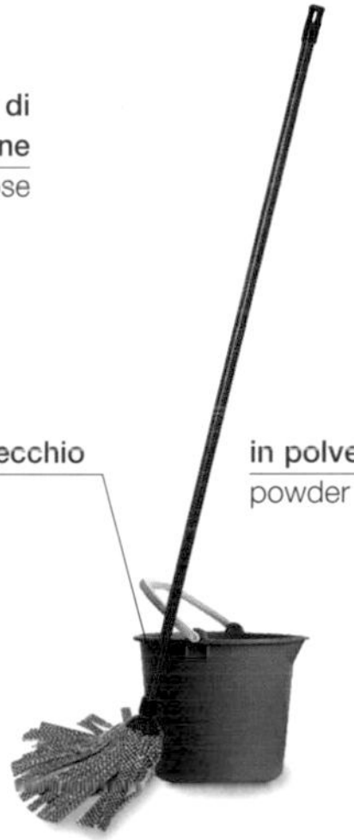

la scopa lavapavimenti
mop

la paletta
dust pan

la varechina
bleach

il detergente
detergent

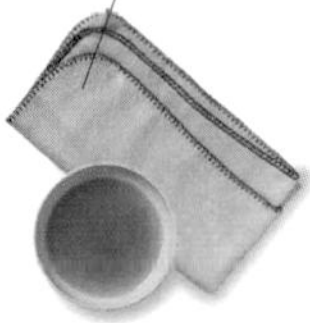

la cera
polish

le attività • activities

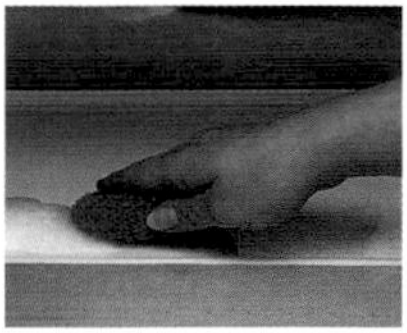

pulire
clean (v)

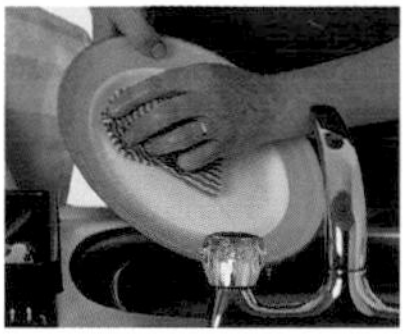

lavare
wash (v)

asciugare
wipe (v)

fregare
scrub (v)

raschiare
scrape (v)

spazzare
sweep (v)

spolverare
dust (v)

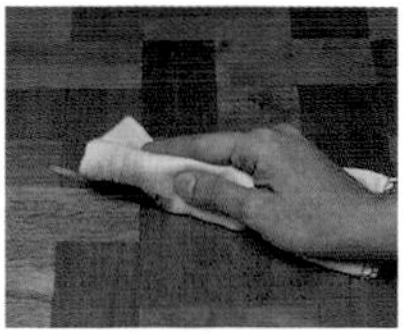

lucidare
polish (v)

il laboratorio • workshop

la sega da traforo
jigsaw

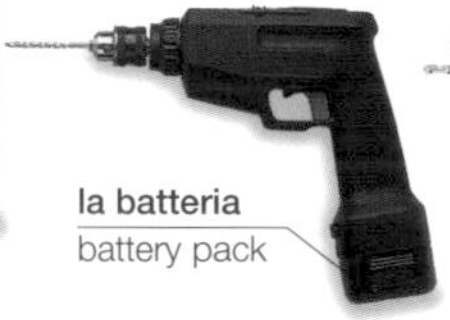

il trapano ricaricabile
cordless drill

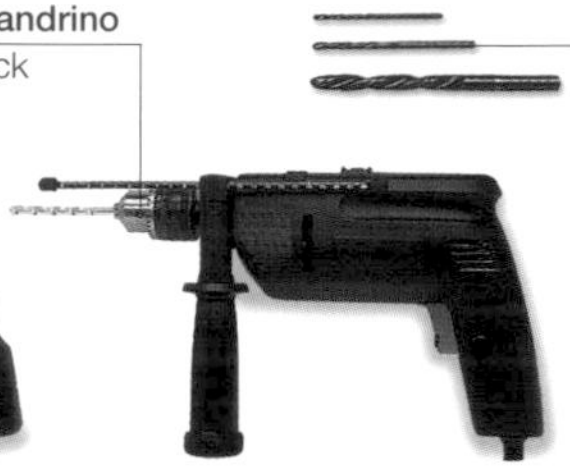

il trapano elettrico
electric drill

la pistola per colla
glue gun

la morsa
vise

la levigatrice
sander

la sega circolare
circular saw

il banco da lavoro
workbench

le tecniche • techniques

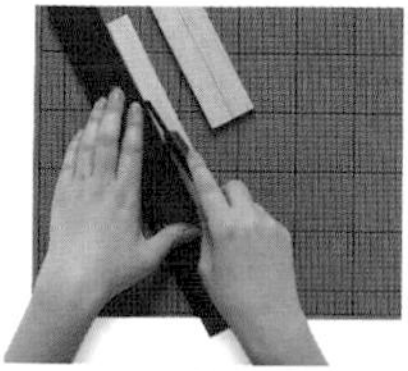

tagliare
cut (v)

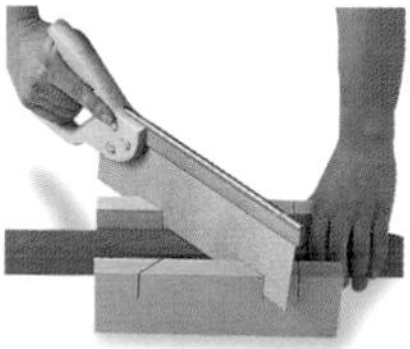

segare
saw (v)

forare
drill (v)

martellare
hammer (v)

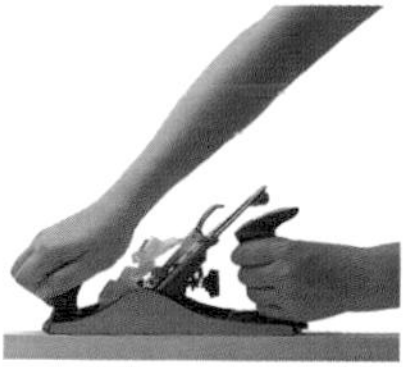

piallare
plane (v)

tornire
turn (v)

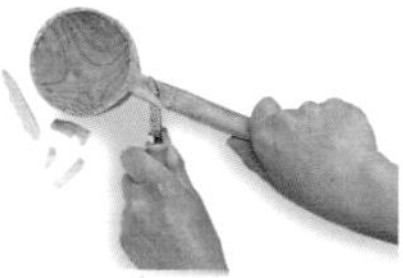

incidere
carve (v)

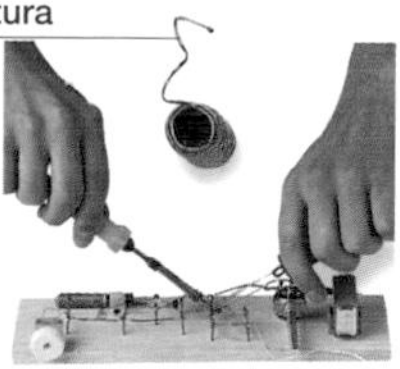

saldare
solder (v)

i materiali • materials

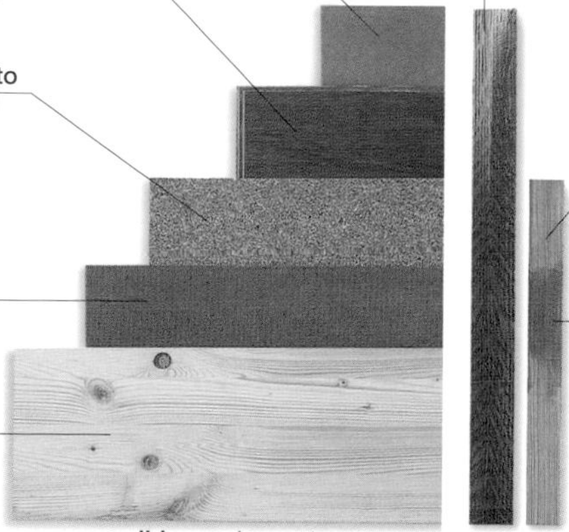

il legno | wood

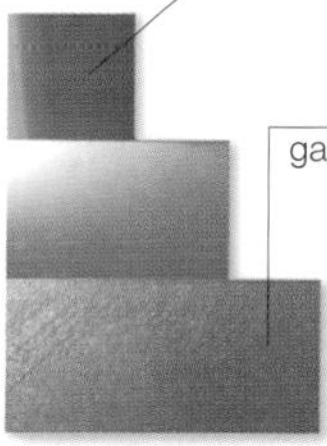

il metallo | metal

la scatola degli attrezzi • toolbox

la chiave
wrench

la chiave regolabile
adjustable wrench

il martello
hammer

le pinze ad ago
needlenose pliers

la chiave a tubo
socket wrench

la punte per cacciavite
screwdriver bits

la livella
level

la rondella
washer

il cacciavite
screwdriver

il dado
nut

il metro
tape measure

il coltello
knife

le pinze tonde
bullnose pliers

la bussola
socket

la chiave
Allen key

le punte • drill bits

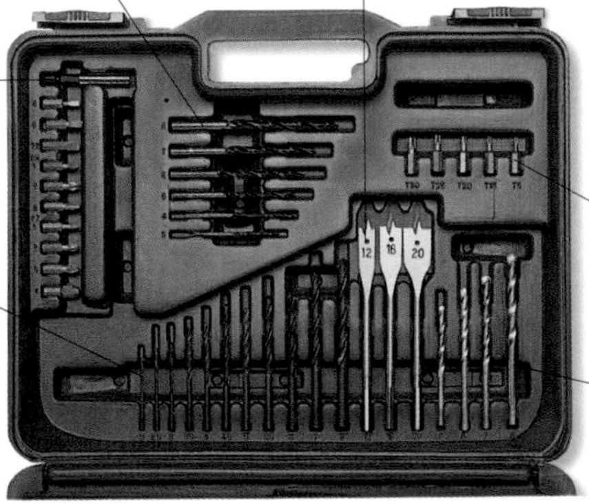

la punta piana per legno
flat wood bit

la punta per metalli
metal bit

l'alesatore
reamer

le punte da falegnameria
carpentry bits

la punta di sicurezza
security bit

la punta per muratura
masonry bit

il cacciavite a croce
Phillips screwdriver

la testa
head

il chiodo
nail

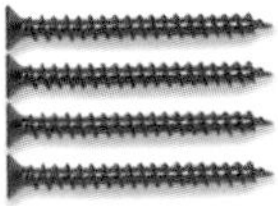

la vite
screw

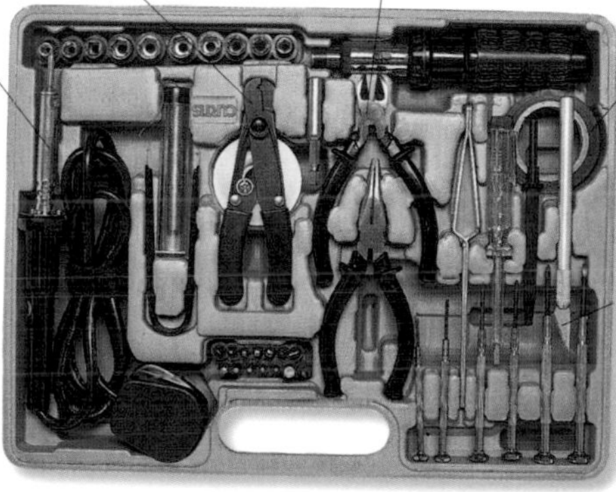

la sega da traforo
fretsaw

la lega per saldatura
solder

la sega per tenoni | tenon saw

gli occhiali protettivi
safety goggles

la pialla
plane

il seghetto
handsaw

la cassetta guidalama per ugnature
miter block

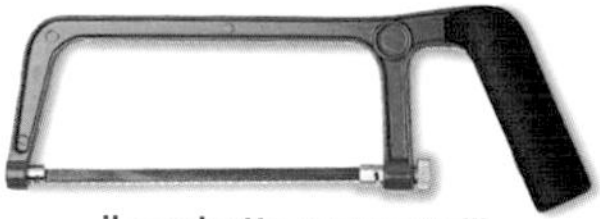

il seghetto per metalli
hacksaw

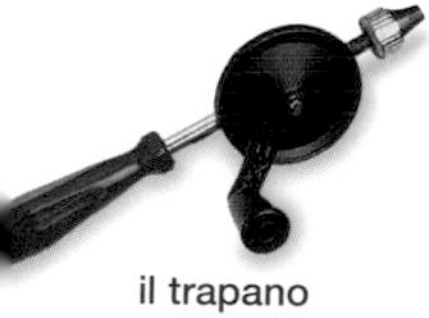

il trapano manuale
hand drill

la lana d'acciaio
steel wool

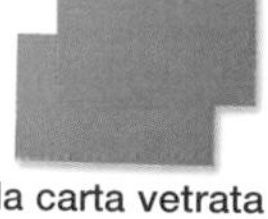

la carta vetrata
sandpaper

la chiave inglese
wrench

lo scalpello
chisel

l'affilatore
whetstone

la lima
file

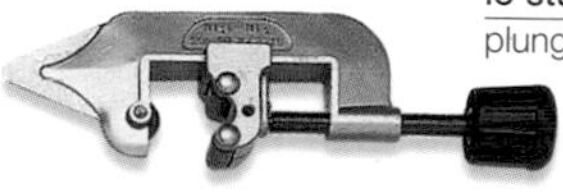

il tagliatubi | pipe cutter

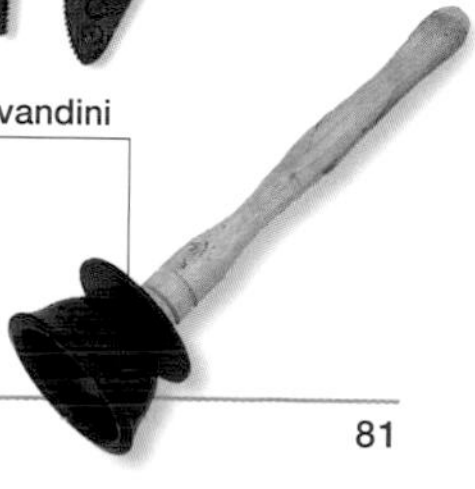

lo sturalavandini
plunger

la decorazione • decorating

le forbici
scissors

il coltello da pacchi
utility knife

il filo a piombo
plumb line

il raschietto
scraper

tappezzare | wallpaper (v)

staccare
strip (v)

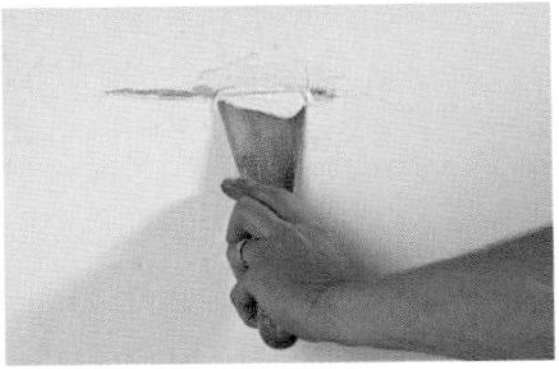

otturare
fill (v)

scartavetrare
sand (v)

intonacare | plaster (v)

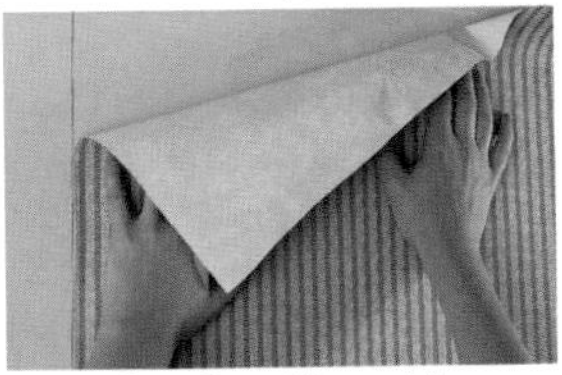

incollare | hang (v)

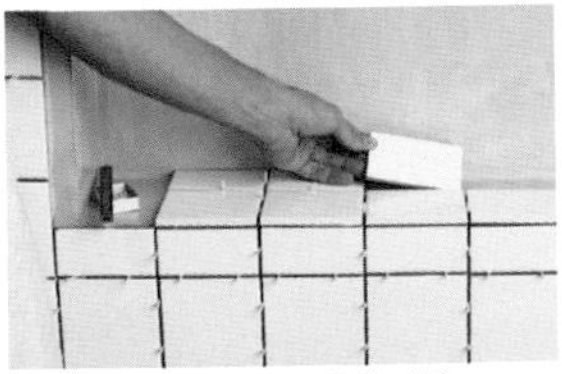

piastrellare | tile (v)

il rullo
roller

il pennello
brush

il barattolo di vernice
paint can

la tuta
overalls

il telo di protezione
dust sheet

dipingere
paint (v)

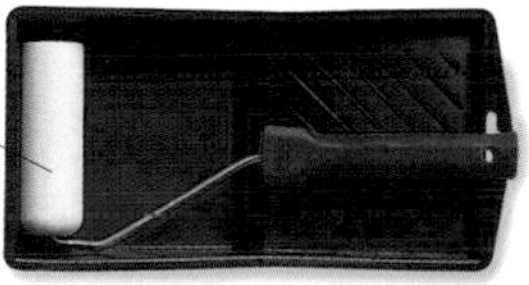

la vaschetta per la vernice
paint tray

la vernice
paint

la spugna
sponge

il nastro adesivo coprente
masking tape

la carta vetrata
sandpaper

lo stucco
filler

la trementina
turpentine

l'acquaragia
mineral spirits

vocabolario • vocabulary

l'intonaco
plaster

la vernice trasparente
varnish

la pittura
latex paint

lucido
gloss

opaco
mat

lo stampino
stencil

la carta a rilievo
embossed paper

la carta di fondo
lining paper

la vernice di base
primer

la mano di fondo
undercoat

la mano finale
topcoat

il conservante
preservative

il sigillante
sealant

il solvente
solvent

la malta
grout

il giardino • garden

i tipi di giardino • garden styles

il giardino a patio
patio garden

il giardino pensile
roof garden

il giardino di rocce
rock garden

il giardino all'italiana | formal garden

il cortile
courtyard

il giardino all'inglese
cottage garden

il giardino di erbe
herb garden

il giardino acquatico
water garden

gli ornamenti per il giardino • garden features

il cesto sospeso
hanging basket

il graticcio
trellis

la pergola
pergola

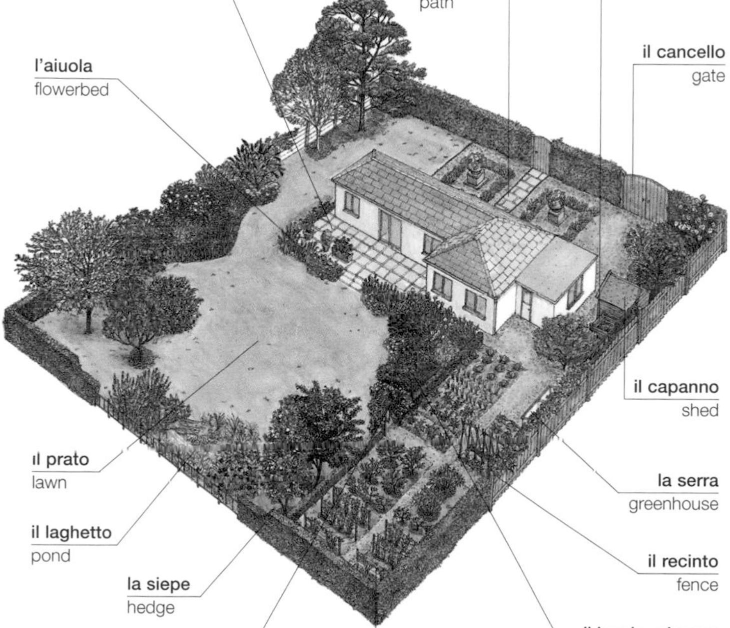

il tavolato
decking

la fontana | fountain

il terreno • soil

lo strato superficiale
topsoil

la sabbia
sand

il calcare
chalk

il limo
silt

l'argilla
clay

le piante da giardino • garden plants

i tipi di piante • types of plants

annuale
annual

biennale
biennial

perenne
perennial

il bulbo
bulb

la felce
fern

il giunco
rush

il bambù
bamboo

le erbacce
weeds

l'erba aromatica
herb

la pianta acquatica
water plant

l'albero
tree

la palma
palm

la conifera
conifer

sempreverde
evergreen

a foglie caduche
deciduous

l'arte topiaria
topiary

le piante da roccia
alpine

la pianta grassa
succulent

il cactus
cactus

gli attrezzi da giardino • garden tools

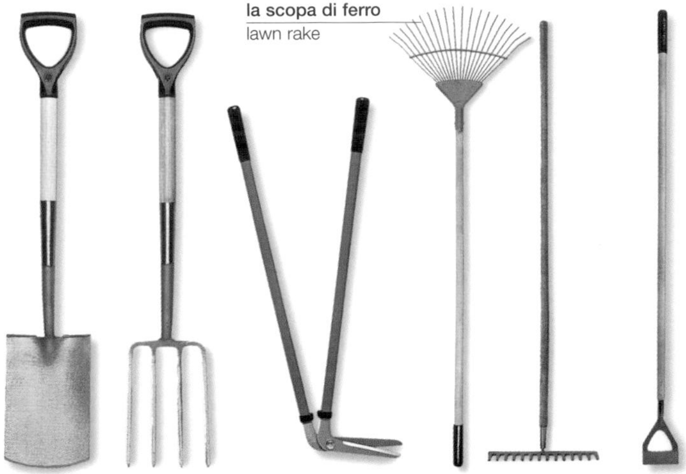

la vanga
spade

il forcone
fork

le forbici tagliabordi
long-handled shears

il rastrello
rake

la zappa
hoe

il terriccio
compost

i semi
seeds

la farina di ossa
bone meal

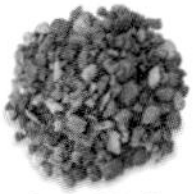

la ghiaia
gravel

il cestello
trug

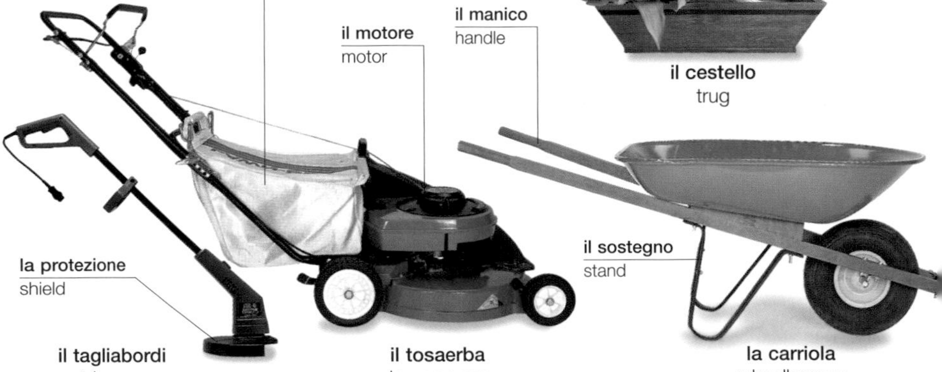

il tagliabordi
trimmer

il tosaerba
lawnmower

la carriola
wheelbarrow

la forchetta
hand fork

la cesoia
pruners

i guanti da giardinaggio
gardening gloves

la paletta
trowel

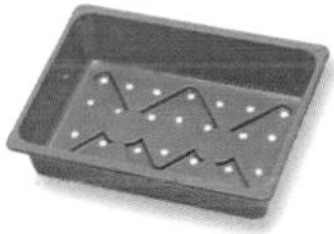

il semenzaio
seed tray

lo spago
twine

le etichette
labels

le fettucce
twist ties

gli anelli
ring ties

le canne
canes

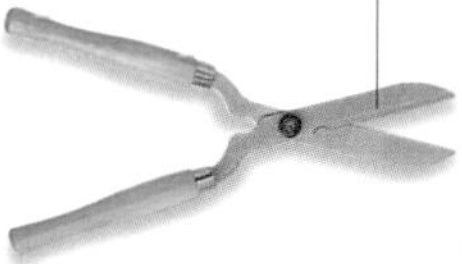

la lama
blade

le forbici da giardino
shears

il pesticida
pesticide

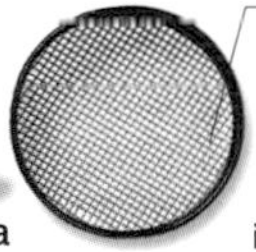

il setaccio
sieve

il vaso da fiori
plant pot

le galosce
rubber boots

la sega
hand saw

l'annaffiatura • watering

l'annaffiatoio
watering can

la rosa
rose

il diffusore
spray bottle

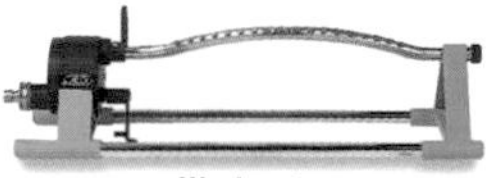

l'irrigatore
sprinkler

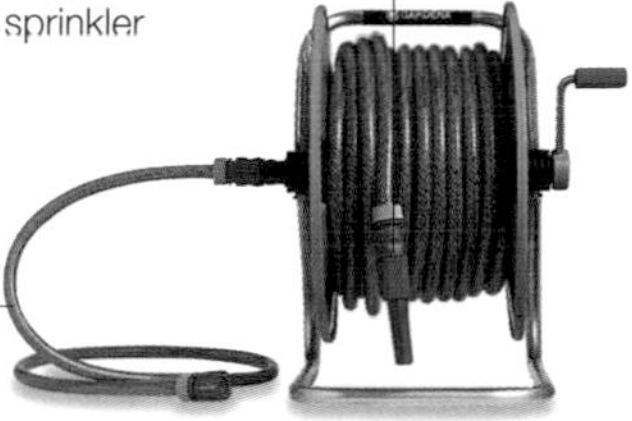

il becco
nozzle

la pompa da giardino
hose

l'avvolgitubo | hose reel

il giardinaggio • gardening

tagliare l'erba | mow (v)

ricoprire di zolle erbose
turf (v)

inforcare
spike (v)

rastrellare
rake (v)

spuntare
trim (v)

scávare
dig (v)

seminare
sow (v)

concimare a spandimento
topdress (v)

annaffiare
water (v)

far crescere
train (v)

togliere i fiori appassiti
deadhead (v)

spruzzare
spray (v)

la canna
cane

legare a un tutore
stake (v)

innestare
graft (v)

la talea
cutting

propagare
propagate (v)

potare
prune (v)

trapiantare
transplant (v)

sradicare le erbacce
weed (v)

coprire con strato protettivo
mulch (v)

raccogliere
harvest (v)

vocabolario • vocabulary

coltivare cultivate (v)	**architettare** landscape (v)	**concimare** fertilize (v)	**setacciare** sift (v)	**biologico** organic	**il semenzale** seedling	**il sottosuolo** subsoil
curare tend (v)	**invasare** pot (v)	**cogliere** pick (v)	**aerare** aerate (v)	**lo scolo** drainage	**il concime** fertilizer	**il diserbante** weedkiller

JKL
5
TUV
8
0

i servizi
services

i servizi di emergenza • emergency services

l'ambulanza • ambulance

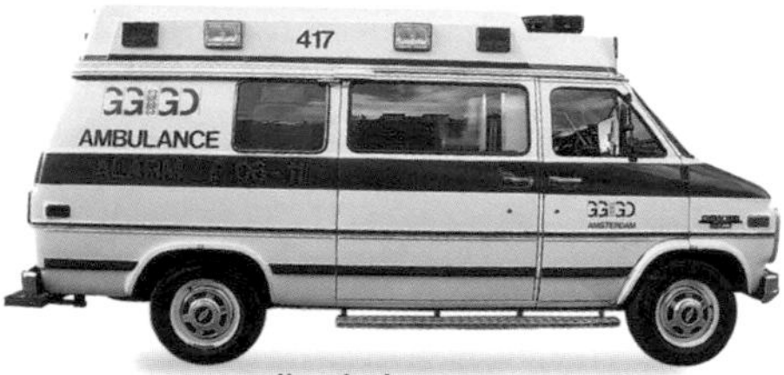

l'ambulanza
ambulance

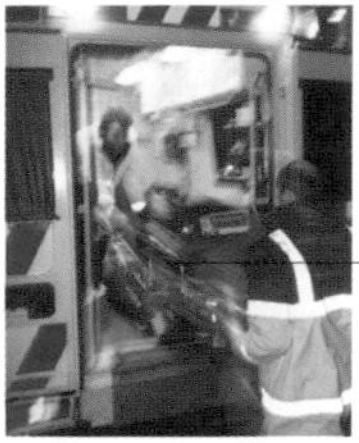

il paramedico
paramedic

la polizia • police

l'agente
police officer

le manette
handcuffs

l'auto della polizia
police car

la stazione di polizia
police station

vocabolario • vocabulary

il commissario inspector	**il furto** burglary	**la denuncia** complaint	**l'arresto** arrest
l'investigatore detective	**l'aggressione** assault	**l'indagine** investigation	**la cella** cell
il reato crime	**l'impronta digitale** fingerprint	**il sospetto** suspect	**l'accusa** charge

i vigili del fuoco • fire department

l'incendio | fire

i vigili del fuoco
firefighters

la caserma dei vigili del fuoco
fire station

la scala di sicurezza
fire escape

l'autopompa
fire engine

l'allarme antifumo
smoke alarm

l'allarme antincendio
fire alarm

l'ascia
ax

l'estintore
fire extinguisher

l'idrante
hydrant

Ho bisogno della polizia/dei vigili del fuoco/di un'ambulanza.
I need the police/fire department/ambulance.

C'è un incendio a...
There's a fire at...

C'è stato un incidente.
There's been an accident.

Chiamate la polizia!
Call the police!

la banca • bank

il direttore
bank manager

la carta di credito
credit card

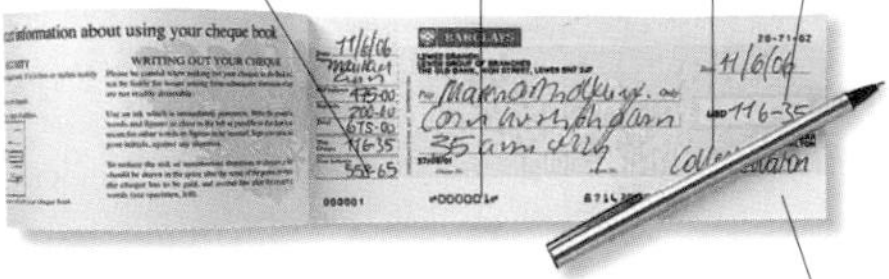

il libretto degli assegni
checkbook

vocabolario • vocabulary

i risparmi
savings

l'ipoteca
mortgage

il pagamento
payment

versare
deposit (v)

il conto corrente
checking account

l'imposta
tax

lo scoperto
overdraft

il prestito
loan

il pin
PIN

il conto di risparmio
savings account

l'addebito diretto
automatic payment

il tasso d'interesse
interest rate

il modulo di prelievo
withdrawal slip

la commissione bancaria
bank charge

il bonifico bancario
electronic transfer

la moneta
coin

la banconota
bill

il denaro
money

lo schermo
screen

la tastiera
key pad

la fessura per la carta
card slot

la cassa automatica
ATM

la valuta estera • foreign currency

l'ufficio di cambio
bureau de change

il travel cheque
traveler's check

il tasso di cambio
exchange rate

la finanza • finance

la consulente finanziaria
financial advisor

il corso per azione
share price

il broker
stockbroker

la borsa valori | stock exchange

vocabolario • vocabulary

incassare cash (v)	**le azioni** shares
la denominazione denomination	**i dividendi** dividends
la commissione commission	**il contabile** accountant
l'investimento investment	**il portafoglio** portfolio
i titoli stocks	**il capitale netto** equity

Posso cambiare questo?
Can I change this, please?

Qual è il tasso di cambio oggi?
What's today's exchange rate?

le comunicazioni • communications

l'ufficio postale | post office

la busta | envelope

il postino
mail carrier

vocabolario • vocabulary

la lettera letter	**il mittente** return address	**la consegna** delivery	**fragile** fragile	**non piegare** do not bend (v)
posta aerea by airmail	**la firma** signature	**l'affrancatura** postage	**il sacco postale** mailbag	**alto** this way up
la posta raccomandata registered mail	**la raccolta** pickup	**il vaglia postale** money order	**il telegramma** telegram	**il fax** fax

la buca delle lettere
mailbox

la cassetta delle lettere
letter slot

il pacco
package

il corriere
courier

il telefono • telephone

il ricevitore
handset

la base
base station

la segreteria telefonica
answering machine

il telefono senza fili
cordless phone

il videotelefono
video phone

la cabina telefonica
telephone booth

la tastiera
keypad

il telefonino
cell phone

il ricevitore
receiver

le monete non utilizzate
coin return

il telefono a monete
coin phone

il telefono a scheda
card phone

vocabolario • vocabulary

comporre
dial (v)

staccato
disconnected

la chiamata a carico del destinatario
collect call

rispondere
answer (v)

il messaggio vocale
voice message

il messaggio di testo
text message

l'operatore
operator

occupato
busy

il servizio informazioni abbonati
directory assistance

Può darmi il numero per...?
Can you give me the number for...?

Qual è il prefisso per...?
What is the area code for...?

l'albergo • hotel

l'ingresso • lobby

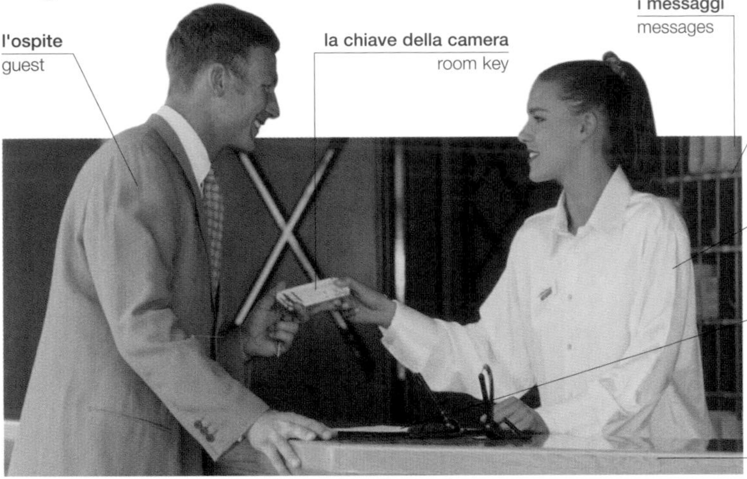

la ricezione | reception

il facchino
porter

l'ascensore
elevator

il numero della camera
room number

le camere • rooms

la camera singola
single room

la camera doppia
double room

la camera a due letti
twin room

il bagno privato
private bathroom

i servizi • services

il servizio di pulizia
maid service

il servizio di lavanderia
laundry service

il vassoio della colazione
breakfast tray

il servizio in camera | room service

il minibar
mini bar

il ristorante
restaurant

la palestra
gym

la piscina
swimming pool

vocabolario • vocabulary

la pensione completa full board	**Avete una camera libera?** Do you have any vacancies?	**Vorrei una camera per tre notti.** I'd like a room for three nights.
la mezza pensione half-board	**Ho una prenotazione** I have a reservation.	**Quanto costa la camera a notte?** What is the charge per night?
la pensione con colazione bed and breakfast	**Vorrei una camera singola** I'd like a single room.	**Quando devo lasciare la stanza?** When do I have to check out?

gli acquisti
shopping

il centro commerciale • shopping center

vocabolario • vocabulary

il reparto bambini
children's department

il reparto bagagli
luggage department

il reparto calzature
shoe department

il commesso
store clerk

la guida al negozio
store directory

l'assistenza ai clienti
customer services

i camerini
changing rooms

le toilettes
restrooms

spazio con fasciatoio
baby-changing facilities

Quanto costa questo?
How much is this?

Posso cambiare questo?
May I exchange this?

il grande magazzino • department store

l'abbigliamento da uomo
menwear

l'abbigliamento da donna
women's clothing

la biancheria intima
lingerie

la profumeria
perfume

la bellezza
beauty

la biancheria
linen

l'arredamento per la casa
home furnishings

la merceria
notions

gli articoli da cucina
kitchenware

la porcellana
china

gli articoli elettronici
electrical goods

l'illuminazione
lighting

gli articoli sportivi
sports

i giocattoli
toys

la cancelleria
stationery

il reparto alimentari
food

il supermercato • supermarket

la corsia
aisle

lo scaffale
shelf

il nastro convogliatore
conveyor belt

il cassiere
checker

le offerte
specials

la cassa | checkout

il cliente
customer

la cassa
cash register

la busta della spesa
shopping bag

la spesa
groceries

il carrello
cart

il manico
handle

il cestino
basket

780863 185779

il codice a barre
bar code

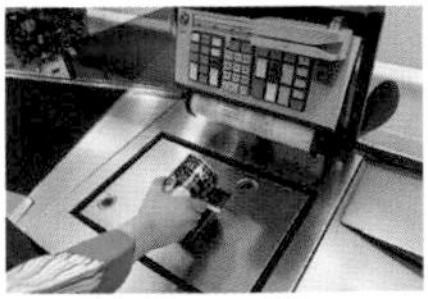

il lettore ottico
scanner

la panetteria
bakery

i latticini
dairy

i cereali da colazione
breakfast cereals

lo scatolame
canned food

i dolci
confectionery

le verdure
vegetables

la frutta
fruit

la carne e il pollame
meat and poultry

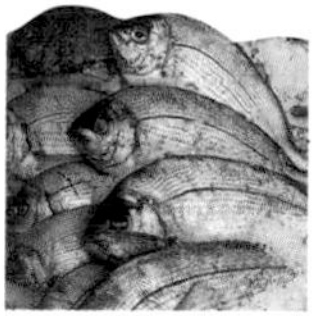

il pesce
fish

la salumeria
deli

i surgelati
frozen food

i cibi pronti
convenience food

le bibite
drinks

i casalinghi
household products

gli articoli da toilette
toiletries

i prodotti per bambini
baby products

gli articoli elettrici
electrical goods

il cibo per animali
pet food

le riviste | magazines

la farmacia • pharmacy

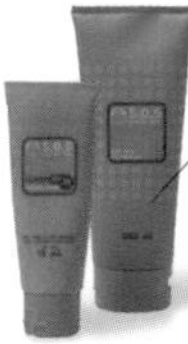

la crema schermo
sunscreen

la crema schermo totale
sunblock

l'insettifugo
insect repellent

la salviettina umidificata
wet wipe

il fazzolettino
tissue

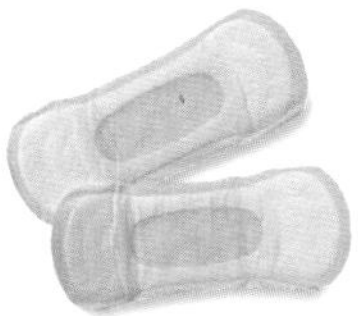

l'assorbente
sanitary napkin

il tampone
tampon

il salvaslip
panty liner

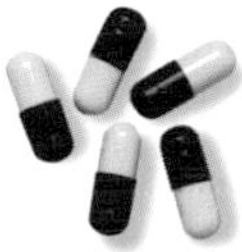

la capsula
capsule

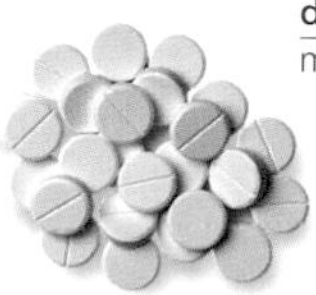

la compressa
pill

il cucchiaio dosatore
measuring spoon

lo sciroppo
syrup

le istruzioni
instructions

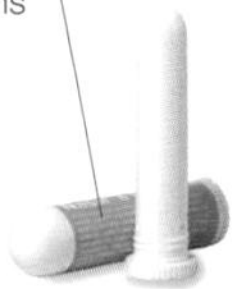

l'inalatore
inhaler

la pomata
cream

l'unguento
ointment

il gel
gel

la supposta
suppository

il contagocce
dropper

le gocce
drops

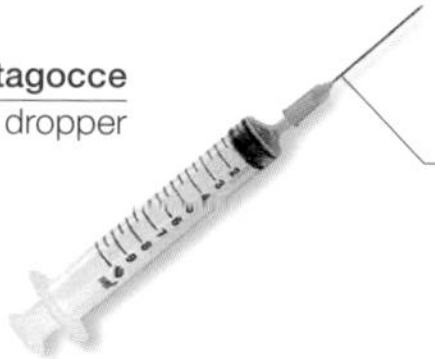

l'ago
needle

la siringa
syringe

lo spray
spray

la polvere
powder

vocabolario • vocabulary

il ferro iron	**la multivitamina** multivitamins	**monouso** disposable	**la medicina** medicine	**l'antidolorifico** painkiller
il calcio calcium	**gli effetti collaterali** side-effects	**solubile** soluble	**il lassativo** laxative	**il sedativo** sedative
il magnesio magnesium	**la data di scadenza** expiration date	**il dosaggio** dosage	**la diarrea** diarrhea	**il sonnifero** sleeping pill
l'insulina insulin	**le pasticche antinausea** travel-sickness pills	**il medicamento** medication	**la pasticca per la gola** cough drop	**l'antinfiammatorio** anti-inflammatory

il fioraio • florist

la violacciocca
stocks

la gerbera
gerbera

il fogliame
foliage

la rosa
rose

la fresia
freesia

l'orchidea
orchid

la peonia
peony

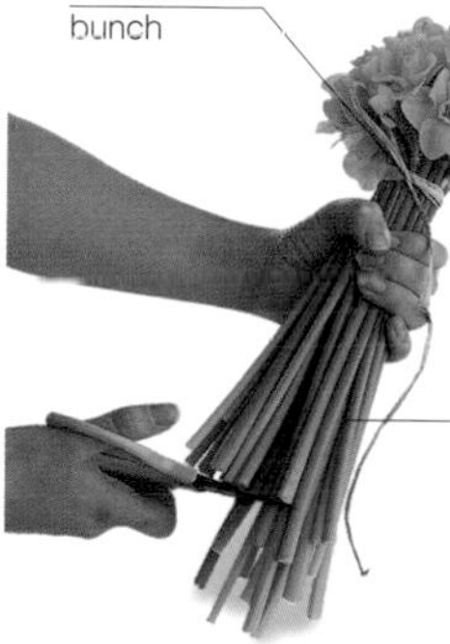

il narciso
daffodil

il tulipano | tulip

gli arrangiamenti • arrangements

il mazzo di fiori
bouquet

i fiori secchi
dried flowers

il pot-pourri | potpourri

la corona | wreath

Mi dà un mazzo di... per favore?
Can I have a bunch of... please.

Me li può incartare?
Can I have them wrapped?

Posso allegare un messaggio?
Can I attach a message?

Quanto dureranno?
How long will these last?

Sono profumati?
Are they fragrant?

Li può mandare a...?
Can you send them to....?

l'edicola • newsstand

le sigarette
cigarettes

il pacchetto di sigarette
pack of cigarettes

i fiammiferi
matches

i biglietti della lotteria
lottery tickets

i francobolli
stamps

la cartolina
postcard

il giornalino a fumetti
comic

la rivista
magazine

il giornale
newspaper

fumare • smoking

il tabacco
tobacco

l'accendino
lighter

il bocchino
stem

il fornello
bowl

la pipa
pipe

il sigaro
cigar

il confettiere • confectionery

il negozio di dolciumi | candy store

vocabolario • vocabulary

il caramello caramel	**il biscotto** cookie
il tartufo truffle	**le caramelle** hard candy
il cioccolato al latte milk chocolate	**il cioccolato bianco** white chocolate
il cioccolato fondente semisweet chocolate	**la caramelle assortite** pick-and-mix

i dolciumi • confectionery

il cioccolatino
chocolate

la tavoletta di cioccolata
chocolate bar

le caramelle
candy

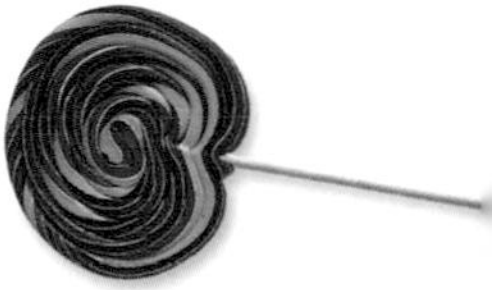

il lecca lecca
lollipop

la caramella mou
toffee

il torrone
nougat

la caramella gommosa
marshmallow

la mentina
mint

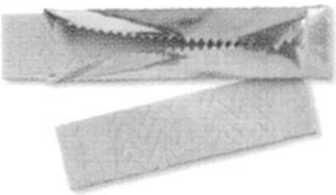

la gomma da masticare
chewing gum

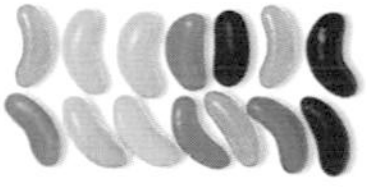

la caramella di gelatina
jellybean

la caramella alla frutta
gumdrop

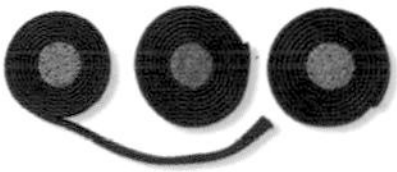

la liquirizia
licorice

gli altri negozi • other stores

il panificio
bread shop

la pasticceria
bakery

la macelleria
butcher shop

la pescheria
fish counter

il fruttivendolo
produce stand

la drogheria
grocery store

il negozio di calzature
shoe store

il negozio di ferramenta
hardware store

il negozio di antiquariato
antique shop

il negozio di articoli da regalo
gift shop

l'agenzia di viaggi
travel agency

la gioielleria
jewelry store

la libreria
bookstore

il negozio di dischi
record store

il negozio di liquori
liquor store

il negozio di animali
pet store

il negozio di mobili
furniture store

la boutique
boutique

vocabolario • vocabulary

l'agenzia immobiliare
real estate office

il centro di giardinaggio
garden center

il lavasecco
dry-cleaner

il negozio dell'usato
second-hand store

il negozio di articoli fotografici
camera store

la lavanderia
laundromat

il negozio dietetico
health-food store

il negozio di articoli per l'arte
art store

la sartoria
tailor shop

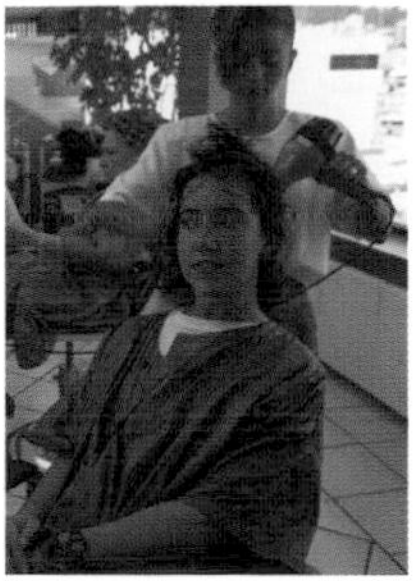
il parrucchiere
beauty salon

il mercato | market

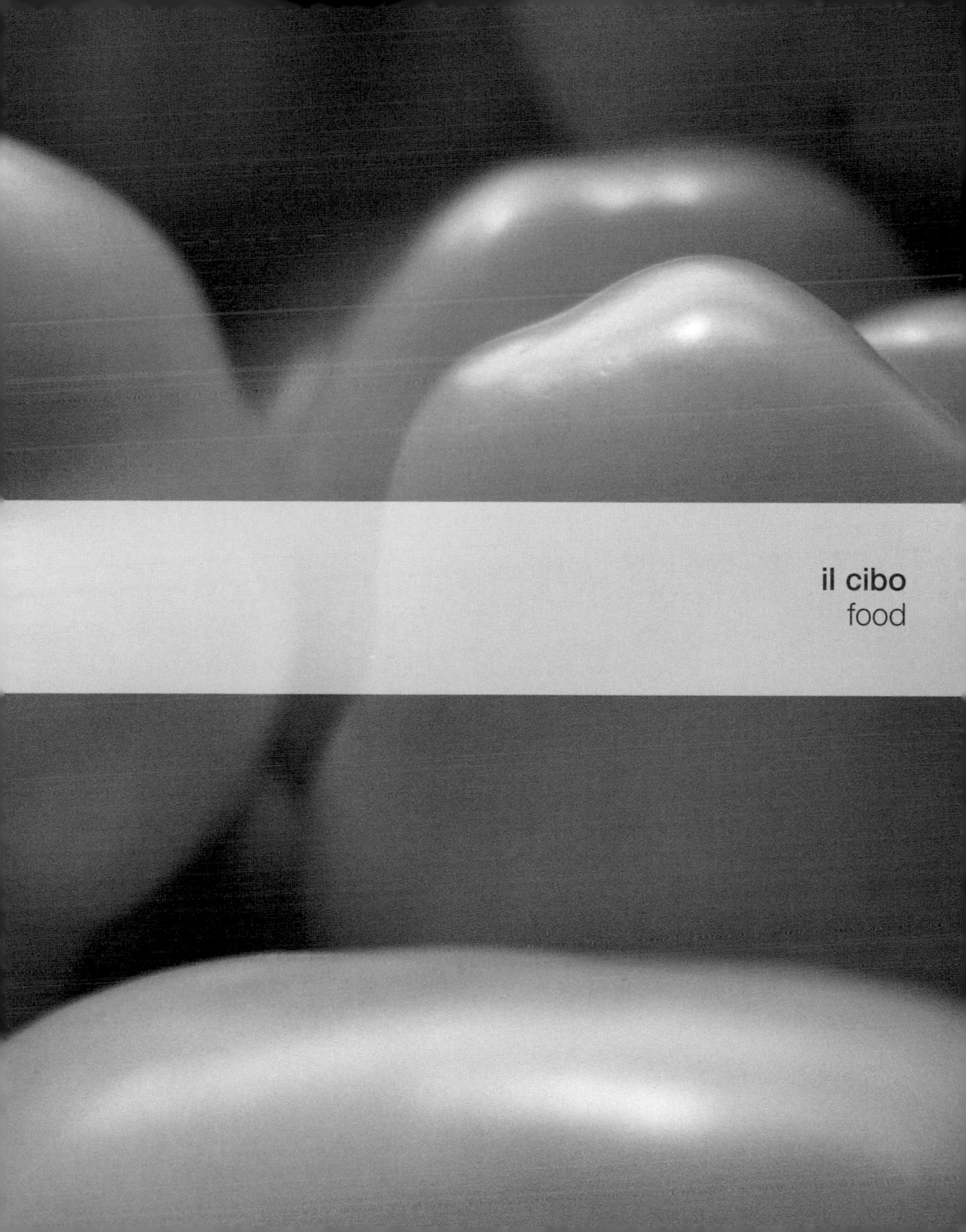

il cibo
food

la carne • meat

vocabolario • vocabulary

il maiale pork	**il cervo** venison	**le frattaglie** offal	**ruspante** free-range	**la carne rossa** red meat
il manzo beef	**il coniglio** rabbit	**stagionato** cured	**biologico** organic	**la carne magra** lean meat
il vitello veal	**la lingua** tongue	**affumicato** smoked	**la carne bianca** white meat	**la carne cotta** cooked meat

i tagli • cuts

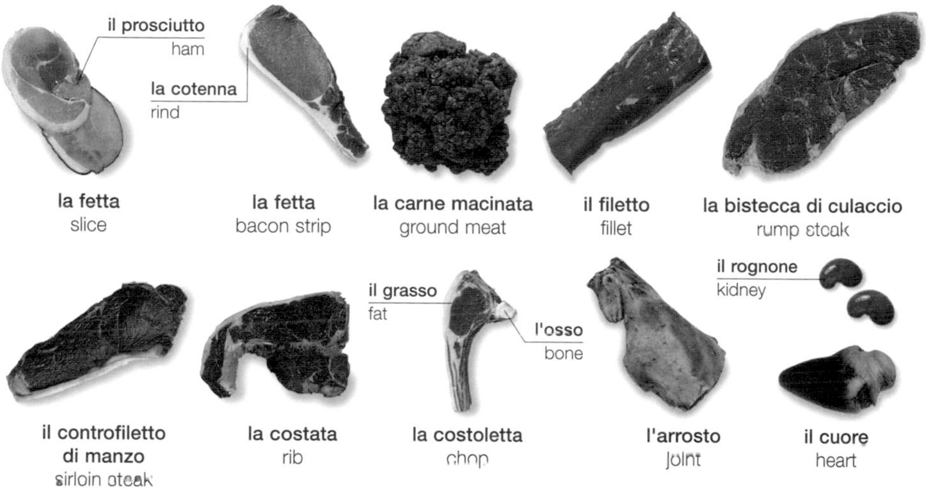

il pollo • poultry

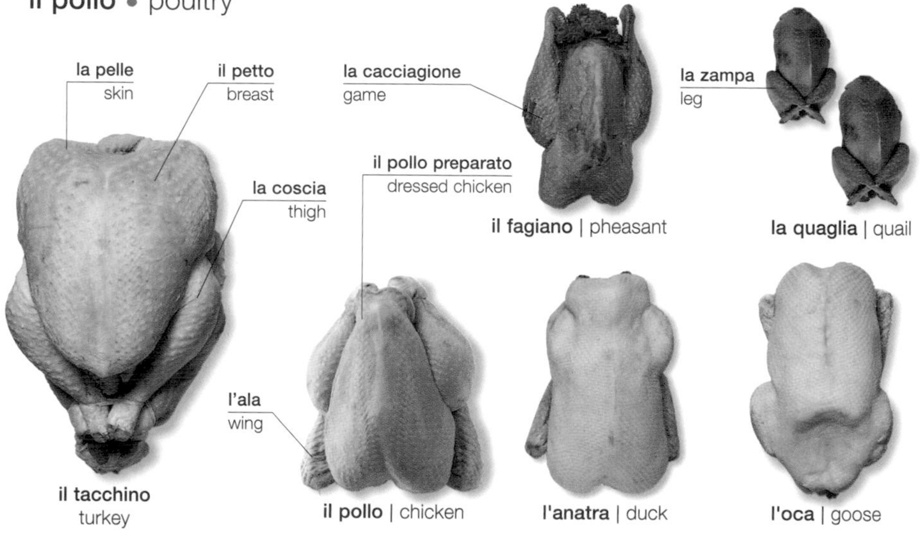

il pesce • fish

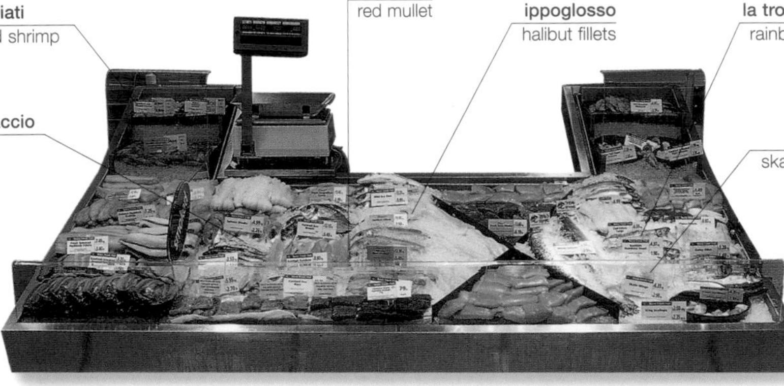

la pescheria
fish counter

la rana pescatrice
monkfish

lo sgombro
mackerel

la trota
trout

il pesce spada
swordfish

la sogliola di Dover
Dover sole

la sogliola limanda
lemon sole

l'eglefino
haddock

la sardina
sardine

la razza
skate

il merlano
whiting

la spigola
sea bass

il salmone | salmon

il merluzzo
cod

l'orata
sea bream

il tonno
tuna

i frutti di mare • seafood

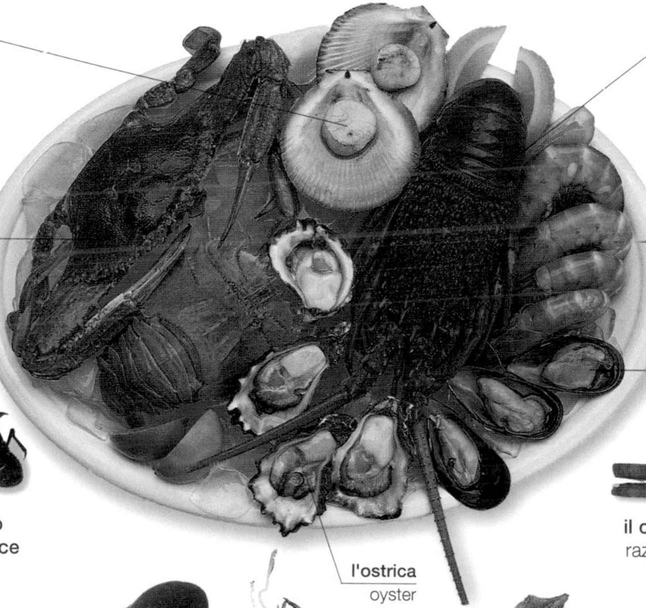

il pettine
scallop

l'aragosta
lobster

il granchio
crab

il gambero
jumbo shrimp

la cozza
mussel

l'ostrica
oyster

il gambero d'acqua dolce
crayfish

il cannolicchio
razorshell clam

il cardio
cockle

il polpo
octopus

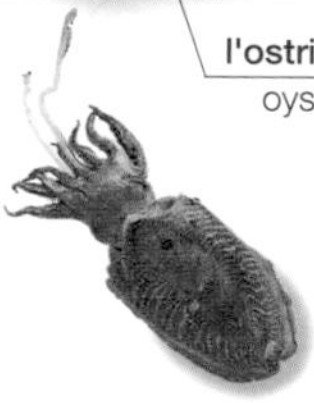

la seppia
cuttlefish

il calamaro
squid

la vongola
clam

vocabolario • vocabulary

congelato frozen	**pulito** cleaned	**affumicato** smoked	**desquamato** descaled	**a filetti** filleted	**il lombo** loin
fresco fresh	**salato** salted	**spellato** skinned	**spinato** boned	**il filetto** fillet	**la trancia** steak

la coda tail

la spina bone

la squama scale

Me lo pulisce?
Will you clean it for me?

la verdura 1 • vegetables 1

la fava
fava bean

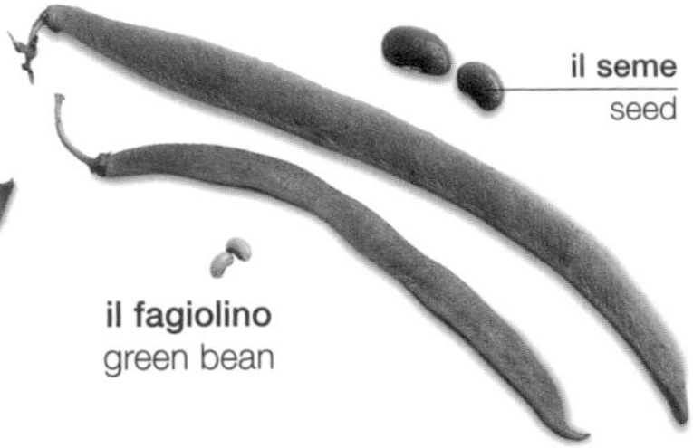

il fagiolino
green bean

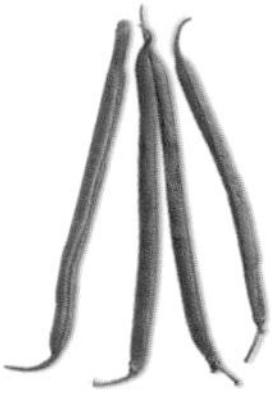

il fagiolino
French bean

il pisello
garden pea

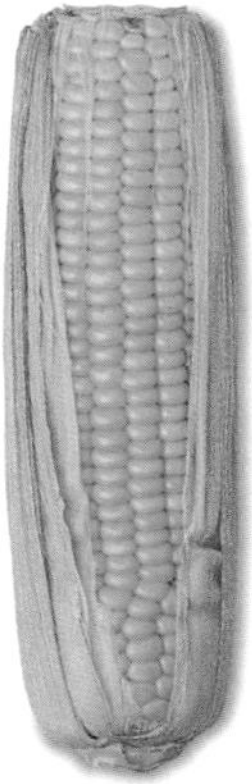

il granturco
corn

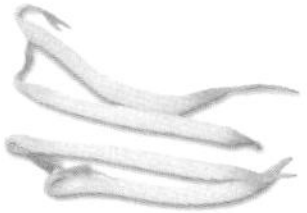

il germoglio di soia
bean sprout

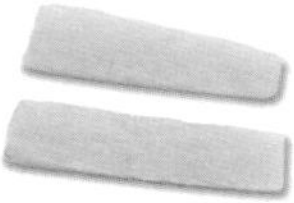

il bambù
bamboo

l'okra
okra

il sedano
celery

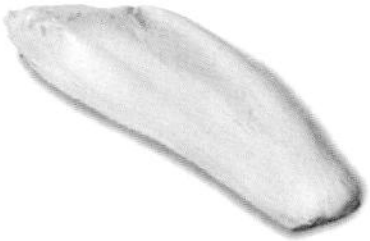

la cicoria
chicory

il finocchio
fennel

i cuori di palma
palm hearts

vocabolario • vocabulary

la foglia leaf	**il germoglio** floret	**la punta** tip	**biologico** organic
lo stelo stalk	**il nocciolo** kernel	**il cuore** heart	**la busta di plastica** plastic bag

Vendete verdure biologiche?
Do you sell organic vegetables?

Queste sono della zona?
Are these grown locally?

la rucola
arugula

il crescione
watercress

il radicchio
radicchio

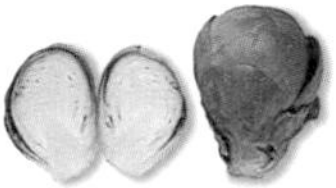

il cavolino di Bruxelles
Brussels sprout

la bietola
Swiss chard

il cavolo riccio
kale

l'acetosa
sorrel

l'indivia
endive

il dente di leone
dandelion

gli spinaci
spinach

il cavolo rapa
kohlrabi

la bieta
pak-choi

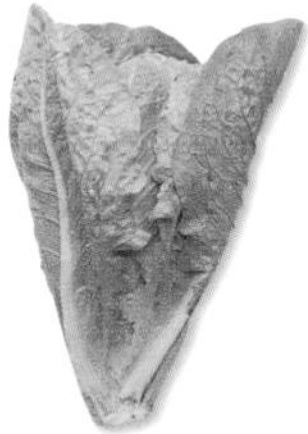

la lattuga
lettuce

il broccolo
broccoli

il cavolo
cabbage

la verza
spring greens

le verdure 2 • vegetables 2

vocabolario • vocabulary

il pomodoro ciliegino
cherry tomato

la carota
carrot

la patata novella
new potato

il frutto dell'albero del pane
breadfruit

il sedano rapa
celeriac

la cassava
cassava

la radice di taro
taro root

la castagna d'acqua
water chestnut

congelato
frozen

crudo
raw

piccante
hot (spicy)

dolce
sweet

amaro
bitter

sodo
firm

la polpa
flesh

la radice
root

Mi dà un chilo di patate per favore?
Can I have one kilo of potatoes, please?

Quanto costa al chilo?
What's the price per kilo?

Quelli come si chiamano?
What are those called?

la patata dolce
sweet potato

l'igname
yam

la barbabietola
beet

la rapa svedese
rutabaga

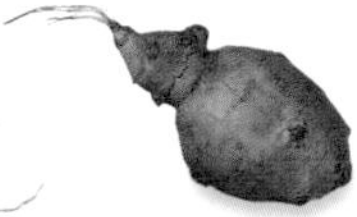
il topinambur
Jerusalem artichoke

il rafano
horseradish

la pastinaca
parsnip

lo zenzero
ginger

la melanzana
eggplant

il pomodoro
tomato

la cipollina
green onion

il porro
leek

lo scalogno
shallot

l'aglio
garlic

il fungo
mushroom

il cetriolo
cucumber

la zucchina
zucchini

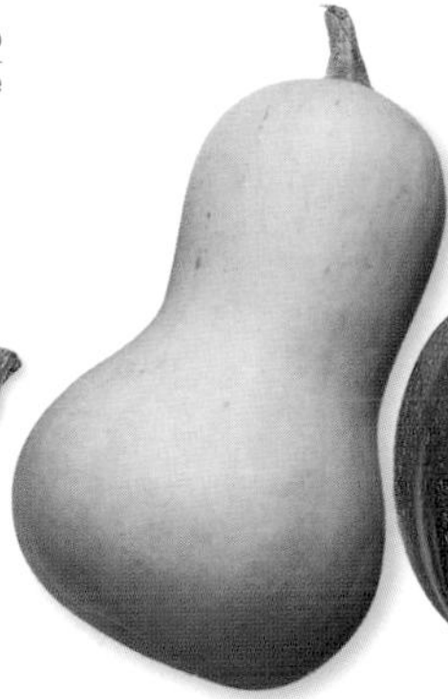
la zucca Butternut
butternut squash

la zucca a ghianda
acorn squash

la zucca
pumpkin

la frutta 1 • fruit 1

gli agrumi • citrus fruit

l'arancia
orange

la clementina
clementine

il mapo
ugli fruit

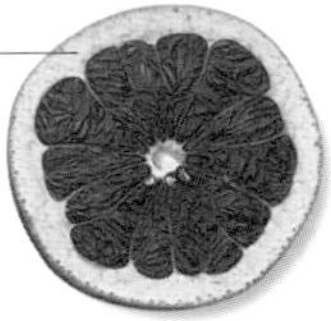

il pompelmo
grapefruit

il mandarino
tangerine

il satsuma
satsuma

la limetta
lime

il limone
lemon

l'arancino cinese
kumquat

la frutta con nocciolo • stone fruit

la pesca
peach

la pesca noce
nectarine

l'albicocca
apricot

la prugna
plum

la ciliegia
cherry

il cestino di frutta | basket of fruit

i frutti di bosco e i meloni • berries and melons

la fragola
strawberry

il lampone
raspberry

il melone
melon

l'uva
grapes

la mora
blackberry

il ribes rosso
red currant

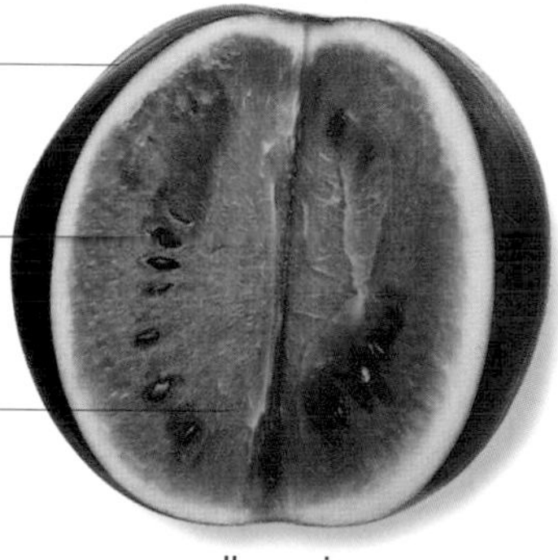

l'anguria
watermelon

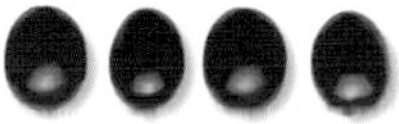

l'ossicocco
cranberry

il ribes nero
black currant

il mirtillo
blueberry

il ribes bianco
white currant

la mora-lampone
loganberry

l'uva spina
gooseberry

vocabolario • vocabulary

il rabarbaro rhubarb	**agre** sour	**croccante** crisp	**senza semi** seedless	**Sono maturi?** Are they ripe?
la fibra fiber	**fresco** fresh	**marcio** rotten	**il succo** juice	**Posso assaggiarne uno?** Can I try one?
dolce sweet	**sugoso** juicy	**la polpa** pulp	**il torsolo** core	**Per quanto tempo si mantengono?** How long will they keep?

la frutta 2 • fruit 2

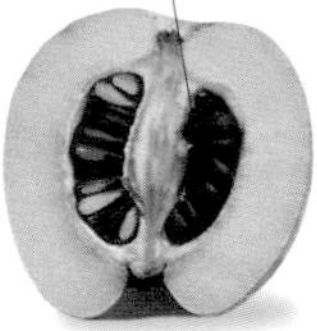

la mela cotogna
quince

il frutto della passione
passion fruit

la banana
banana

la guaiava
guava

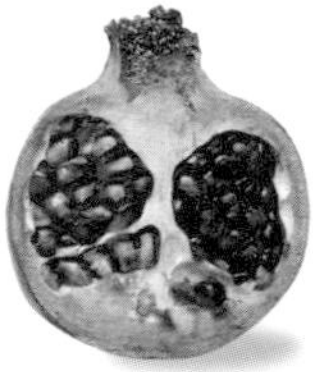

la melagrana
pomegranate

il cachi
persimmon

il feijoa
feijoa

il fico d'india
prickly pear

la carambola
starfruit

la mangostina
mangosteen

le noci e la frutta secca • nuts and dried fruit

il pinolo
pine nut

il pistacchio
pistachio

l'anacardio
cashew

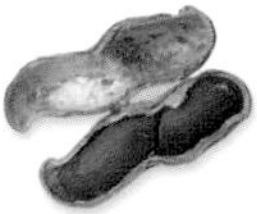

l'arachide
peanut

la nocciola
hazelnut

la mandorla brasiliana
Brazil nut

la noce pecan
pecan

la mandorla
almond

la noce
walnut

la castagna
chestnut

la noce di macadamia
macadamia

il fico
fig

il dattero
date

la prugna secca
prune

l'uva sultanina
sultana raisin

l'uvetta
raisin

l'uva passa
currant

il guscio
shell

la polpa
flesh

la noce di cocco
coconut

vocabolario • vocabulary

verde green	**duro** hard	**il nocciolo** kernel	**salato** salted	**arrostito** roasted	**la frutta tropicale** tropical fruit	**sgusciato** shelled
maturo ripe	**morbido** soft	**essiccato** desiccated	**crudo** raw	**stagionale** seasonal	**la frutta candita** candied fruit	**intero** whole

le granaglie e i legumi secchi • grains and legumes

le granaglie • grains

il grano
wheat

l'avena
oats

l'orzo
barley

il miglio
millet

il mais
corn

la quinoa
quinoa

vocabolario • vocabulary

il seme seed	**fresco** fresh	**cottura facile** easy-cook
la pula husk	**profumato** fragranced	**integrale** whole-grain
il seme kernel	**il cereale** cereal	**a chicco lungo** long-grain
secco dry	**mettere a bagno** soak (v)	**a chicco corto** short-grain

il riso • rice

il riso bianco
white rice

il riso integrale
brown rice

il riso selvatico
wild rice

il riso da budino
pudding rice

i cereali trattati • processed grains

il cuscus
couscous

il grano spezzato
cracked wheat

la semola
semolina

la crusca
bran

i fagioli e i piselli • beans and peas

i fagioli bianchi
butter beans

i fagioli cannellini
haricot beans

i fagioli di Spagna
red kidney beans

i fagioli aduki
aduki beans

le fave
fava beans

i semi di soia
soybeans

i fagioli dall'occhio nero
black-eyed beans

i fagioli borlotti
pinto beans

i fagioli mung
mung beans

i fagioli nani
flageolet beans

le lenticchie marroni
brown lentils

le lenticchie rosse
red lentils

i piselli
green peas

i ceci
garbanzos

i piselli spaccati
split peas

i semi • seeds

il seme di zucca
pumpkin seed

il seme di mostarda
mustard seed

il seme di carvi
caraway

il seme di sesamo
sesame seed

il seme di girasole
sunflower seed

le erbe aromatiche e le spezie • herbs and spices

le spezie • spices

la vaniglia
vanilla

la noce moscata
nutmeg

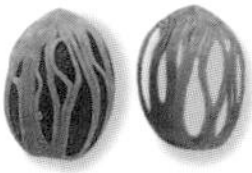
il macis
mace

la curcuma
turmeric

il cumino
cumin

il mazzetto odoroso
bouquet garni

il pepe della Giamaica
allspice

il grano di pepe
peppercorn

il fieno greco
fenugreek

il peperoncino rosso
chili powder

lo zafferano
saffron

il cardamomo
cardamom

la polvere di curry
curry powder

la paprica
paprika

l'aglio
garlic

i bastoncini
sticks

la cannella
cinnamon

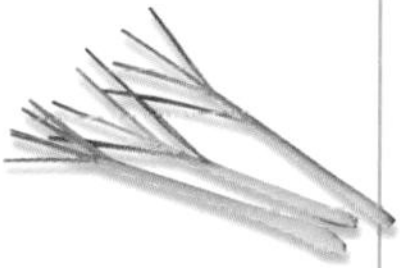

la citronella
lemon grass

i chiodi di garofano
cloves

l'anice stellato
star anise

lo zenzero
ginger

le erbe aromatiche • herbs

il finocchio
fennel

i semi di finocchio
fennel seeds

l'alloro
bay leaf

il prezzemolo
parsley

l'erba cipollina
chives

la menta
mint

il timo
thyme

la salvia
sage

il dragoncello
tarragon

la maggiorana
marjoram

il basilico
basil

l'origano
oregano

il coriandolo
cilantro

l'aneto
dill

il rosmarino
rosemary

i cibi imbottigliati • bottled foods

gli oli
oils

le confetture • sweet spreads

condimenti e cibi da spalmare • condiments and spreads

la maionese
mayonnaise

l'aceto di sidro
cider vinegar

l'aceto balsamico
balsamic vinegar

l'aceto di malto
malt vinegar

l'aceto di vino
wine vinegar

l'aceto
vinegar

la bottiglia
bottle

il ketchup
ketchup

la senape
English mustard

la mostarda
French mustard

il chutney
chutney

la salsa
sauce

la mostarda con semi
whole-grain mustard

il burro di arachidi
peanut butter

la cioccolata spalmabile
chocolate spread

il barattolo a chiusura ermetica
sealed jar

la conserva di frutta
preserved fruit

vocabolario • vocabulary

l'olio vegetale vegetable oil	**l'olio di colza** canola oil
l'olio di mais corn oil	**l'olio spremuto a freddo** cold-pressed oil
l'olio di arachide peanut oil	

i latticini • dairy produce

il formaggio • cheese

la crosta
rind

il formaggio semiduro
semi-hard cheese

il formaggio grattugiato
grated cheese

il formaggio duro
hard cheese

il formaggio semimorbido
semi-soft cheese

il formaggio molle fresco
cottage cheese

il formaggio cremoso
cream cheese

il formaggio erborinato
blue cheese

il formaggio morbido
soft cheese

il formaggio fresco | fresh cheese

il latte • milk

il latte intero
whole milk

il latte parzialmente scremato
reduced-fat milk

il latte scremato
skim milk

il latte di mucca | cow's milk

il cartone di latte
milk carton

il latte di capra
goat's milk

il latte condensato
condensed milk

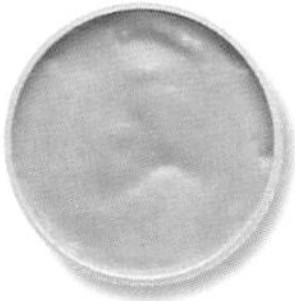

il burro
butter

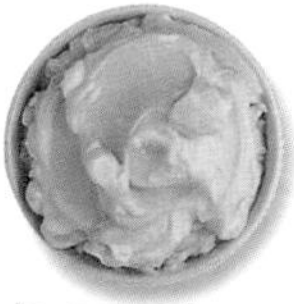

la margarina
margarine

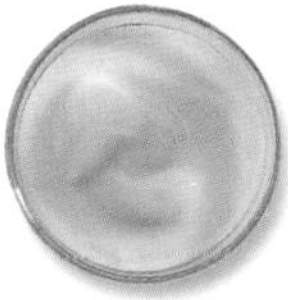

la panna
cream

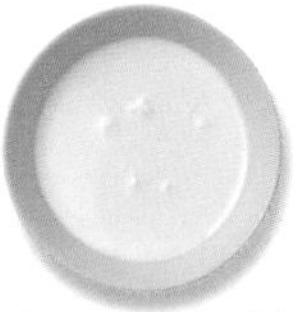

la panna liquida
light cream

la panna densa
heavy cream

la panna montata
whipped cream

la panna acida
sour cream

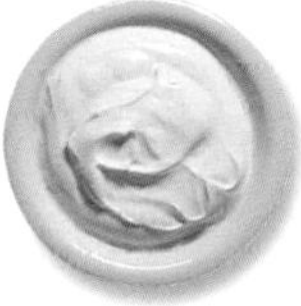

lo yogurt
yogurt

il gelato
ice cream

le uova • eggs

l'uovo alla coque
boiled egg

l'uovo d'oca
goose egg

l'uovo di gallina
hen's egg

l'uovo di anatra
duck egg

l'uovo di quaglia
quail egg

vocabolario • vocabulary

pastorizzato pasteurized	**senza grassi** fat-free	**salato** salted	**il siero di latte** buttermilk	**il lattosio** lactose	**il frullato** milkshake
non pastorizzato unpasteurized	**il latte in polvere** powdered milk	**senza sale** unsalted	**il latte di pecora** sheep's milk	**omogeneizzato** homogenized	**lo yogurt gelato** frozen yogurt

il pane e le farine • breads and flours

il pane affettato
sliced bread

i semi di papavero
poppy seeds

il pane di segale
rye bread

il filone
baguette

il panificio | bakery

fare il pane • making bread

la farina bianca
white flour

la farina nera
brown flour

la farina integrale
whole-wheat flour

il lievito
yeast

setacciare | sift (v)

mescolare | mix (v)

la pasta
dough

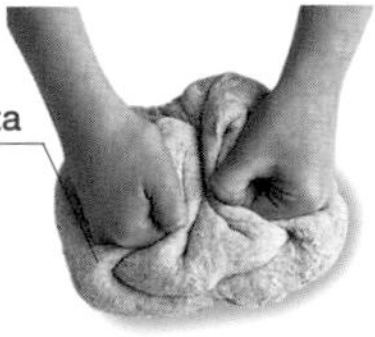

impastare | knead (v)

cuocere al forno | bake (v)

il pane bianco
white bread

il pane nero
brown bread

il pane integrale
whole-wheat bread

il pane di granaio
multigrain bread

il pane di mais
cornbread

il pane lievitato con bicarbonato di sodio
soda bread

il pane di lievito naturale
sourdough bread

la schiacciata
flatbread

il bagel
bagel

la pagnotella
bun

il panino
roll

il pane alla frutta
fruit bread

il pane con semi
seeded bread

il naan
naan bread

la pita
pita bread

i crackers
crispbread

vocabolario • vocabulary

la farina autolievitante self-rising flour	**la farina semplice** all-purpose flour	**riposare** prove (v)	**le briciole** breadcrumbs	**l'affettatrice** slicer
la farina per il pane bread flour	**lievitare** rise (v)	**glassare** glaze (v)	**il filoncino** flute	**il panettiere** baker

i dolci e i dessert • cakes and desserts

i dolci | cakes

vocabolario • vocabulary

la crema pasticcera crème patisserie	**la focaccina** bun	**la pasta** pastry	**il budino di riso** rice pudding	**Posso avere una fetta?** May I have a slice, please?
la torta al cioccolato chocolate cake	**la crema** custard	**la fetta** slice	**la festa** celebration	

il biscotto con scaglie di cioccolato
chocolate chip

il biscotto alle noci
florentine

i biscotti | cookies

i savoiardi
lady fingers

la zuppa inglese
trifle

il mousse
mousse

il sorbetto
sherbet

la torta alla crema
cream pie

il crème caramel
crème caramel

le torte per celebrazioni • celebration cakes

il piano superiore
top tier

il nastro
ribbon

il piano inferiore
bottom tier

la glassa
icing

il marzapane
marzipan

la torta nuziale | wedding cake

la decorazione
decoration

le candeline
birthday candles

soffiare
blow out (v)

la torta di compleanno | birthday cake

la salumeria • delicatessen

la salsiccia piccante
spicy sausage

l'olio
oil

l'aceto
vinegar

il salame
salami

il salame piccante
pepperoni

lo sformato
quiche

la carne cruda
uncooked meat

il banco
counter

il pâté
pâté

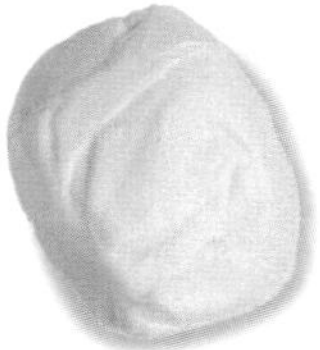

la mozzarella
mozzarella

il brie
brie

il formaggio di capra
goat's cheese

il cheddar
cheddar

il parmigiano
parmesan

il camembert
camembert

la scorza
rind

l'edam
edam

il manchego
manchego

la paninoteca
sandwich counter

il pesce affumicato
smoked fish

i capperi
capers

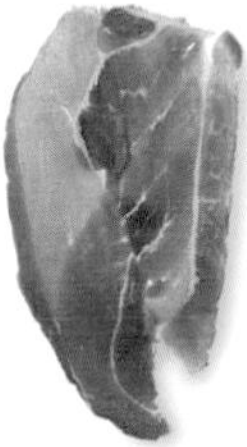

il prosciutto crudo
prosciutto

il chorizo
chorizo

le olive ripiene
stuffed olives

vocabolario • vocabulary

sott'olio in oil	**marinato** marinated	**affumicato** smoked
in salamoia in brine	**salato** salted	**trattato** cured

Prenda un numero, per favore.
Take a number, please.

Posso assaggiare un po' di quello, per favore?
Can I try some of that, please?

Mi dà sei fette di quello, per favore?
May I have six slices of that, please?

le bevande • drinks

l'acqua • water

l'acqua dal rubinetto
tap water

l'acqua in bottiglia
bottled water

frizzante
sparkling

naturale
still

l'acqua minerale
mineral water

l'acqua tonica
tonic water

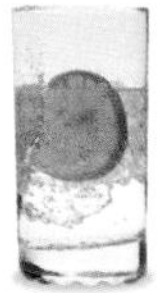

la soda
soda water

le bevande calde • hot drinks

la bustina di tè
tea bag

il tè sciolto
loose tea

il tè
tea

i chicchi
beans

il caffè macinato
ground coffee

il caffè
coffee

il cioccolato caldo
hot chocolate

la bevanda al malto
malted drink

le bibite • soft drinks

il succo di pomodoro
tomato juice

la cannuccia
straw

il succo d'uva
grape juice

la limonata
lemonade

l'aranciata
orangeade

la coca
cola

le bevande alcoliche • alcoholic drinks

il gin
gin

la lattina
can

la birra
beer

il sidro
cider

la birra amara
bitter

la birra scura
stout

la vodka
vodka

il whisky
whiskey

il rum
rum

il brandy
brandy

il porto
port

secco
dry

lo sherry
sherry

il Campari
campari

il liquore
liqueur

la tequila
tequila

lo champagne
champagne

rosé
rosé

bianco
white

rosso
red

il vino
wine

mangiare fuori
eating out

il caffè • café

la tenda
awning

il menù
menu

il bar all'aperto | sidewalk café

l'ombrellone
umbrella

il bar con terrazza
terrace café

il cameriere
waiter

la macchina del caffè
coffee machine

il tavolo
table

lo snack bar | snack bar

il caffè • coffee

il caffè macchiato
coffee with milk

il caffè nero
black coffee

il caffè filtrato
filter coffee

l'espresso
espresso

la polvere di cacao
cocoa powder

la schiuma
froth

il cappuccino
cappuccino

il caffè freddo
iced coffee

il tè • tea

il tè alle erbe
herbal tea

il tè con latte
tea with milk

il tè nero
black tea

la camomilla
chamomile tea

il tè verde
green tea

il tè al limone
tea with lemon

il tè alla menta
mint tea

il tè freddo
iced tea

le spremute e i frappé • juices and milkshakes

il succo d'arancia
orange juice

il succo di mela
apple juice

il succo d'ananas
pineapple juice

il succo di pomodoro
tomato juice

il frappé al cioccolato
chocolate milkshake

il frappé alle fragole
strawberry milkshake

il frappé al caffè
coffee milkshake

il cibo • food

il pane integrale
whole-wheat bread

il tramezzino tostato
toasted sandwich

l'insalata
salad

la pallina
scoop

il gelato
ice cream

la pasta
pastry

il bar • bar

il cavatappi | corkscrew

lo shaker | cocktail shaker

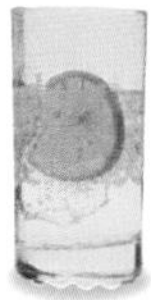

il gin tonic
gin and tonic

il whisky con acqua
scotch and water

il rum con coca cola
rum and cola

la vodka all'arancia
screwdriver

il martini
martini

il cocktail
cocktail

il vino
wine

la birra | beer

un bicchiere
shot

la misura
measure

liscio
without ice

con ghiaccio
with ice

gli stuzzichini • bar snacks

le patatine | chips

le noccioline | nuts

le olive | olives

il ristorante • restaurant

la cucina
kitchen

il cameriere
waiter

vocabolario • vocabulary

la lista dei vini wine list	**il buffet** buffet	**il prezzo** price	**la mancia** tip	**il bar** bar	**il sale** salt
il menù del pranzo lunch menu	**a la carte** à la carte	**il conto** check	**servizio compreso** service included	**il cliente** customer	**il pepe** pepper
il menù della cena evening menu	**il carrello dei dolci** dessert cart	**la ricevuta** receipt	**servizio non compreso** service not included	**la zona fumatori** smoking section	**i piatti del giorno** specials

il menù
menu

il menù per bambini
child's meal

ordinare
order (v)

pagare
pay (v)

le portate • courses

l'aperitivo
apéritif

l'antipasto
appetizer

la minestra
soup

il piatto principale
entrée

il contorno
side order

la forchetta
fork

il dessert | dessert

il cucchiaino da caffè
coffee spoon

il caffè | coffee

Un tavolo per due, per favore.
A table for two, please.

Posso vedere il menù\la lista dei vini, per favore?
Can I see the menu/winelist, please?

C'è un menù a prezzo fisso?
Is there a fixed-price menu?

Avete dei piatti vegetariani?
Do you have any vegetarian dishes?

Posso avere il conto\una ricevuta per favore?
Could I have the check/a receipt please?

Possiamo pagare separatamente?
Can we pay separately?

Dove sono i bagni per favore?
Where are the restrooms, please?

il fast food • fast food

il pasto con hamburger
burger meal

la consegna a domicilio
home delivery

il venditore ambulante
street vendor

vocabolario • vocabulary

la pizzeria
pizzeria

il fastfood
burger bar

il menù
menu

mangiare sul posto
for here

da asporto
to go

riscaldare
reheat (v)

la salsa di pomodoro
ketchup

Me lo dà da asporto?
Can I have that to go, please?

Consegnate a domicilio?
Do you deliver?

l'hamburger
hamburger

l'hamburger di pollo
chicken burger

l'hamburger vegetariano
veggie burger

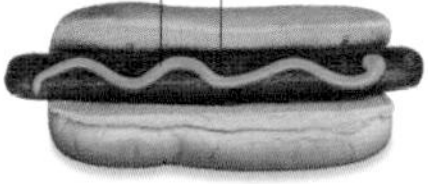

l'hot dog
hot dog

il tramezzino
sandwich

il tramezzino a strati
club sandwich

il tramezzino aperto
open-face sandwich

la piadina
wrap

il kebab
kebab

i bocconcini di pollo
chicken nuggets

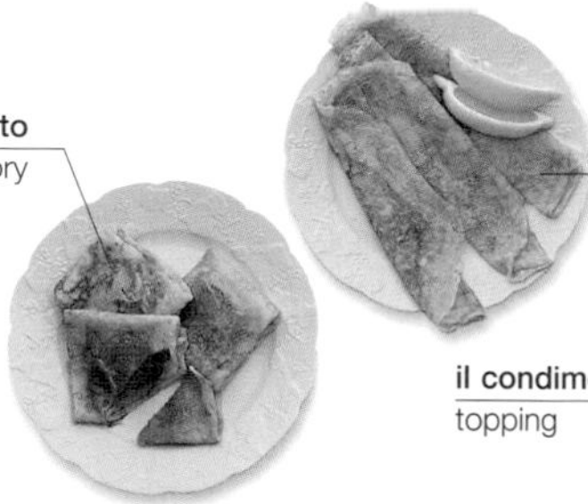

le crêpes | crêpes

il pesce con patatine
fish and chips

le costolette
ribs

il pollo fritto
fried chicken

la pizza
pizza

la colazione • breakfast

il latte milk

il cereale cereal

la marmellata jam

la frutta secca dried fruit

il prosciutto ham

il formaggio cheese

il pane biscottato crispbread

il buffet della colazione
breakfast buffet

la marmellata di agrumi marmalade

il pâté pâté

il burro butter

il succo di frutta fruit juice

il caffè coffee

il cornetto croissant

il tavolo della colazione | breakfast table

la cioccolata calda hot chocolate

il tè tea

le bevande | drinks

la brioche
brioche

Il pane
bread

la colazione all'inglese
English breakfast

le aringhe affumicate
kippers

il pane fritto all'uovo
French toast

l'uovo alla coque
boiled egg

le uova strapazzate
scrambled eggs

le crêpes
crêpes

i waffle
waffles

il porridge
oatmeal

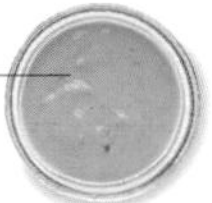

la frutta fresca
fresh fruit

la cena • dinner

la minestra | soup

la zuppa | broth

lo stufato | stew

il curry | curry

l'arrosto
roast

il pasticcio
pie

il soufflé
soufflé

lo spiedino
kebab

le polpette
meatballs

la frittata
omelet

la frittura | stir-fry

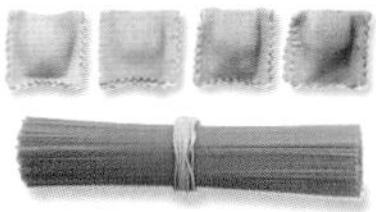

la pasta | pasta

il riso
rice

l'insalata mista
tossed salad

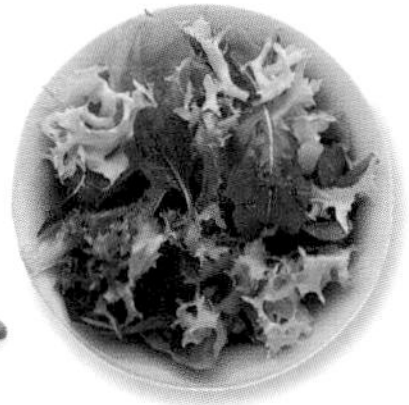

l'insalata verde
green salad

il condimento
dressing

i metodi • techniques

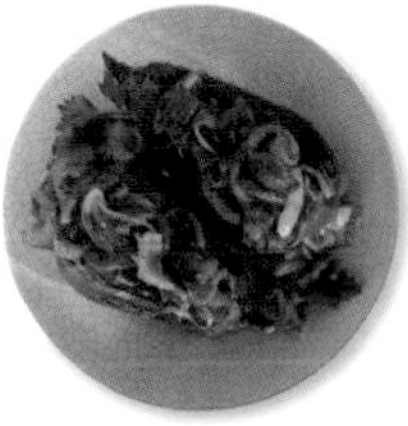

farcito | stuffed

al sugo | in sauce

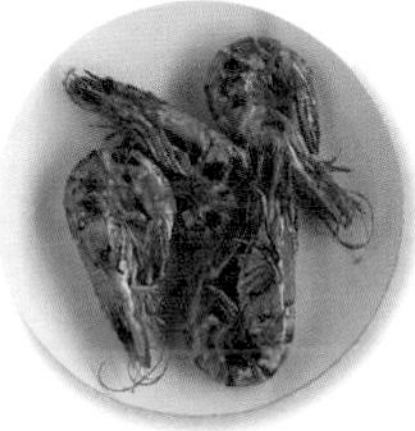

alla griglia | grilled

marinato | marinated

affogato | poached

schiacciato | mashed

cotto al forno | baked

fritto in padella | pan-fried

fritto
fried

sottaceto
pickled

affumicato
smoked

fritto in olio abbondante
deep-fried

allo sciroppo
in syrup

condito
dressed

al vapore
steamed

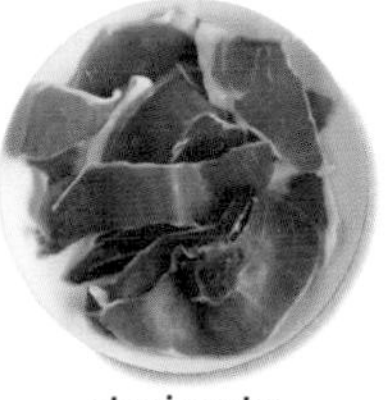

stagionato
cured

lo studio
study

la scuola • school

l'aula | classroom

lo scolaro
schoolboy

la scolara
schoolgirl

vocabolario • vocabulary

la storia history	**l'arte** art	**la fisica** physics
la letteratura literature	**la musica** music	**la chimica** chemistry
le lingue languages	**la matematica** math	**la biologia** biology
la geografia geography	**la scienza** science	**l'educazione fisica** physical education

le attività • activities

leggere | read (v)

scrivere | write (v)

scandire
spell (v)

disegnare
draw (v)

la lavagna luminosa
overhead projector

la punta
nib

la penna
pen

la matita colorata
colored pencil

la matita
pencil

il temperamatite
pencil sharpener

la gomma
eraser

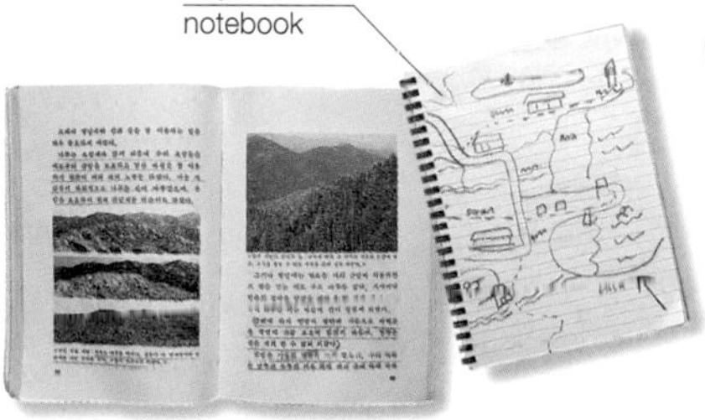

il quaderno
notebook

il libro di testo | textbook

l'astuccio
pencil case

il righello
ruler

domandare
question (v)

rispondere
answer (v)

discutere
discuss (v)

imparare
learn (v)

vocabolario • vocabulary

il preside principal	**la risposta** answer	**il livello** grade
la lezione lesson	**i compiti** homework	**la classe** year
la domanda question	**il tema** essay	**il dizionario** dictionary
prendere appunti take notes (v)	**l'esame** test	**l'enciclopedia** encyclopedia

la matematica • math

le forme • shapes

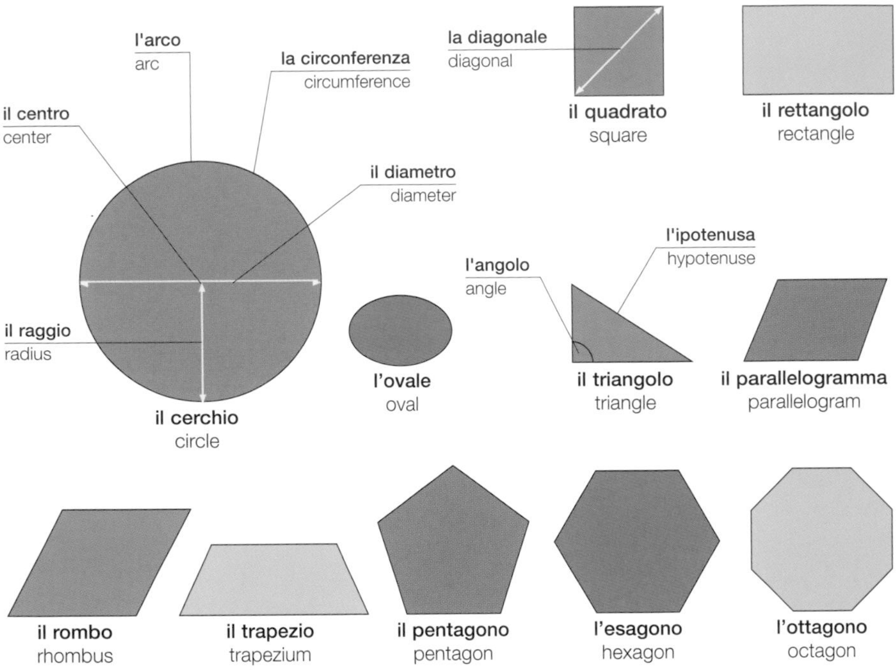

i solidi • solids

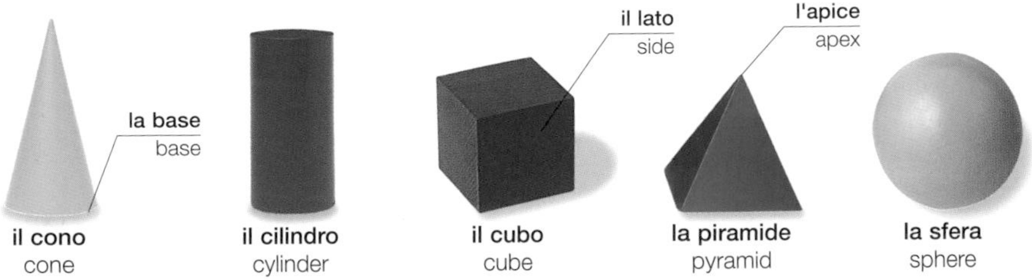

le linee • lines

dritta
straight

parallela
parallel

perpendicolare
perpendicular

curva
curved

le misure • measurements

il volume
volume

il numeratore
numerator

il denominatore
denominator

la frazione
fraction

la larghezza
width

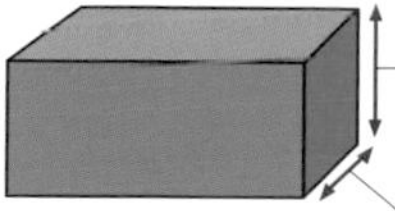

l'altezza
height

la profondità
depth

le dimensioni
dimensions

la lunghezza
length

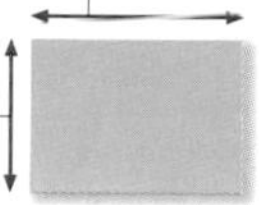

la superficie
area

l'attrezzatura • equipment

la squadra
square

il goniometro
protractor

il righello
ruler

il compasso
compass

la calcolatrice
calculator

vocabolario • vocabulary

la geometria geometry	**più** plus	**contare** count (v)	**uguale** equals	**sommare** add (v)	**moltiplicare** multiply (v)	**l'equazione** equation
l'aritmetica arithmetic	**meno** minus	**diviso per** divided by	**moltiplicato per** times	**sottrarre** subtract (v)	**dividere** divide (v)	**la percentuale** percentage

la scienza • science

il laboratorio
laboratory

la bilancia
scales

la bilancia a molla
spring balance

il treppiede
tripod

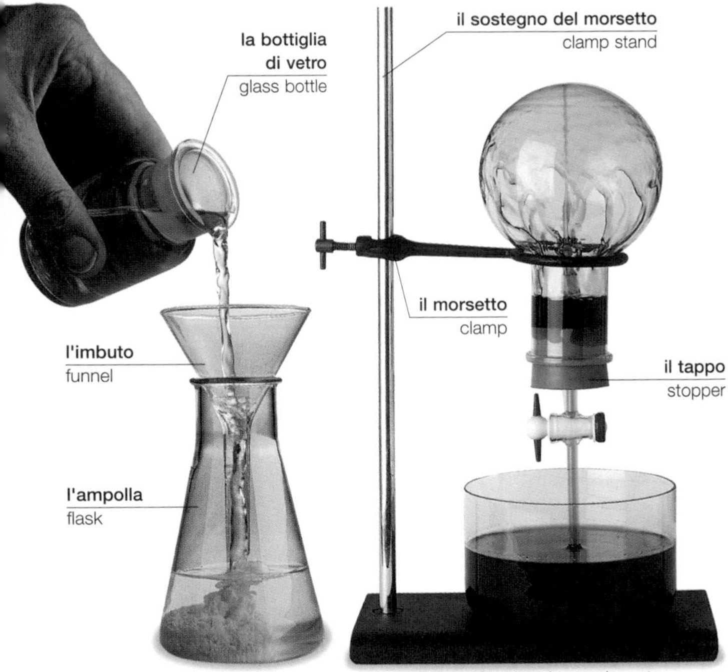

l'esperimento | experiment

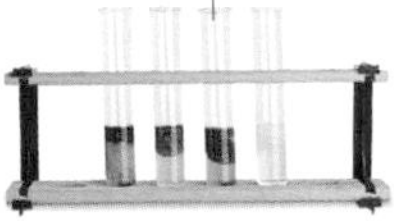

la rastrelliera
rack

il cronometro
timer

la capsula di Petri
petri dish

il termometro
thermometer

la siringa
syringe

le pinzette
tweezers

il bisturi
scalpel

il contagocce
dropper

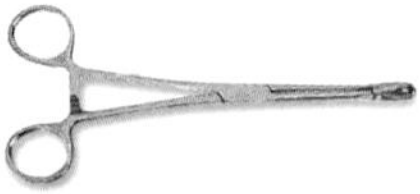

il forcipe | forceps

le pinze
tongs

la spatola
spatula

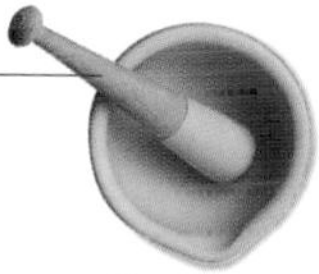

il mortaio
mortar

il filtro di carta
filter paper

gli occhiali protettivi
safety goggles

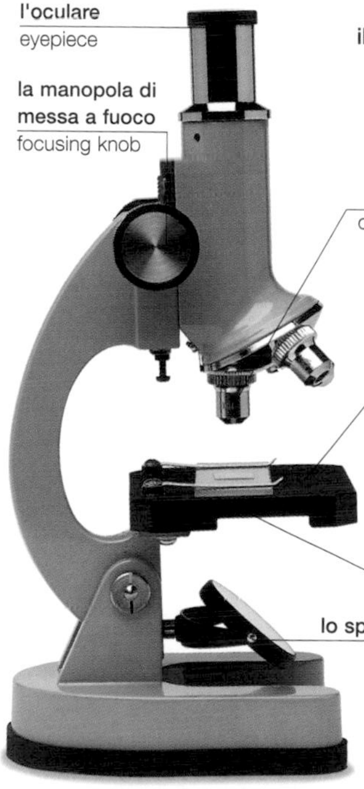

il microscopio | microscope

la pipetta
pipette

il becher
beaker

la calamita
magnet

il morsetto a coccodrillo
alligator clip

la batteria | battery

l'università • college

il campus | campus

la biblioteca | library

vocabolario • vocabulary

il tesserino library card	**il prestito** loan	**il libro** book
la corsia aisle	**rinnovare** renew (v)	**il titolo** title
la lista dei libri reading list	**prendere in prestito** borrow (v)	**la sala di lettura** reading room
il banco informazioni helpdesk	**prenotare** reserve (v)	**la data di restituzione** due date

l'aula
lecture hall

la consegna delle lauree
graduation ceremony

le scuole • schools

la scuola d'arte
art college

il conservatorio
music school

l'accademia di danza
dance academy

vocabolario • vocabulary

la borsa di studio
scholarship

il diploma
diploma

la laurea
degree

di perfezionamento
postgraduate

la ricerca
research

il master
master's

il dottorato
doctorate

la tesi
thesis

la dissertazione
dissertation

il dipartimento
department

il diritto
law

l'ingegneria
engineering

la medicina
medicine

la zoologia
zoology

la fisica
physics

la filosofia
philosophy

l'economia
economics

la politica
politics

la letteratura
literature

la storia dell'arte
art history

il lavoro
work

l'ufficio 1 • office 1

l'ufficio • office

l'apparecchiature da ufficio • office equipment

la stampante | printer

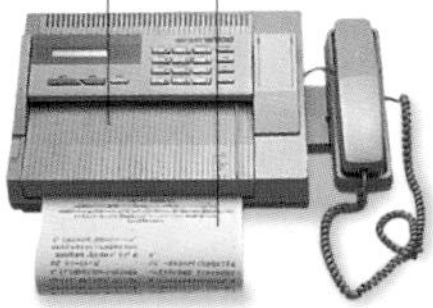

il fax | fax machine

vocabolario • vocabulary

stampare print (v)	**ingrandire** enlarge (v)
copiare copy (v)	**ridurre** reduce (v)

Devo fare delle copie.
I need to make some copies.

gli articoli di cancelleria • office supplies

il biglietto di accompagnamento
notecard

la carta intestata
stationery

la busta
envelope

la scatola d'archivio
box file

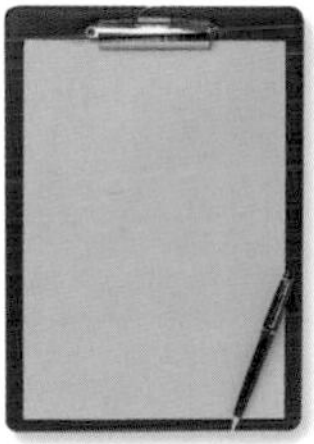

il portablocco con fermaglio
clipboard

il blocco per appunti
note pad

l'etichetta
tab

la cartella sospesa
hanging file

il divisore
divider

il portacarte a fisarmonica
expanding file

il raccoglitore a leva
ring binder

l'agenda
personal organizer

i punti
staples

la cucitrice
stapler

il nastro adesivo
tape

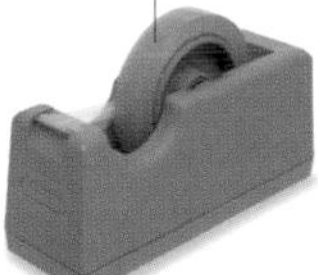

il dispenser
tape dispenser

il perforatore
hole punch

il tampone di inchiostro
ink pad

il timbro di gomma
rubber stamp

l'elastico
rubber band

il fermafogli
bulldog clip

la graffetta
paper clip

la puntina
thumbtack

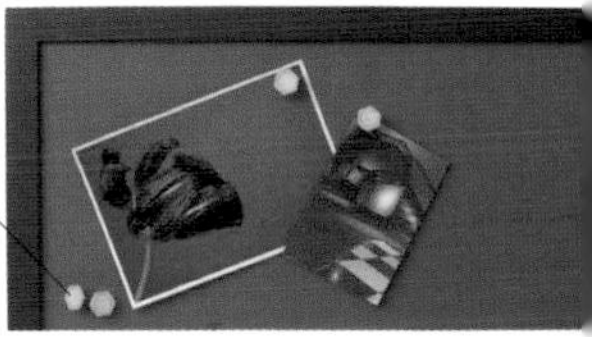

la bacheca | notice board

l'ufficio 2 • office 2

la riunione | meeting

vocabolario • vocabulary

la sala da riunione meeting room	**partecipare** attend (v)
l'ordine del giorno agenda	**presiedere** chair (v)

A che ora è la riunione?
What time is the meeting?

Qual è il vostro orario di lavoro?
What are your office hours?

la presentazione | presentation

gli affari • business

il pranzo di lavoro
business lunch

il viaggio d'affari
business trip

l'agenda | organizer

l'accordo di affari
business deal

vocabolario • vocabulary

la società company	**il personale** staff	**l'ufficio contabilità** accounts department	**l'ufficio legale** legal department
la sede centrale headquarters	**il libro paga** payroll	**l'ufficio marketing** marketing department	**l'ufficio di assistenza clienti** customer service department
la succursale regional office	**lo stipendio** salary	**l'ufficio vendite** sales department	**l'ufficio del personale** human resources department

il computer • computer

la stampante
printer

il monitor
monitor

lo schermo
screen

la CPU
CPU

lo scanner
scanner

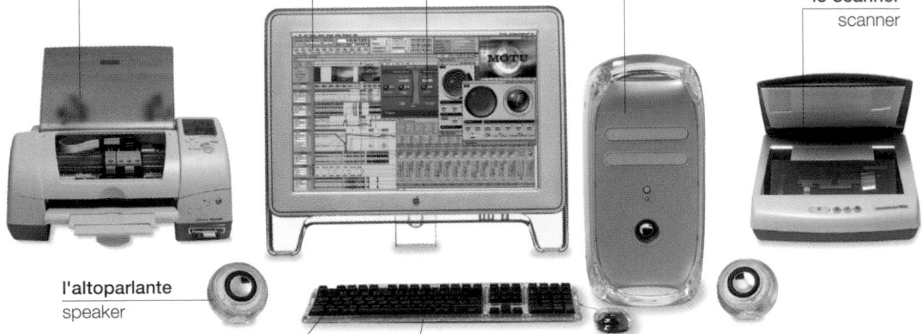

l'altoparlante
speaker

il tasto
key

la tastiera
keyboard

il mouse
mouse

l'hardware
hardware

il dischetto
disk

il computer portatile
laptop

vocabolario • vocabulary

la memoria memory	**il software** software	**il server** server
la RAM RAM	**l'applicazione** application	**la porta** port
i byte bytes	**il programma** program	**il processore** processor
il sistema system	**la rete** network	**il cavo di alimentazione** power cord

l'hard drive
hard drive

il modem
modem

il desktop • desktop

la barra del menu
menu bar

la barra degli strumenti
toolbar

lo sfondo
wallpaper

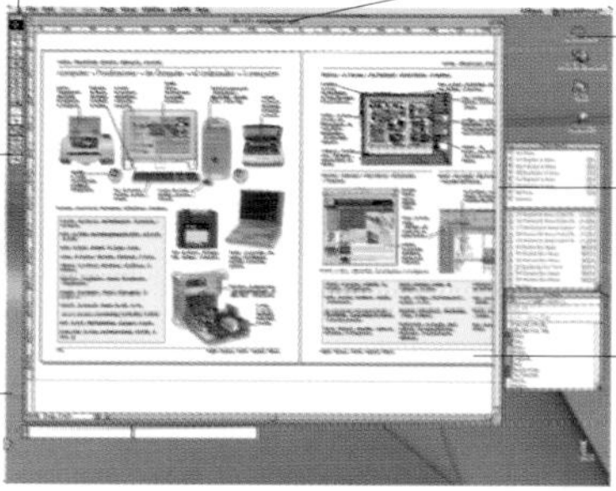

il carattere
font

l'icona
icon

la barra di scorrimento
scrollbar

la finestra
window

il file
file

la cartella
folder

il cestino
trash

Internet • internet

il browser
browser

la posta in arrivo
inbox

il sito web
website

navigare
browse (v)

la posta elettronica • email

l'indirizzo di posta elettronica
email address

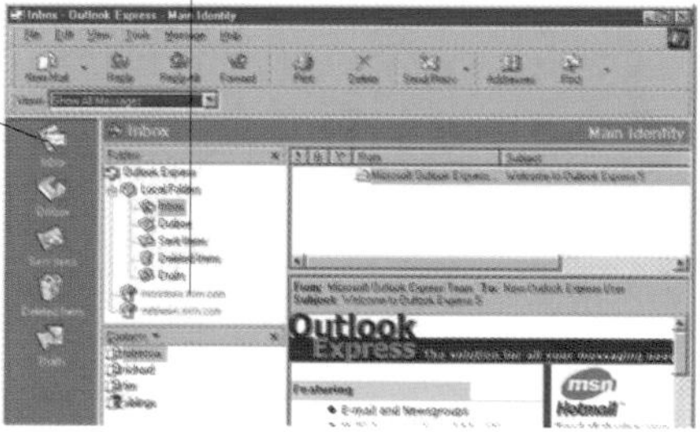

vocabolario • vocabulary

collegare
connect (v)

il fornitore di servizi
service provider

collegarsi
log on (v)

scaricare
download (v)

spedire
send (v)

salvare
save (v)

installare
install (v)

l'account di posta elettronica
email account

in rete
on-line

l'allegato
attachment

ricevere
receive (v)

cercare
search (v)

i mass media • media

lo studio televisivo • television studio

vocabolario • vocabulary

il canale channel	**il documentario** documentary	**la stampa** press	**la telenovela** soap opera	**in differita** prerecorded	**in diretta** live
la programmazione programming	**il telegiornale** news	**le serie televisiva** television series	**il gioco a premi** game show	**il cartone animato** cartoon	**trasmettere** broadcast (v)

l'intervistatore
interviewer

la cronista
reporter

il gobbo
teleprompter

l'annunciatrice
newscaster

gli attori
actors

la giraffa
sound boom

il ciac
clapper board

il set
movie set

la radio • radio

il piano di mixaggio
mixing desk

il microfono
microphone

il tecnico del suono
sound technician

lo studio di registrazione | recording studio

vocabolario • vocabulary

sintonizzare
tune (v)

il DJ
DJ

la trasmissione
broadcast

la lunghezza d'onda
wavelength

l'onda lunga
long wave

l'onda corta
short wave

l'onda media
medium wave

la frequenza
frequency

il canale radiofonico
radio station

il volume
volume

la legge • law

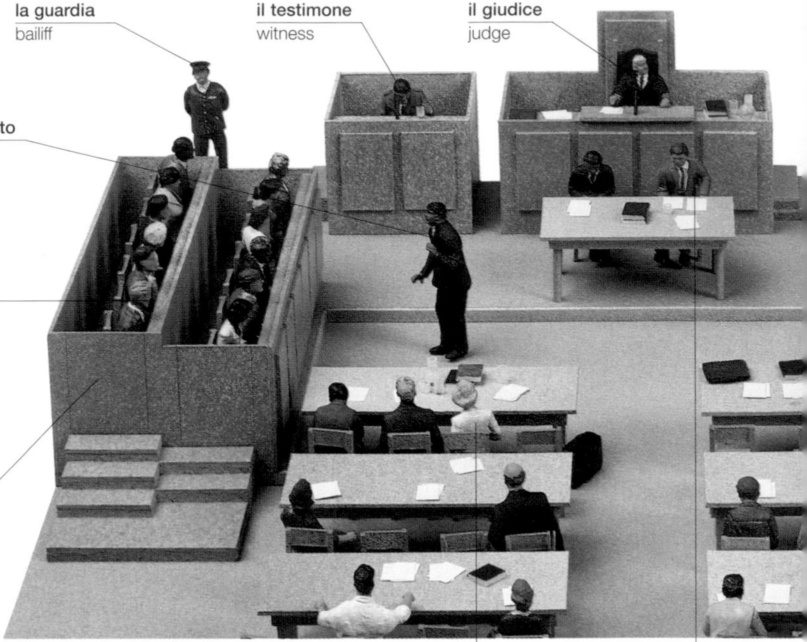

l'aula del tribunale | courtroom

vocabolario • vocabulary

il cliente
client

la consulenza legale
legal advice

lo studio dell'avvocato
lawyer's office

la citazione
summons

la dichiarazione
statement

il mandato
warrant

l'ordine
writ

l'accusato
accused

la petizione
plea

il procedimento
court case

l'imputazione
charge

la data di comparizione
court date

lo stenografo
stenographer

l'imputato
defendant

la difesa
defense

la persona sospetta
suspect

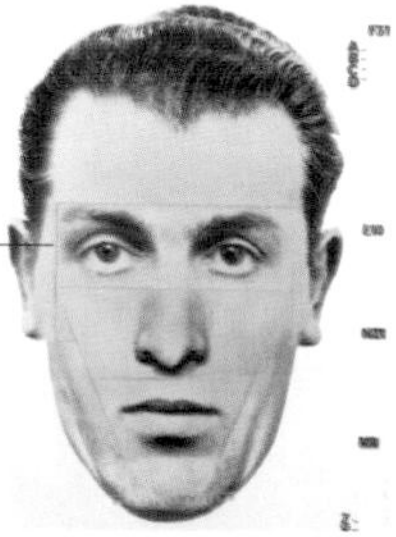

il fotofit
composite

il criminale
criminal

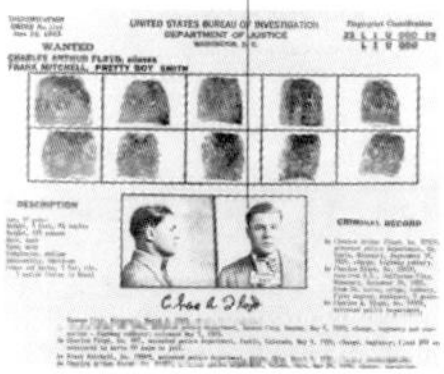

la fedina penale
criminal record

la guardia carceraria
prison guard

la cella
cell

il carcere
prison

vocabolario • vocabulary

la prova
evidence

il verdetto
verdict

innocente
innocent

colpevole
guilty

assolto
acquitted

la sentenza
sentence

la cauzione
bail

il ricorso
appeal

la libertà condizionale
parole

Voglio vedere un avvocato.
I want to see a lawyer.

Dov'è il palazzo di giustizia?
Where is the courthouse?

Posso versare una cauzione?
Can I post bail?

la fattoria 1 • farm 1

il trattore | tractor

la mietitrebbia | combine

i tipi di fattoria • types of farm

l'azienda agricola
crop farm

il caseificio
dairy farm

l'allevamento di pecore
sheep farm

l'azienda avicola
poultry farm

l'allevamento di maiali
pig farm

il vivaio ittico
fish farm

l'azienda ortofrutticola
fruit farm

il vigneto
vineyard

le attività • actions

arare
plow (v)

seminare
sow (v)

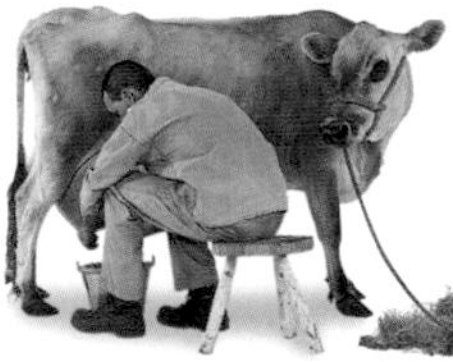

mungere
milk (v)

dar da mangiare
feed (v)

irrigare | water (v)

raccogliere | harvest (v)

vocabolario • vocabulary

l'erbicida herbicide	**la mandria** herd	**la mangiatoia** trough
il pesticida pesticide	**il silos** silo	**piantare** plant (v)

la fattoria 2 • farm 2

le colture • crops

il grano
wheat

il granturco
corn

l'orzo
barley

la colza
rapeseed

il girasole
sunflower

il fieno
hay

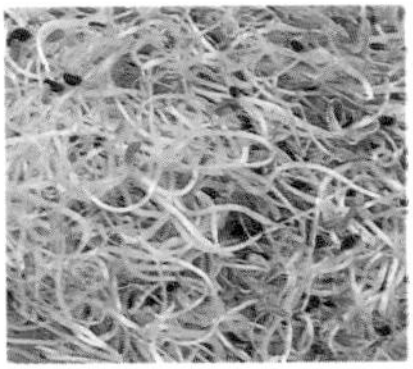
l'alfalfa
alfalfa

il tabacco
tobacco

il riso
rice

il tè
tea

il caffè
coffee

il lino
flax

la canna da zucchero
sugarcane

il cotone
cotton

lo spaventapasseri
scarecrow

il bestiame • livestock

il maiale
pig

la mucca
cow

il toro
bull

la pecora
sheep

l'agnello
lamb

la capra
goat

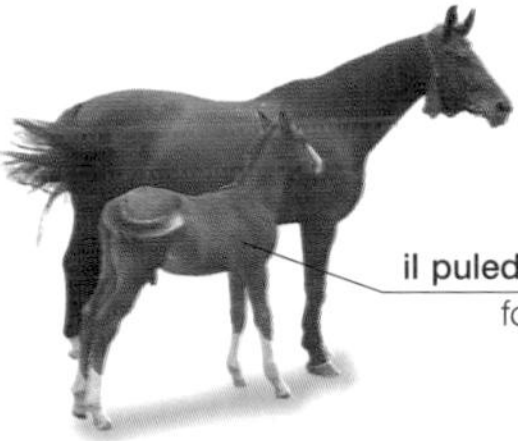

il cavallo
horse

l'asino
donkey

la gallina
chicken

il gallo
rooster

il tacchino
turkey

l'anatra
duck

la stalla
stable

il recinto
pen

il pollaio
chicken coop

il porcile
pigsty

l'edilizia • construction

il cantiere
construction site

costruire
build (v)

il muratore
carpenter

la betoniera
cement mixer

i materiali • materials

il mattone
brick

il legno
lumber

la tegola
roof tile

il blocco di calcestruzzo
concrete block

gli attrezzi • tools

la malta
mortar

la cazzuola
trowel

la livella
level

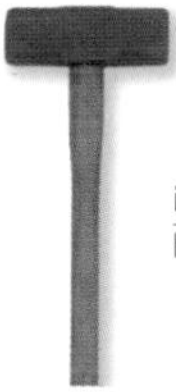

la mazza
sledgehammer

il manico
handle

il piccone
pickax

la pala
shovel

i macchinari • machinery

il rullo compressore
roller

il camion con cassone ribaltabile
dump truck

il supporto
support

il gancio
hook

la gru | crane

i lavori stradali • roadworks

il catrame
asphalt

il birillo
cone

il martello pneumatico
jackhammer

la riasfaltatura
resurfacing

l'escavatrice meccanica
excavator

i mestieri 1 • occupations 1

il falegname
carpenter

l'elettricista
electrician

l'idraulico
plumber

il muratore
construction worker

il giardiniere
gardener

l'addetto alle pulizie
cleaner

il meccanico
mechanic

il macellaio
butcher

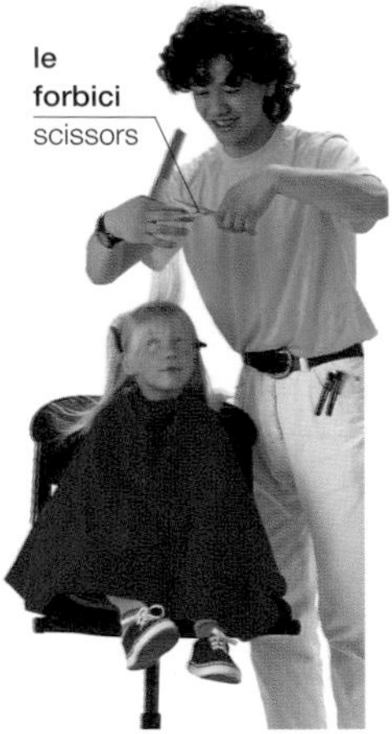

il parrucchiere
hairdresser

la pescivendola
fish seller

il fruttivendolo
produce seller

la fioraia
florist

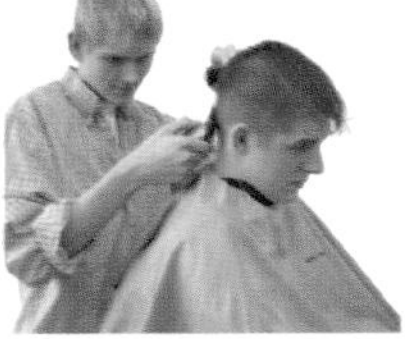

il barbiere
barber

il gioielliere
jeweler

la commessa
store clerk

l'agente immobiliare
realtor

l'ottico
optometrist

la dentista
dentist

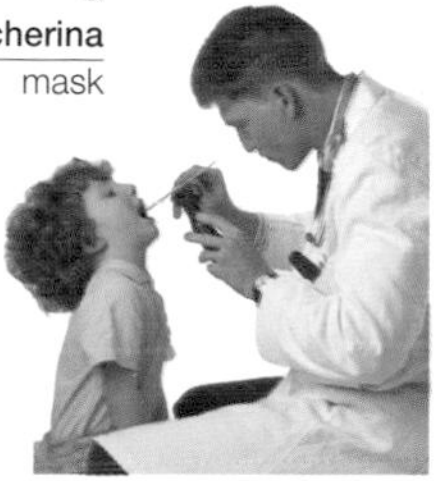

il medico
doctor

la farmacista
pharmacist

l'infermiera
nurse

la veterinaria
veterinarian

l'agricoltore
farmer

il pescatore
fisherman

il soldato
soldier

il poliziotto
police officer

la guardia di sicurezza
security guard

il marinaio
sailor

il vigile del fuoco
firefighter

i mestieri 2 • occupations 2

l'avvocato
lawyer

il commercialista
accountant

l'architetto
architect

lo scienziato
scientist

l'insegnante
teacher

il bibliotecario
librarian

l'addetta alla ricezione
receptionist

il postino
mail carrier

l'autista
bus driver

il camionista
truck driver

il tassista
cab driver

il pilota
pilot

l'assistente di volo
flight attendant

l'agente di viaggio
travel agent

il cuoco
chef

il musicista
musician

la ballerina
dancer

l'attore
actor

la cantante
singer

la cameriera
waitress

il barista
bartender

l'atleta
sportsman

lo scultore
sculptor

la pittrice
painter

il fotografo
photographer

l'annunciatore
newscaster

il giornalista
journalist

la redattrice
editor

la disegnatrice
designer

la costumista
seamstress

il sarto
tailor

i trasporti
transportation

le strade • roads

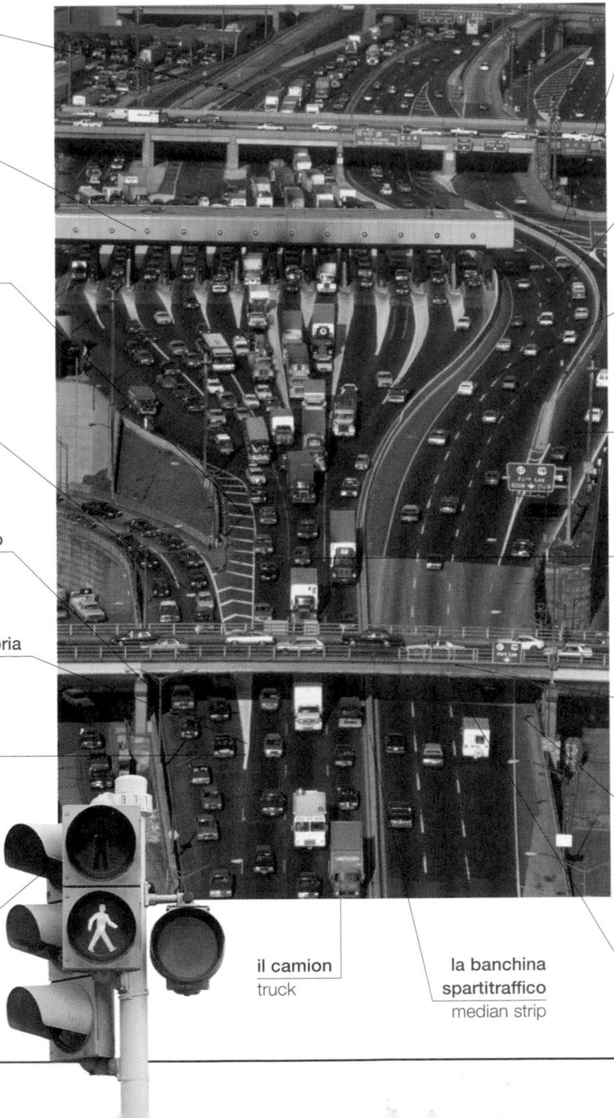

l'autostrada
freeway

il casello
toll booth

la segnaletica orizzontale
road markings

la rampa di accesso
frontage road

a senso unico
one-way

la linea divisoria
divider

lo svincolo
interchange

il semaforo
traffic light

il camion
truck

la banchina spartitraffico
median strip

la corsia interna
right lane

la corsia centrale
center lane

la corsia esterna
left lane

la rampa di uscita
exit ramp

il traffico
traffic

il cavalcavia
overpass

la corsia d'emergenza
shoulder

il sottopassaggio
underpass

il passaggio pedonale
crosswalk

il telefono per emergenze
emergency phone

il parcheggio per disabili
disabled parking

l'ingorgo
traffic jam

la mappa
map

il parchimetro
parking meter

il vigile urbano
traffic policeman

vocabolario • vocabulary

la rotatoria roundabout	**sorpassare** pass (v)	**i lavori stradali** road construction
la deviazione detour	**parcheggiare** park (v)	**la carreggiata doppia** divided highway
il guardrail guardrail	**rimorchiare** tow away (v)	**È questa la strada per ...?** Is this the road to...?
fare marcia indietro back up (v)	**guidare** drive (v)	**Dove posso parcheggiare?** Where can I park?

i cartelli stradali • road signs

ingresso vietato
do not enter

il limite di velocità
speed limit

pericolo
hazard

sosta vietata
no stopping

svolta a destra vietata
no right turn

l'autobus • bus

la porta | door

il pullman | long-distance bus

i tipi di autobus • types of buses

l'autobus a due piani
double-decker bus

il tram
tram

il filobus
trolley bus

lo scuolabus | school bus

il finestrino
window

la ruota posteriore
rear wheel

il biglietto
bus ticket

il pulsante di chiamata
stop button

il campanello
bell

l'autostazione
bus station

la fermata dell'autobus
bus stop

vocabolario • vocabulary

la tariffa fare	**la pensilina** bus shelter
l'orario schedule	**l'accesso per sedie a rotelle** wheelchair access

Ferma a...?
Do you stop at...?

Qual è l'autobus per...?
Which bus goes to...?

il pulmino
minibus

il pullman turistico | tour bus

la navetta | shuttle bus

l'automobile 1 • car 1

l'esterno • exterior

il portabagagli
roof rack

il portellone
tailgate

la cintura di sicurezza
seat belt

il seggiolino per bambino
car seat

i tipi • types

l'auto piccola
compact car

l'auto a cinque porte
hatchback

la berlina
sedan

l'auto familiare
station wagon

l'auto decappottabile
convertible

l'auto sportiva
sports car

la monovolume
minivan

il fuoristrada
four-wheel drive

l'auto d'epoca
vintage

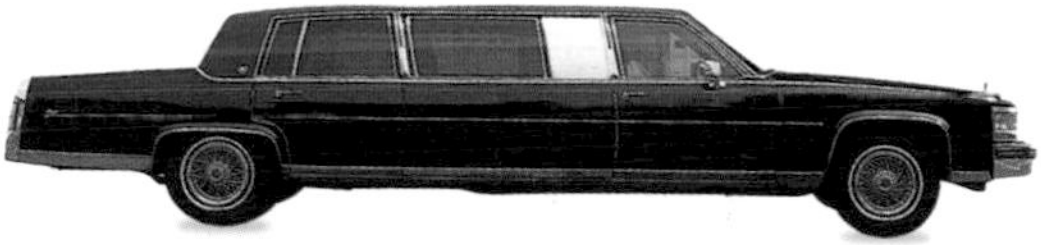

la limousine
limousine

la stazione di servizio • gas station

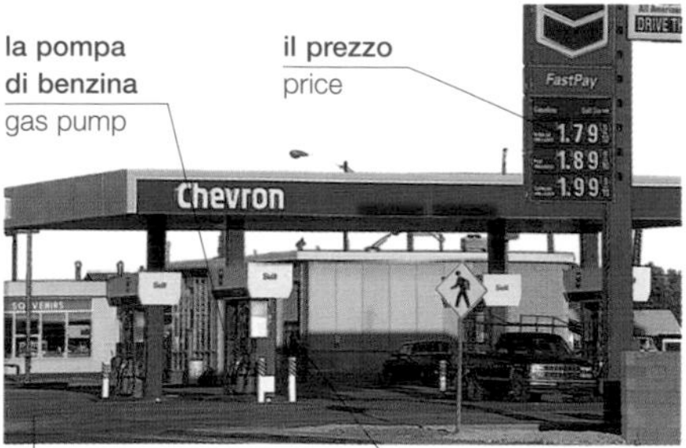

vocabolario • vocabulary

l'olio
oil

piombata
leaded

l'autolavaggio
car wash

la benzina
gaoline

il diesel
diesel

l'antigelo
antifreeze

senza piombo
unleaded

il garage
garage

il detegente per vetri
screenwash

Il pieno per favore.
Fill it up, please.

l'automobile 2 • car 2

l'interno • interior

vocabolario • vocabulary

a due porte two-door	**a quattro porte** four-door	**automatico** automatic	**il freno** brake	**l'acceleratore** accelerator
a tre porte hatchback	**manuale** manual	**l'accensione** ignition	**la frizione** clutch	**l'aria condizionata** air conditioning

Può indicarmi la strada per...?
Can you tell me the way to...?

Dov'è il parcheggio?
Where is the parking lot?

Posso parcheggiare qui?
Can I park here?

i comandi • controls

la guida a sinistra | left-hand drive

la guida a destra | right-hand drive

l'automobile 3 • car 3

la meccanica • mechanics

il serbatoio del liquido lavavetri
screen wash reservoir

l'indicatore di livello dell'olio
dipstick

il filtro dell'aria
air filter

il serbatoio del liquido per i freni
brake fluid reservoir

la batteria
battery

la carrozzeria
bodywork

il serbatoio per il liquido refrigerante
coolant reservoir

la testa del cilindro
cylinder head

il tubo
pipe

il tettuccio
sunroof

il radiatore
radiator

il ventilatore
fan

il motore
engine

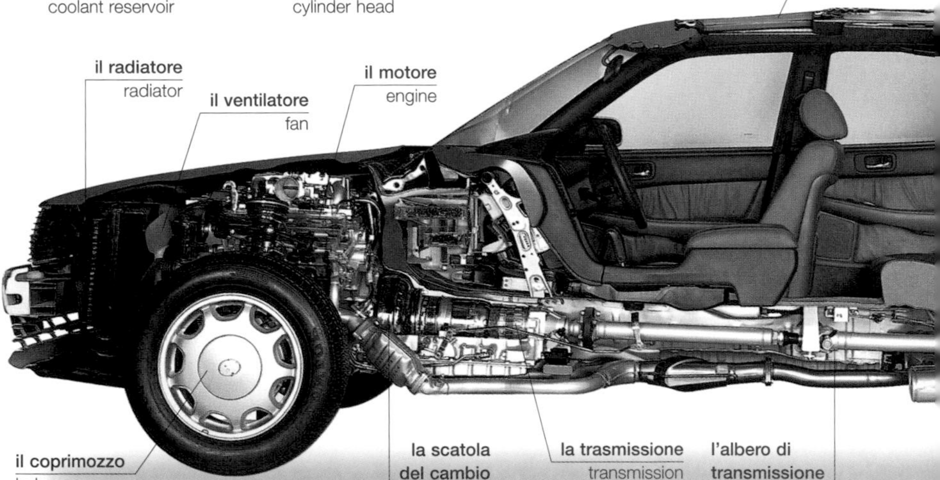

il coprimozzo
hubcap

la scatola del cambio
gearbox

la trasmissione
transmission

l'albero di transmissione
driveshaft

la foratura • flat tire

cambiare una ruota
change a tire (v)

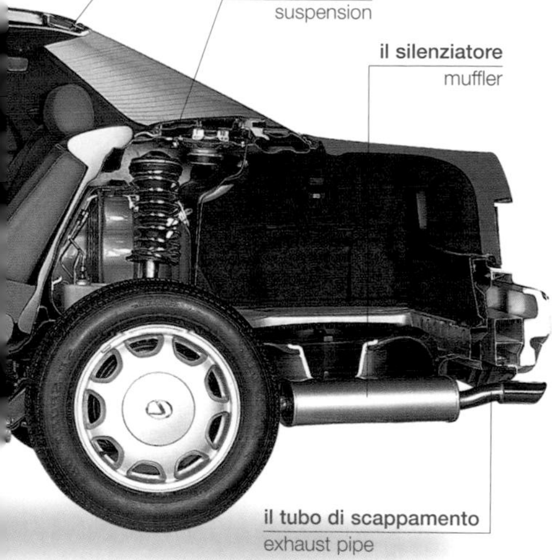

vocabolario • vocabulary

l'incidente stradale
car accident

il guasto
breakdown

l'assicurazione
insurance

il carro attrezzi
tow truck

il meccanico
mechanic

la candela
spark plug

la scatola dei fusibili
fuse box

la pressione dei pneumatici
tire pressure

la cinghia della ventola
fan belt

il serbatoio della benzina
gas tank

il turbocompressore
turbocharger

il distributore
distributor

la messa in fase
timing

il telaio
chassis

il freno a mano
parking brake

l'alternatore
alternator

la cinghia della camma
cam belt

Sono in panne.
My car has broken down.

La mia macchina non parte.
My car won't start.

la motocicletta • motorcycle

i comandi
controls

il portapacchi
carrier

l'abbigliamento | clothing

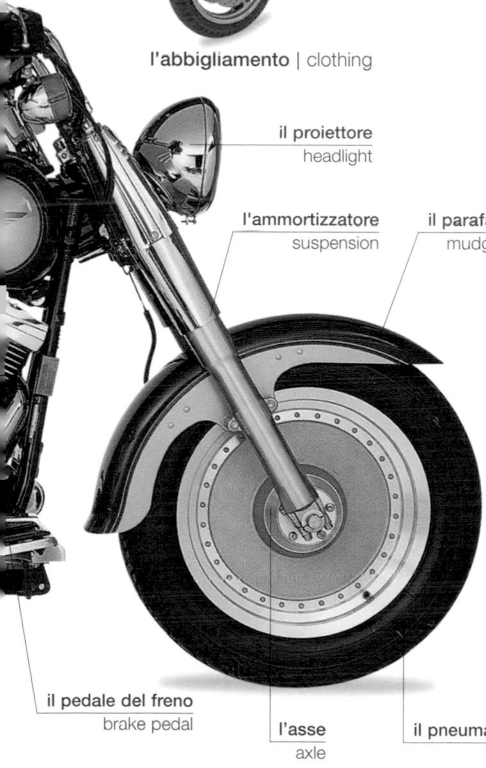

i tipi • types

la moto da corsa | racing bike

la moto da turismo | tourer

la moto da cross | dirt bike

il motorino | scooter

la bicicletta • bicycle

il tandem
tandem

la bicicletta da corsa
racing bike

la mountain bike
mountain bike

la bicicletta da turismo
touring bike

la bicicletta da strada
road bike

la pista ciclabile | cycle lane

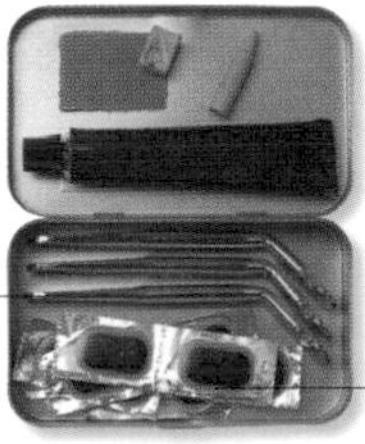

il kit per riparazioni | repair kit

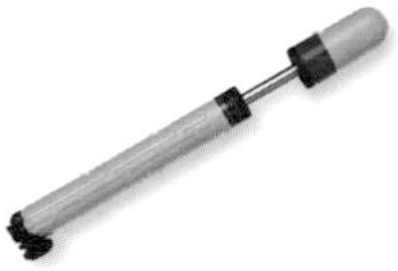

la pompa
pump

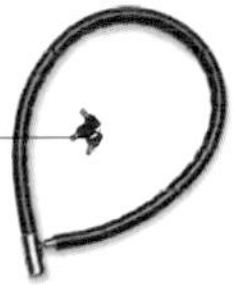

il lucchetto
lock

la camera d'aria
inner tube

il seggiolino per bambino
child seat

vocabolario • vocabulary

il dente sprocket	**il cavalletto** kickstand	**il blocca freni** brake block	**il cestello** basket	**il fermapiedi** toe clip	**cambiare marcia** change gears (v)
il fanale headlight	**le rotelle** training wheels	**il cavo** cable	**la dinamo** dynamo	**il cinghietto** toe strap	**frenare** brake (v)
il fanale posteriore rear light	**il posteggio per bici** bike rack	**il catarifrangente** reflector	**la foratura** flat tire	**pedalare** pedal (v)	**andare in bici** cycle (v)

il treno • train

la stazione ferroviaria | train station

i tipi di treno • types of train

il treno a vapore
steam train

il treno diesel | diesel train

il treno elettrico
electric train

il treno ad alta velocità
high-speed train

la monorotaia
monorail

la metropolitana
subway

il tram
tram

il treno merci
freight train

il portabagagli
luggage rack

il finestrino
window

la porta
door

lo scompartimento
compartment

il binario
track

la barriera
ticket gate

il biglietto
ticket

il sedile
seat

il vagone ristorante | dining car

il sistema di avviso ai passeggeri
public address system

l'orario
schedule

l'atrio | concourse

lo scompartimento a cuccette
sleeping compartment

vocabolario • vocabulary

la rete ferroviaria
rail network

il treno intercity
express train

l'ora di punta
rush hour

il ritardo
delay

la tariffa
fare

la mappa della metropolitana
subway map

la biglietteria
ticket office

il controllore
ticket inspector

cambiare
change (v)

il binario elettrificato
live rail

il segnale
signal

la leva di emergenza
emergency lever

l'aeroplano • aircraft

l'aereo di linea • airliner

la cabina • cabin

la mongolfiera
hot-air balloon

l'aereo biposto
ultralight

l'aliante
glider

il biplano
biplane

l'aereo da diporto
light aircraft

l'idrovolante
sea plane

l'aereo privato
private jet

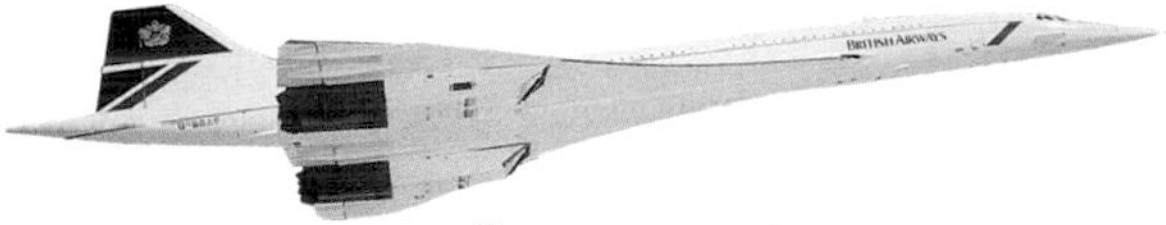

l'aereo supersonico
supersonic jet

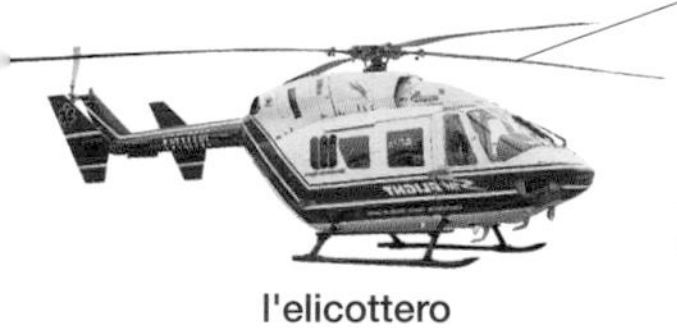

l'elicottero
helicopter

il bombardiere
bomber

l'aereo da caccia
fighter plane

vocabolario • vocabulary

il pilota pilot	**decollare** take off (v)	**atterrare** land (v)	**la classe economica** economy class	**il bagaglio a mano** carry-on luggage
il copilota copilot	**volare** fly (v)	**la quota** altitude	**la business class** business class	**la cintura di sicurezza** seat belt

l'aeroporto • airport

vocabolario • vocabulary

la pista
runway

la coincidenza
connection

il volo nazionale
domestic flight

il volo internazionale
international flight

il numero del volo
flight number

l'immigrazione
immigration

la dogana
customs

il bagaglio in eccedenza
excess baggage

il nastro trasportatore
carousel

la sicurezza
security

l'apparecchio a raggi x
X-ray machine

l'opuscolo vacanze
travel brochure

la vacanza
vacation

prenotare un volo
book a flight (v)

fare il check-in
check in (v)

la torre di controllo
control tower

il bagaglio a mano
carry-on luggage

il bagaglio
luggage

il carrello
cart

il banco accettazione
check-in desk

il visto
visa

il passaporto | passport

il controllo passaporti
passport control

la carta d'imbarco
boarding pass

il biglietto
ticket

il numero dell'uscita
gate number

la sala delle partenze
departure lounge

le partenze
departures

la destinazione
destination

gli arrivi
arrivals

il pannello degli orari
information screen

il negozio duty free
duty-free shop

il ricupero bagagli
baggage claim

il posteggio dei taxi
taxi stand

l'autonoleggio
car rental

la nave • ship

la nave da crociera
ocean liner

il ponte di comando
bridge

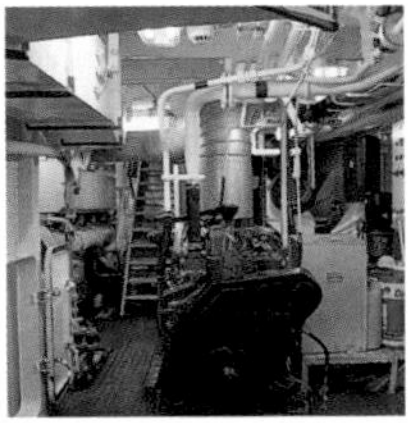

la sala macchine
engine room

la cabina
cabin

la cucina di bordo
galley

vocabolario • vocabulary

il bacino
dock

il porto
port

la passerella
gangway

l'ancora
anchor

la colonna d'ormeggio
bollard

il mulinello
windlass

il capitano
captain

il motoscafo
speedboat

la barca a remi
rowboat

la canoa
canoe

altre imbarcazioni • other ships

il traghetto
ferry

il gommone
inflatable dinghy

l'aliscafo
hydrofoil

lo yacht
yacht

il catamarano
catamaran

il rimorchiatore
tugboat

l'hovercraft
hovercraft

la nave porta container
container ship

la barca a vela
sailboat

la nave da trasporto
freighter

la petroliera
oil tanker

la portaerei
aircraft carrier

la nave da guerra
battleship

il sottomarino
submarine

il porto • port

il magazzino warehouse

la gru crane

il carrello elevatore forklift truck

la strada di accesso access road

l'ufficio della dogana customs house

il bacino dock

la banchina dock

il carico cargo

il container container

il porto per container | container port

il terminale dei traghetti ferry terminal

il traghetto ferry

la biglietteria ticket office

il passeggero passenger

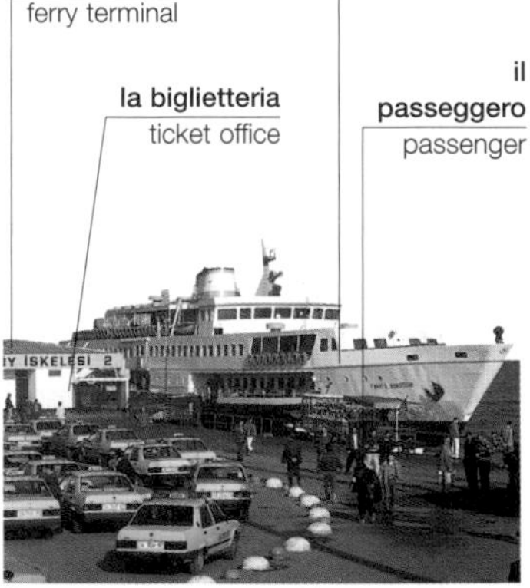

il porto per passeggeri | passenger port

la rete
net

la barca da pesca
fishing boat

l'ormeggio
mooring

il porto da pesca
fishing port

il porto turistico
marina

il porto
harbor

il pontile
pier

il molo
jetty

il cantiere navale
shipyard

la luce
lamp

il faro
lighthouse

la boa
buoy

vocabolario • vocabulary

il guardacoste coastguard	**mollare l'ancora** drop anchor (v)	**imbarcare** board (v)
il capitano di porto harbor master	**ormeggiare** moor (v)	**sbarcare** disembark (v)
il bacino di carenaggio dry dock	**entrare in bacino** dock (v)	**salpare** set sail (v)

ULTRA
3
DUNLOP
DDH III
4
DUNLOP
MOLITOR
TOUR
EDITION
1
ProStaff
4
GOLF CLUB
TOP-FLITE
HOT XL
4
ProStaff
4
RAM TOUR
1
MAXFLI
DISTANCE
TOP-FLITE
STRATA
3

gli sport
sports

il football americano • football

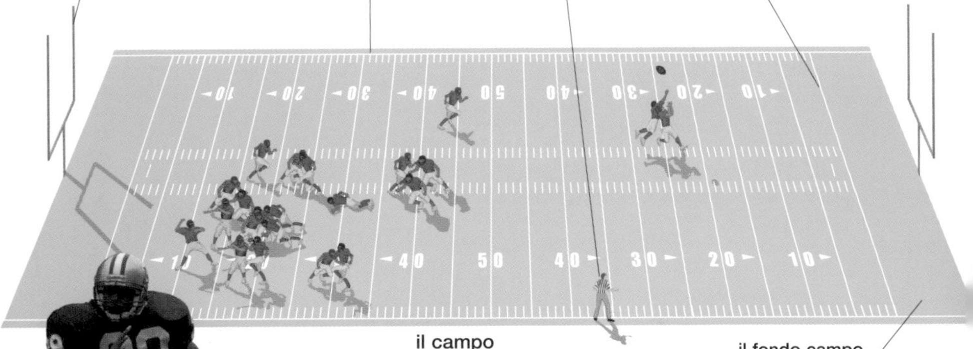

il giocatore
football player

placcare
tackle (v)

passare
pass (v)

prendere
catch (v)

vocabolario • vocabulary

il time-out
time out

il fumble
fumble

la squadra
team

l'attacco
attack

la difesa
defense

il punteggio
score

la cheerleader
cheerleader

il touch-down
touchdown

A quanto stanno?
What is the score?

Chi vince?
Who is winning?

il rugby • rugby

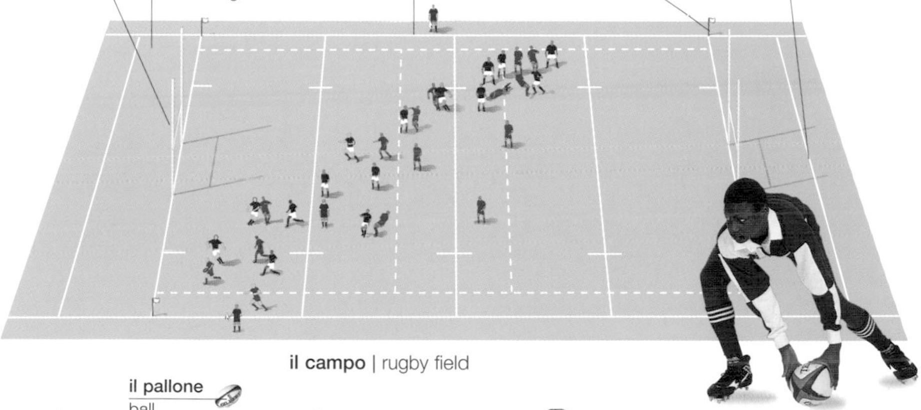

il campo | rugby field

tirare
throw (v)

il pallone
ball

calciare
kick (v)

passare
pass (v)

placcare
tackle (v)

la meta
try

il ruck | ruck

la mischia | scrum

il calcio • soccer

il calciatore
soccer player

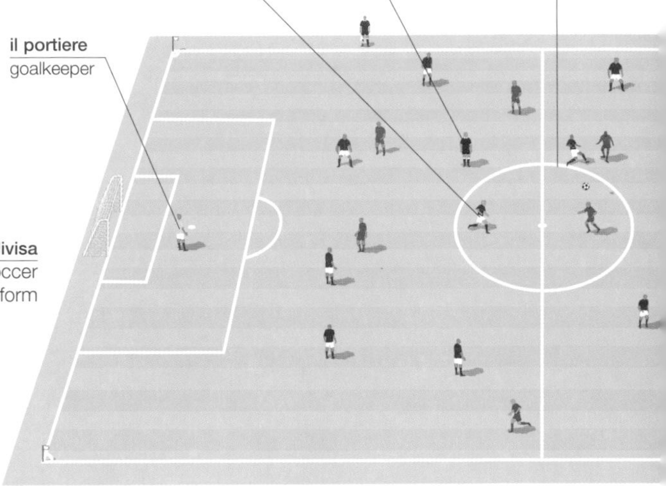

il campo di calcio
soccer field

il gol | goal

dribblare | dribble (v)

colpire di testa
head (v)

il calcio di punizione | free kick

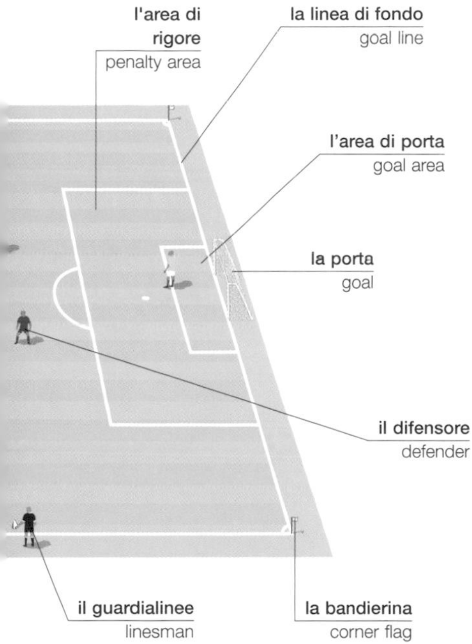

la rimessa in gioco
throw-in

calciare
kick (v)

passare
pass (v)

tirare | shoot (v)

parare
save (v)

contrastare
tackle (v)

vocabolario • vocabulary

lo stadio stadium	**il fallo** foul	**il cartellino giallo** yellow card	**il campionato** league	**il sostituto** substitute
segnare score a goal (v)	**il calcio d'angolo** corner	**il fuorigioco** off-side	**il pareggio** tie	**la sostituzione** substitution
il rigore penalty	**il cartellino rosso** red card	**l'espulsione** send off	**l'intervallo** half time	**il tempo supplementare** extra time

l'hockey • hockey

l'hockey su ghiaccio • ice hockey

la pista da hockey su ghiaccio
ice hockey rink

il giocatore di hockey su ghiaccio
ice hockey player

pattinare
skate (v)

colpire
hit (v)

l'hockey sull'erba • field hockey

il cricket • cricket

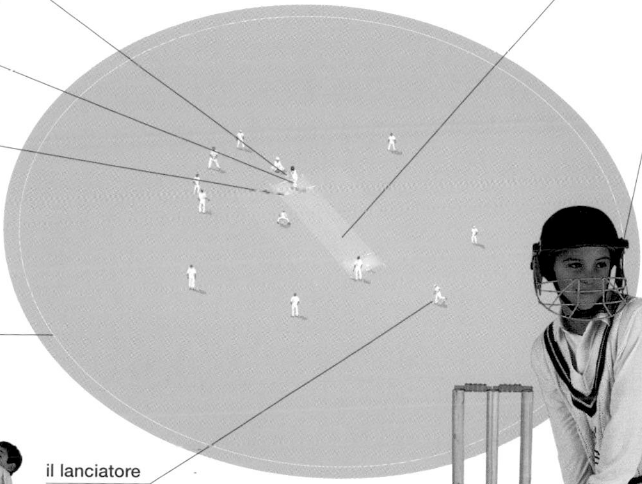

il giocatore di cricket
cricketer

lanciare
bowl (v)

colpire
bat (v)

difendere
field (v)

il ricevitore
wicket-keeper

vocabolario • vocabulary

fuori	**il tabellone dei risultati**	**l'arbitro**
out	scoreboard	umpire

la pallacanestro • basketball

il giocatore di pallacenestro | basketball player

il canestro
basket

vocabolario • vocabulary

il fallo foul	**la rimessa** throw-in
il rimbalzo rebound	**fuori campo** out of bounds
il passaggio pass	**il tiro in sospensione** jump ball

le azioni • actions

tirare
throw (v)

acchiappare
catch (v)

tirare
shoot (v)

saltare
jump (v)

marcare
mark (v)

bloccare
block (v)

rimbalzare
dribble (v)

segnare
dunk (v)

la pallavolo • volleyball

contrastare
block (v)

la rete
net

difendere
dig (v)

l'arbitro
referee

la ginocchiera
knee support

il campo | court

il baseball • baseball

il campo • field

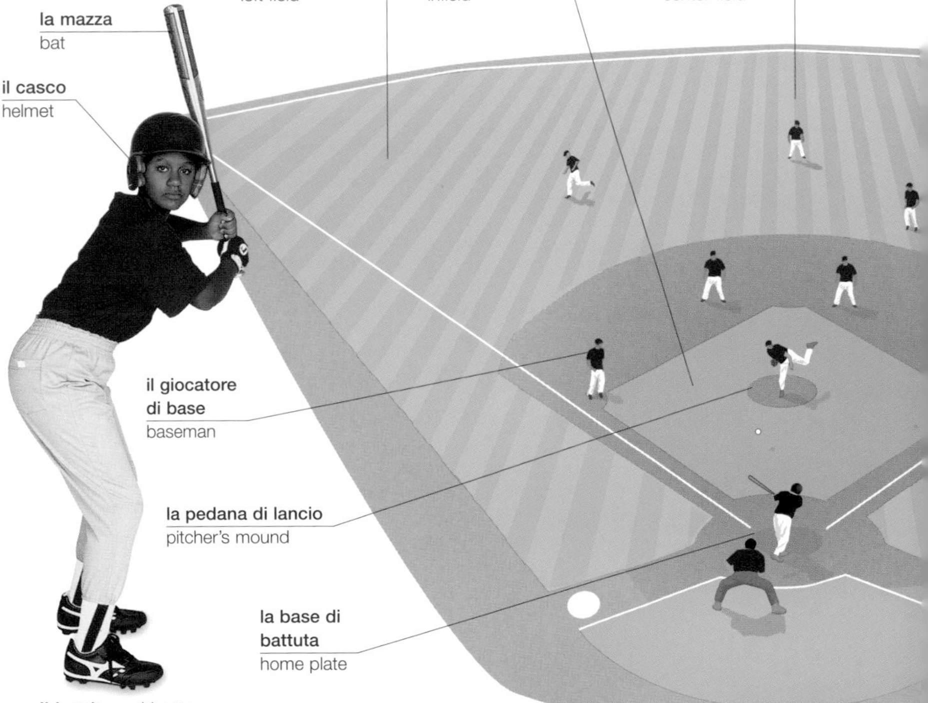

il battitore | batter

vocabolario • vocabulary

il turno di battuta inning	**salvo** safe	**lo strike** strike
il giro run	**fuori** out	**il fallo** foul ball

il guantone
mitt

la maschera
mask

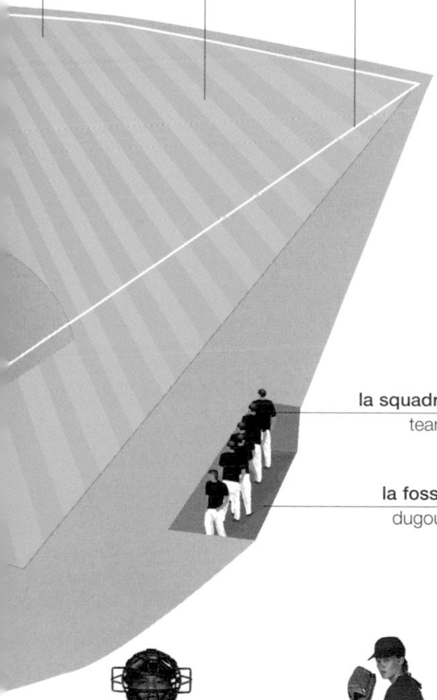

il ricevitore
catcher

il pitcher
pitcher

le azioni • actions

lanciare | throw (v)

acchiappare | catch (v)

correre
run (v)

difendere
field (v)

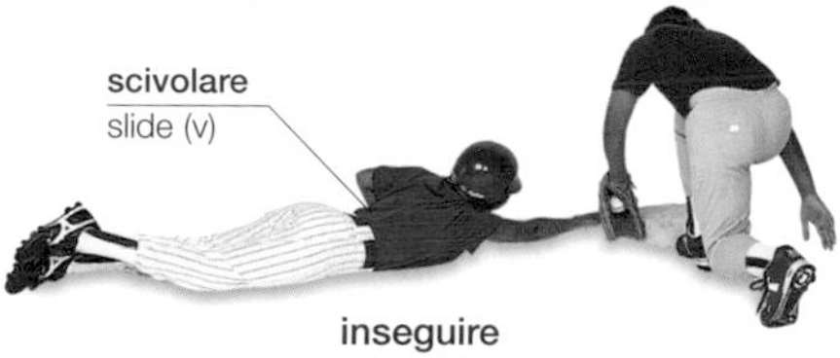

inseguire
tag (v)

giocare | play (v)

il tennis • tennis

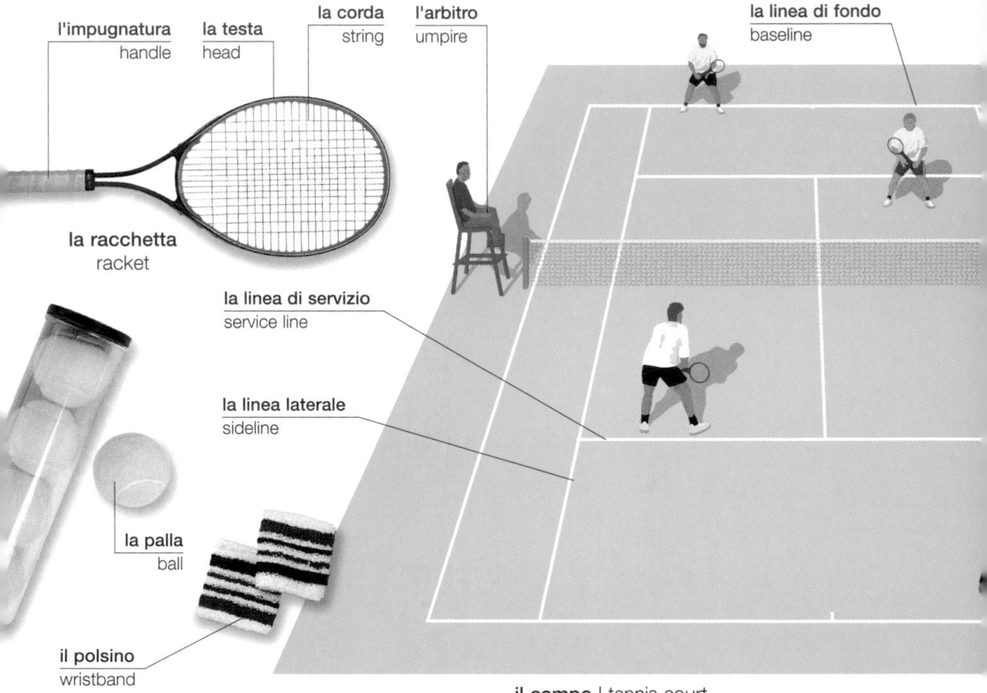

il campo | tennis court

vocabolario • vocabulary

il singolare singles	**il set** set	**il deuce** deuce	**il fallo** fault	**il taglio** slice	**l'avvitamento** spin
il doppio doubles	**la partita** match	**il vantaggio** advantage	**l'asso** ace	**il palleggio** rally	**il campionato** championship
il gioco game	**il tiebreak** tiebreaker	**a zero** love	**la smorzata** dropshot	**colpo nullo!** let!	**il giudice di linea** linesman

il tennista
player

i colpi • strokes

il servizio
serve

la volée
volley

il ritorno
return

il pallonetto
lob

il dritto
forehand

il rovescio
backhand

i giochi con la racchetta • racket games

il badminton
badminton

il ping pong
table tennis

lo squash
squash

il racquetball
racquetball

il golf • golf

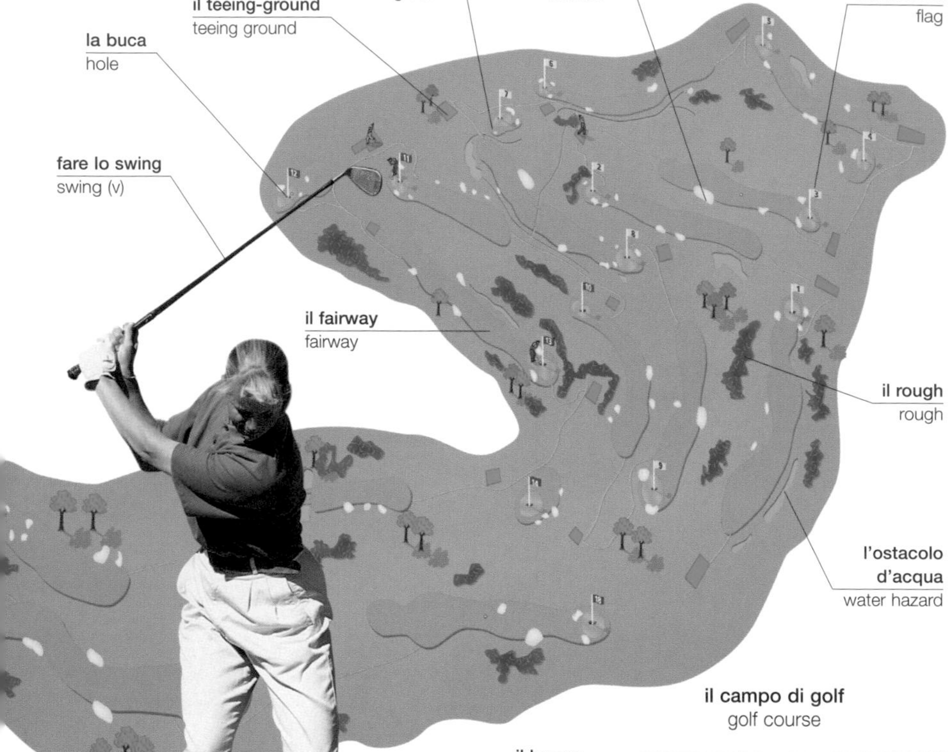

il campo di golf
golf course

la golfista | golfer

la sede del circolo | clubhouse

le attrezzature • equipment

il tee
tee

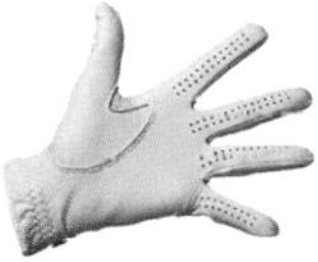

il guanto
glove

il carrellino
golf cart

la scarpa da golf
golf shoe

le azioni • actions

cominciare la partita
tee off (v)

colpire a distanza
drive (v)

colpire leggermente
putt (v)

colpire da vicino
chip (v)

le mazze da golf • golf clubs

la mazza di legno
wood

il putter
putter

la mazza di ferro
iron

la mazza ricurva
wedge

vocabolario • vocabulary

il par par	**l'overpar** over par	**l'handicap** handicap	**il caddy** caddy	**il colpo** stroke	**il back-swing** backswing
l'underpar under par	**la buca in uno** hole in one	**il torneo** tournament	**gli spettatori** spectators	**lo swing di pratica** practice swing	**la linea di gioco** line of play

l'atletica • track and field

vocabolario • vocabulary

la gara race	**il primato** record	**il fotofinish** photo finish	**il salto con l'asta** pole vault
il tempo time	**battere un primato** break a record (v)	**la maratona** marathon	**il primato personale** personal best

il cronometro
stopwatch

la staffetta
relay race

il salto in alto
high jump

il salto in lungo
long jump

la corsa a ostacoli
hurdles

la ginnastica • gymnastics

il volteggio
vault

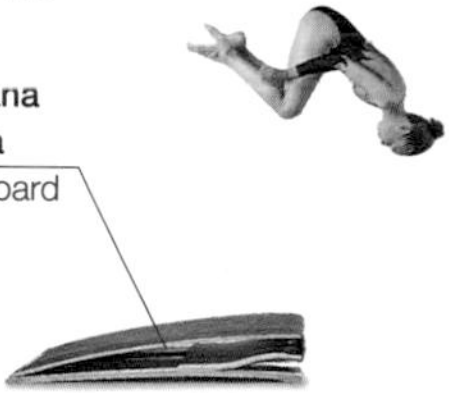

la capriola
somersault

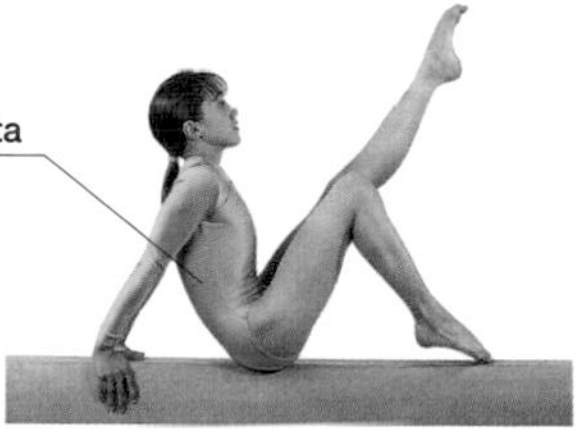

la trave
beam

la ginnastica a corpo libero
floor exercises

la ruota
tumble

la ginnastica ritmica
rhythmic gymnastics

vocabolario • vocabulary

la sbarra
horizontal bar

le parallele
parallel bars

le sbarre asimmetriche
asymmetric bars

il cavallo
pommel horse

gli anelli
rings

il podio
podium

le medaglie
medals

l'oro
gold

l'argento
silver

il bronzo
bronze

gli sport da combattimento • combat sports

il tae kwondo
tae kwon do

il karate
karate

il judo
judo

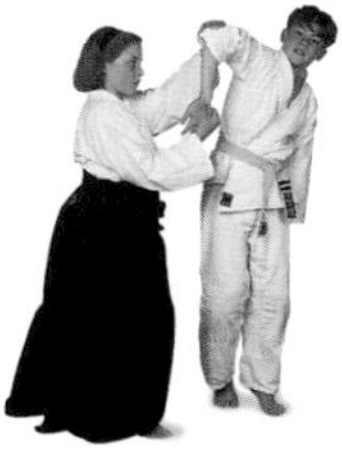

l'aikido
aikido

il kendo
kendo

il kung fu
kung fu

il kickboxing
kickboxing

la lotta greco-romana
wrestling

il pugilato
boxing

le mosse • actions

la scivolata
fall

la presa
hold

la proiezione
throw

la caduta
pin

il calcio
kick

il pugno
punch

il colpo
strike

il salto
jump

la parata
block

il colpo di taglio
chop

vocabolario • vocabulary

il ring boxing ring	**il round** round	**il pugno** fist	**la cintura nera** black belt	**la capoeira** capoeira
i guantoni boxing gloves	**l'incontro** bout	**il k.o** knockout	**l'autodifesa** self-defense	**il sumo** sumo wrestling
il paradenti mouth guard	**l'allenamento** sparring	**il sacco** punching bag	**le arti marziali** martial arts	**il tai-chi** tai chi

il nuoto • swimming

l'attrezzatura • equipment

il bracciolo
armband

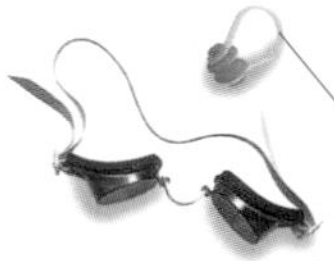

la molletta per il naso
nose clip

gli occhialetti
goggles

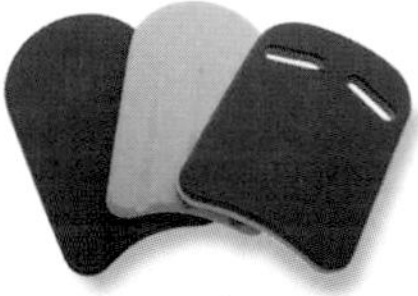

la tavoletta
kickboard

il costume da bagno
swimsuit

la corsia
lane

l'acqua
water

il podio di partenza
starting block

la piscina
swimming pool

la cuffia
cap

il costume da bagno
trunks

il nuotatore | swimmer

il trampolino
springboard

il tuffatore
diver

tuffarsi | dive (v)

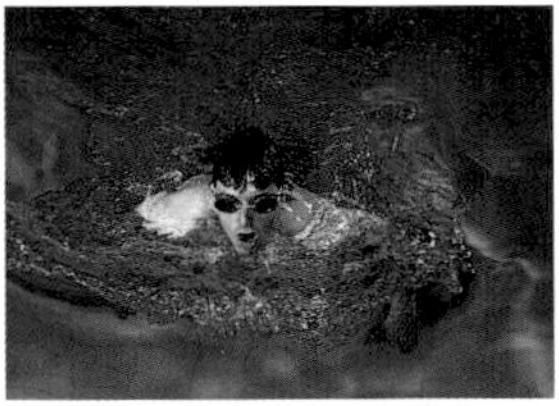

nuotare | swim (v)

la giravolta | turn

gli stili • styles

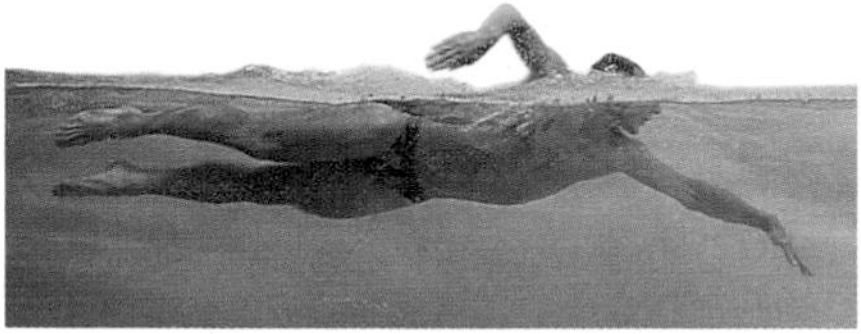

lo stile libero
front crawl

la rana
breaststroke

la bracciata
stroke

il dorso | backstroke

la gambata
kick

la farfalla | butterfly

il nuoto subacqueo • scuba diving

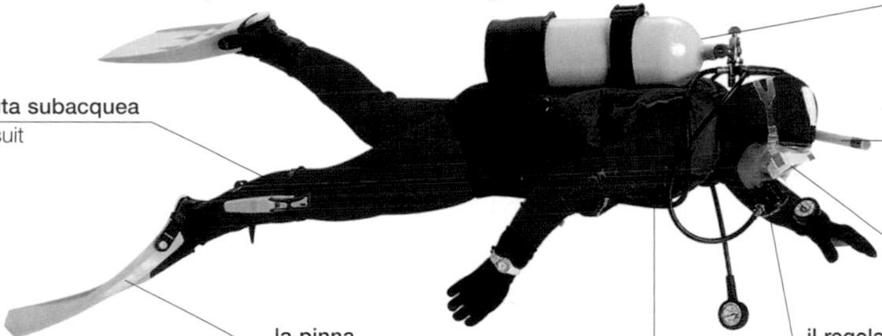

vocabolario • vocabulary

il tuffo dive	**il tuffo alto** high dive	**gli armadietti** lockers	**la pallanuoto** water polo	**la parte bassa** shallow end	**il crampo** cramp
il tuffo di rincorsa racing dive	**tenersi a galla** tread water (v)	**il bagnino** lifeguard	**la parte profonda** deep end	**il nuoto sincronizzato** synchronized swimming	**annegare** drown (v)

la vela • sailing

la bussola
compass

l'ancora
anchor

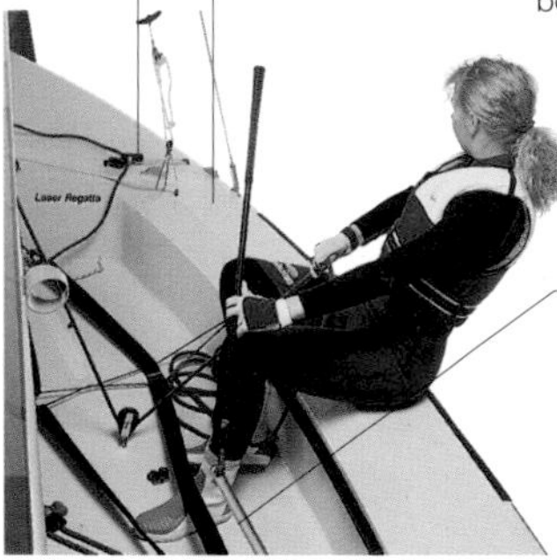

navigare | navigate (v)

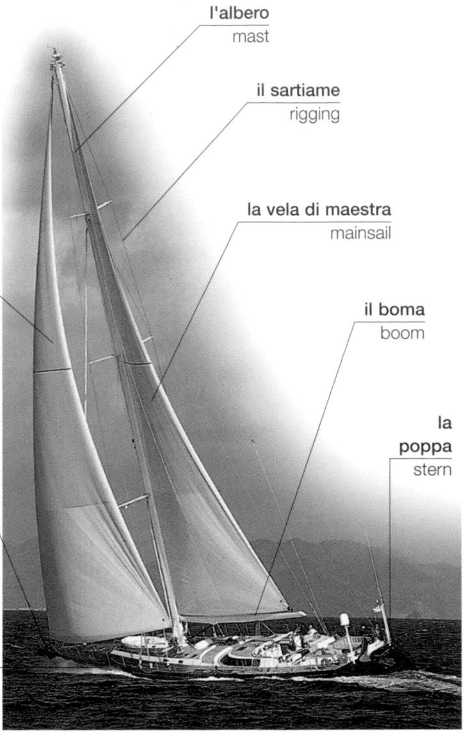

lo yacht | yacht

la sicurezza • safety

il razzo illuminante
flare

il salvagente
life preserver

il giubbotto di salvataggio
life jacket

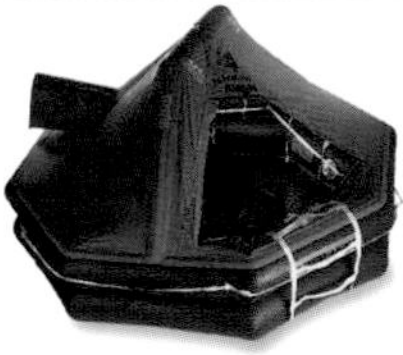

la zattera di salvataggio
life raft

gli sport acquatici • watersports

remare | row (v)

il canottaggio
canoeing

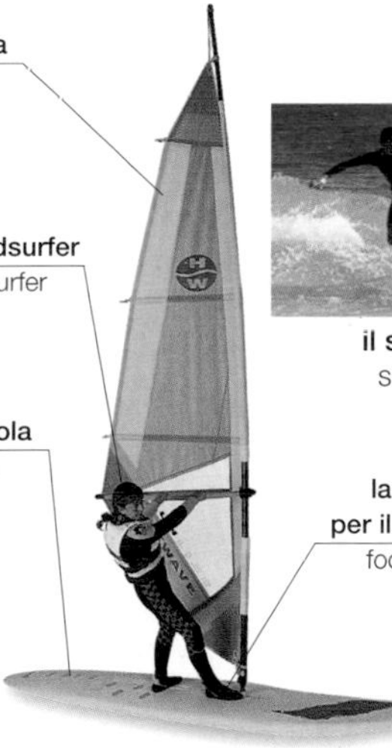

il windsurfing | windsurfing

il surfing
surfing

lo sci d'acqua
waterskiing

la corsa in motoscafo
speed-boating

rafting
rafting

l'acquascooter
jet skiing

vocabolario • vocabulary

il surfista surfer	**l'equipaggio** crew	**il vento** wind	**le rapide** rapids	**la scotta** sheet	**bordeggiare** tack (v)
lo sciatore d'acqua waterskier	**il centro della tavola** centerboard	**l'onda** wave	**la cresta dell'onda** surf	**il timone** rudder	**capovolgersi** capsize (v)

l'equitazione • horse riding

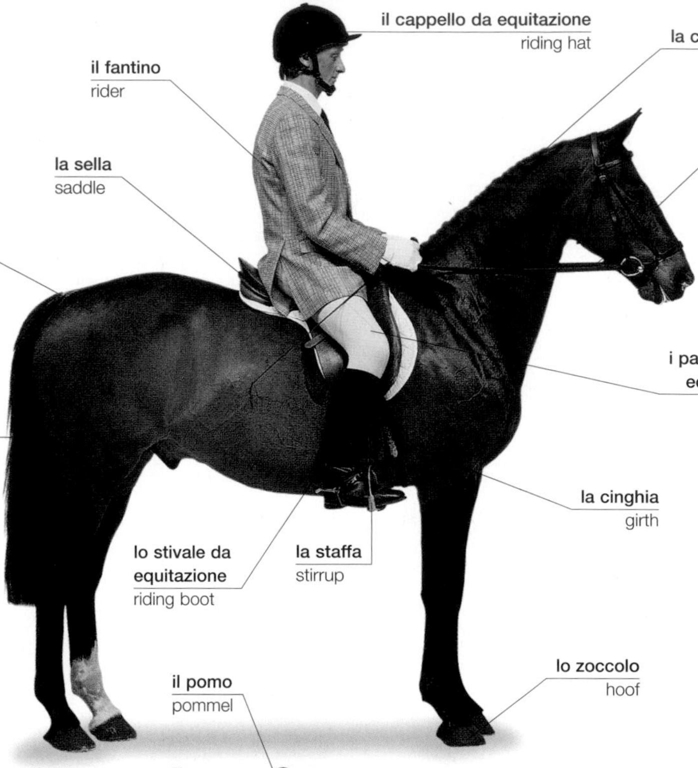

il ferro da cavallo
horseshoe

la sella da signora
side-saddle

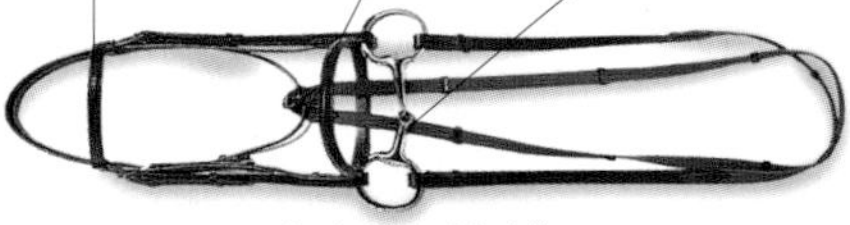

la briglia | bridle

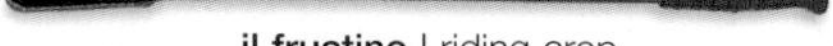

il frustino | riding crop

le corse • events

la corsa di cavalli
horse race

la corsa a ostacoli
steeplechase

la corsa al trotto
harness race

il rodeo
rodeo

il concorso ippico
showjumping

la corsa di carrozze
carriage race

l'escursione a cavallo
trail riding

il dressage
dressage

il polo
polo

vocabolario • vocabulary

il passo walk	**il galoppo** gallop	**il salto** jump	**la cavezza** halter	**il recinto** paddock	**l'ippodromo** racecourse
il trotto trot	**il piccolo galoppo** canter	**il palafreniere** groom	**la stalla** stable	**l'arena** arena	**la corsa in piano** flat race

la pesca • fishing

il peso | sinker

l'amo
fishhook

l'esca | bait

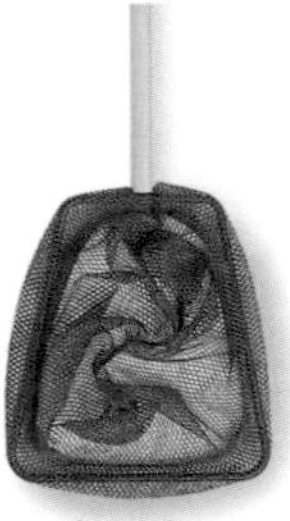

la retina
landing net

il galleggiante
float

l'esca
lure

la mosca
fly

la scatola portaesche
tackle box

la rete da pesca
keep net

il pescatore | angler

i tipi di pesca • types of fishing

la pesca in acqua dolce
freshwater fishing

la pesca con la mosca
fly fishing

la pesca sportiva
sport fishing

la pesca in alto mare
deep sea fishing

la pesca dalla riva
surfcasting

le attività • activities

lanciare
cast (v)

prendere
catch (v)

tirare con il mulinello
reel in (v)

pescare con la rete
net (v)

rilasciare
release (v)

vocabolario • vocabulary

fornire di esca
bait (v)

abboccare
bite (v)

l'attrezzatura
tackle

la bobina
spool

i sovrapantaloni
waterproofs

la canna da pesca
fishing pole

la licenza di pesca
fishing permit

la pesca in mare
marine fishing

la nassa
creel

la pesca con la fiocina
spearfishing

lo sci • skiing

le gare • events

la discesa
downhill skiing

lo slalom
slalom

il salto
ski jump

lo sci di fondo
cross-country skiing

gli sport invernali • winter sports

l'arrampicata su ghiaccio
ice climbing

il pattinaggio su ghiaccio
ice-skating

il pattinaggio artistico
figure skating

lo snowboard
snowboarding

il bob
bobsled

lo slittino
luge

la motoslitta
snowmobile

la corsa su slitta
sledding

vocabolario • vocabulary

la valanga avalanche	**fuoripista** off-piste
lo sci alpino alpine skiing	**il curling** curling
lo slalom gigante giant slalom	**il biathlon** biathlon
la corsa su slitta trainata da cani dog-sledding	**il pattinaggio di velocità** speed skating

gli altri sport • other sports

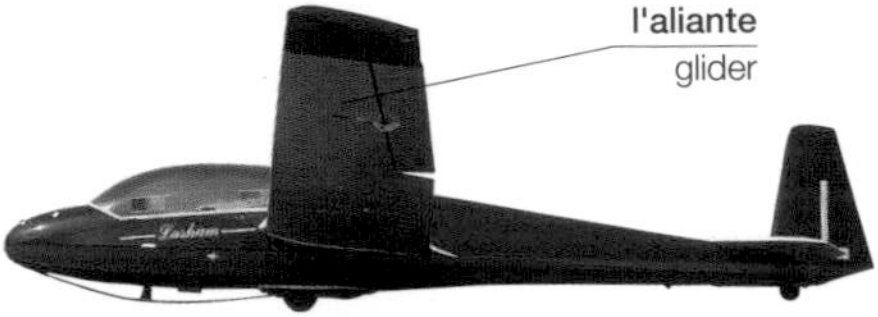

il volo a vela
gliding

il volo in deltaplano
hang-gliding

l'alpinismo in parete
rock-climbing

il paracadutismo
parachuting

il parapendio
paragliding

il paracadutismo libero
skydiving

la cordata
rappelling

il bungee jumping
bungee jumping

il rally
rally driving

l'automobilismo
auto racing

il motocross
motocross

il motociclismo
motorcycle racing

lo skate board
skateboarding

il pattinaggio a rotelle
rollerskating

il lacrosse
lacrosse

la scherma
fencing

il bowling
bowling

il tiro con l'arco
archery

il tiro al bersaglio
target shooting

il biliardo
pool

lo snooker
snooker

il fitness • fitness

la cyclette
exercise bike

i manubri
free weights

la sbarra
bar

la macchina per esercizi
gym machine

la panca
bench

la palestra
gym

il vogatore
rowing machine

il treadmill
treadmill

il cross trainer
cross-trainer

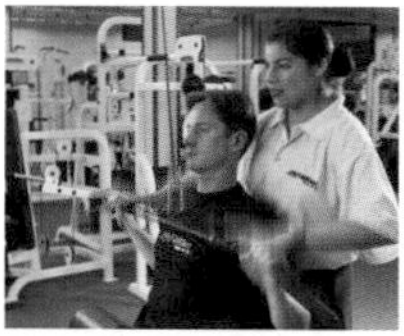

l'istruttore individuale
personal trainer

la macchina per step
step machine

la piscina
swimming pool

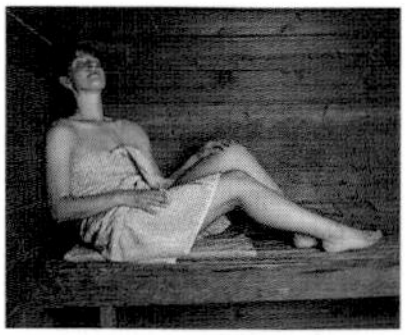

la sauna
sauna

gli esercizi • exercises

lo stretching
stretch

lo stiramento
lunge

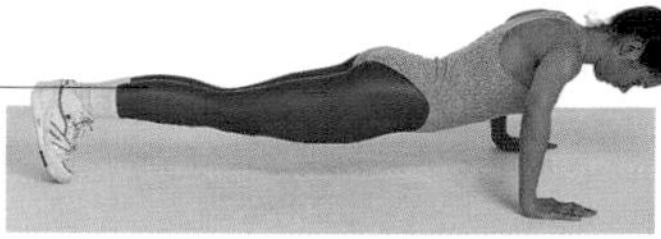

le flessioni
pushup

lo squat
squat

gli addominali
situp

le alzate con il manubrio
biceps curl

la pressa per le gambe
leg press

la pressa per pettorali
chest press

l'addestramento ai pesi
weight training

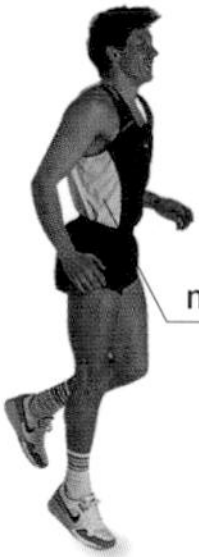

il footing
jogging

la ginnastica aerobica
aerobics

vocabolario • vocabulary

allenarsi train (v)	**correre sul posto** jog in place (v)	**stendere** extend (v)	**il Pilates** Pilates	**l'allenamento a circuito** circuit training
riscaldarsi warm up (v)	**flettere** flex (v)	**sollevare** pull up (v)	**la ginnastica prepugilistica** boxercise	**saltare con la corda** jumping rope

il tempo libero
leisure

il teatro • theater

il palcoscenico | stage

le poltrone | seating

vocabolario • vocabulary

l'attrice actress	**il regista** director	**la prima** opening night
il cast cast	**il produttore** producer	**l'intervallo** intermission
l'attore actor	**il copione** script	**il programma** program
l'opera teatrale play	**il fondale** backdrop	**il golfo mistico** orchestra pit

il concerto
concert

il musical
musical

il balletto
ballet

vocabolario • vocabulary

la maschera usher	**la colonna sonora** soundtrack
la musica classica classical music	**applaudire** applaud (v)
la partitura musicale musical score	**il bis** encore

Vorrei due biglietti per lo spettacolo di stasera.
I'd like two tickets for tonight's performance.

A che ora inizia?
What time does it start?

l'opera
opera

il cinema • cinema

la biglietteria
box office

l'atrio
lobby

il poster
poster

il cinema
movie theater

lo schermo
screen

vocabolario • vocabulary

la commedia comedy	**il film d'amore** romance
il thriller thriller	**il film di fantascienza** science fiction movie
il film di orrore horror movie	**il film di avventura** adventure
il western western	**il film di animazione** animated film

l'orchestra • orchestra

le corde • strings

il pianoforte | piano

l'annotazione | notation

vocabolario • vocabulary

l'ouverture overture	**la sonata** sonata	**la pausa** rest	**il diesis** sharp	**naturale** natural	**la scala** scale
la sinfonia symphony	**gli strumenti** instruments	**il tono** pitch	**il bemolle** flat	**la battuta** bar	**la bacchetta** baton

gli strumenti a fiato • woodwind

il piffero
piccolo

il flauto
flute

l'oboe
oboe

il corno inglese
cor anglais

il clarinetto
clarinet

il clarinetto basso
bass clarinet

il fagotto
bassoon

il controfagotto
double bassoon

il sassofono
saxophone

la percussione • percussion

il timpano
kettledrum

il gong
gong

i bongo
bongos

il tamburo militare
snare drum

i cembali
cymbals

il tamburino
tambourine

il vibrafono
vibraphone

il triangolo
triangle

i maracas
maracas

gli ottoni • brass

la tromba
trumpet

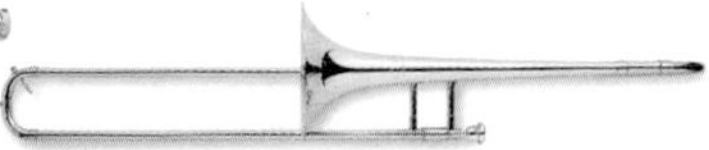

il trombone
trombone

il corno
French horn

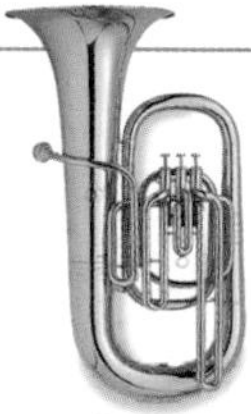

la tuba
tuba

il concerto • concert

il concerto rock | rock concert

gli strumenti • instruments

il basso
bass guitar

la tastiera
keyboard

la chitarra elettrica
electric guitar

la batteria
drum kit

gli stili musicali • musical styles

il jazz
jazz

il blues
blues

il punk
punk

la musica folk
folk music

il pop
pop

la musica da ballo
dance

il rap
rap

l'heavy metal
heavy metal

la musica classica
classical music

vocabolario • vocabulary

la canzone	**il testo**	**la melodia**	**il ritmo**	**il reggae**	**il country**	**il proiettore**
song	lyrics	melody	beat	reggae	country	spotlight

il turismo • sightseeing

il turista
tourist

il luogo d'interesse turistico | tourist attraction

l'itinerario
itinerary

scoperto
open-top

il pullman turistico | tour bus

la guida turistica
tour guide

la visita guidata
guided tour

la statuina
figurine

i ricordi
souvenirs

vocabolario • vocabulary

aperto open	**la guida** guidebook	**le indicazioni** directions	**a sinistra** left	**Dov'è...?** Where is...?
chiuso closed	**la pellicola** film	**la videocamera** camcorder	**a destra** right	**Mi sono perso.** I'm lost.
la tariffa d'ingresso admission charge	**le batterie** batteries	**la macchina fotografica** camera	**dritto** straight ahead	**Mi può dire come si arriva a...?** Can you tell me the way to....?

i luoghi d'interesse • attractions

il quadro
painting

l'oggetto
exhibit

la galleria d'arte
art gallery

il monumento
monument

l'esposizione
exhibition

il museo
museum

la rovina famosa
famous ruin

l'edificio storico
historic building

il casinò
casino

i giardini
gardens

il parco nazionale
national park

l'informazione • information

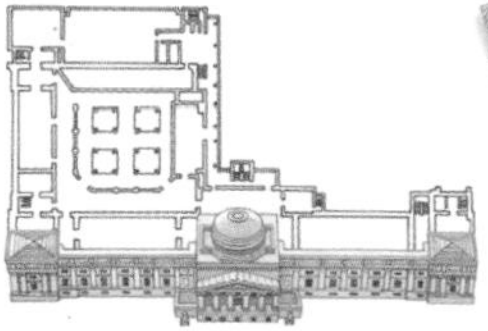

la pianta del piano
floor plan

la mappa
map

gli orari
times

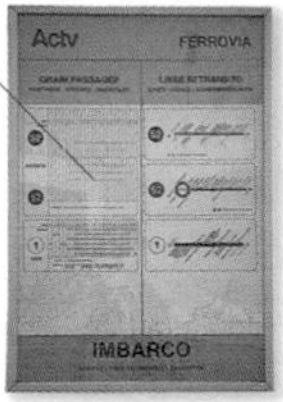

l'orario
schedule

l'ufficio informazioni turistiche
tourist information

le attività all'aria aperta • outdoor activities

il sentiero
footpath

la meridiana
sundial

il caffè
café

il prato
grass

la panchina
bench

il giardino all'italiana
formal gardens

il parco | park

le montagne russe
roller coaster

il luna park
fairground

il parco a tema
theme park

lo zoosafari
safari park

lo zoo
zoo

le attività • activities

il ciclismo
cycling

il footing
jogging

lo skateboard
skateboarding

il pattinaggio
rollerblading

l'ornitologia
bird-watching

il sentiero per cavalli
bridle path

l'equitazione
horseback riding

l'escursionismo
hiking

la cesta
hamper

il picnic
picnic

il parco giochi • playground

la fossa di sabbia
sandbox

la piscina gonfiabile
wading pool

l'altalena
swings

la struttura per arrampicarsi
climbing frame

il bilanciere | seesaw

lo scivolo
slide

la spiaggia • beach

prendere il sole | sunbathe (v)

il bagnino
lifeguard

la torre di sorveglianza
lifeguard tower

il paravento
windbreak

il lungomare
boardwalk

la sedia a sdraio
deck chair

gli occhiali da sole
sunglasses

il cappello da spiaggia
sun hat

la crema abbronzante
suntan lotion

la crema protettiva
sunblock

il pallone da spiaggia
beach ball

la ciambella
inflatable ring

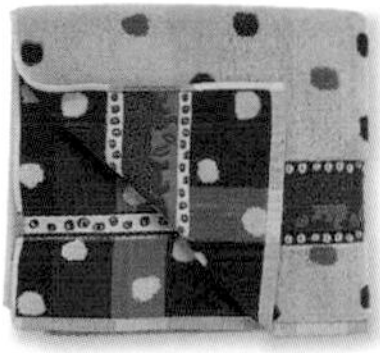

l'asciugamano da spiaggia
beach towel

il costume da bagno
swimsuit

la paletta
shovel

il secchiello
pail

il castello di sabbia
sandcastle

la conchiglia
shell

il campeggio • camping

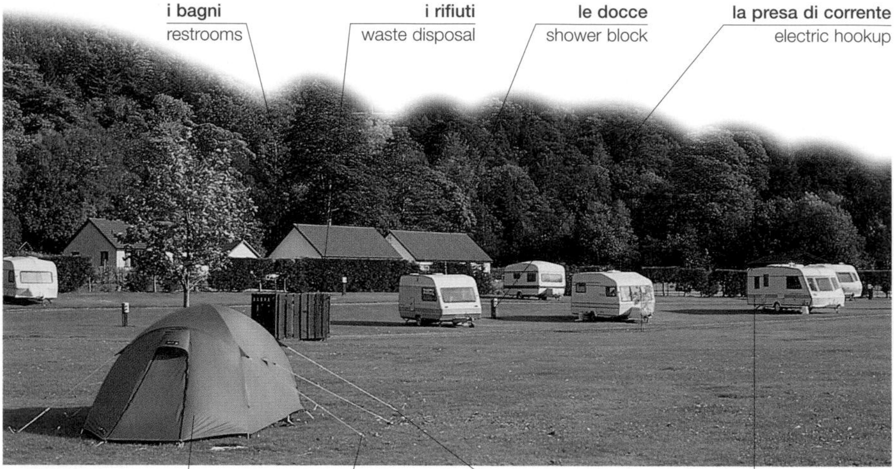

vocabolario • vocabulary

campeggiare
camp (v)

l'ufficio del direttore
site manager's office

le piazzole disponibili
sites available

completo
full

il posteggio
site

piantare una tenda
pitch a tent (v)

il palo
tent pole

il lettino da campeggio
camp bed

la tavola da picnic
picnic bench

l'amaca
hammock

il camper
camper van

il rimorchio
trailer

la carbonella
charcoal

l'esca per il fuoco
firelighter

accendere un fuoco
light a fire (v)

il fuoco
campfire

la tenda
tent

l'insettifugo
insect repellent

la torcia
flashlight

il sacco a pelo
sleeping bag

le scarpe da escursionismo
walking boots

gli indumenti impermeabili
rain gear

il fornelletto da campeggio
camping stove

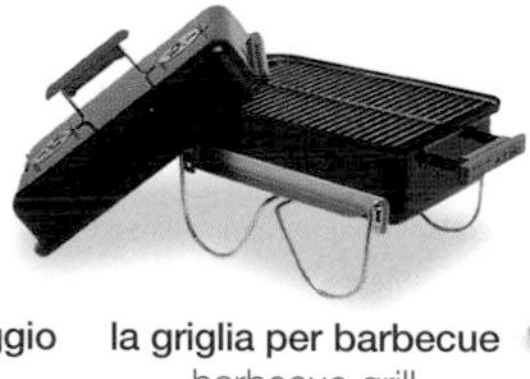

la griglia per barbecue
barbecue grill

il materassino ad aria | air mattress

gli intrattenimenti in casa • home entertainment

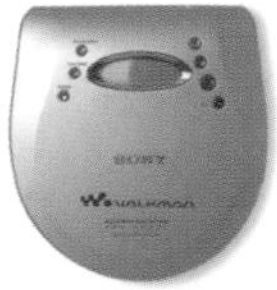

il lettore di CD portatile
personal CD player

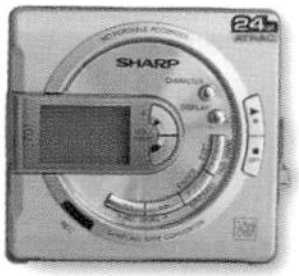

il lettore di mini disk
mini disc recorder

il lettore di MP3
MP3 player

il disco DVD
DVD

il lettore di DVD
DVD player

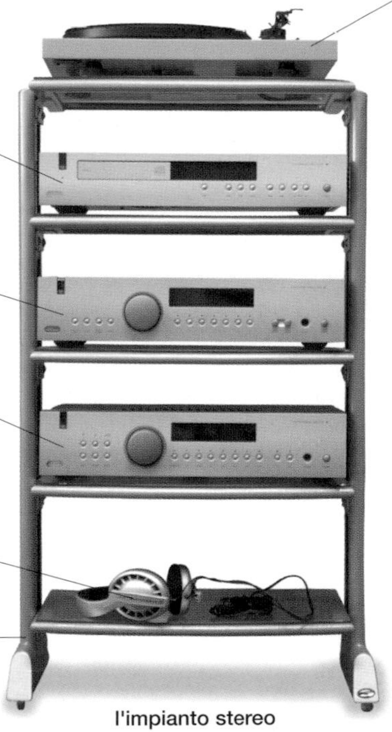

il giradischi
record player

il lettore di CD
CD player

la radio
radio

l'amplificatore
amplifier

le cuffie
headphones

il supporto
stand

l'impianto stereo
stereo system

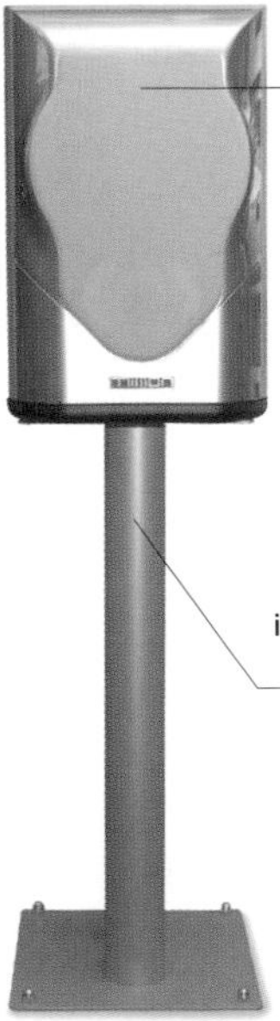

l'altoparlante
(speaker

il supporto per l'altoparlante
speaker stand

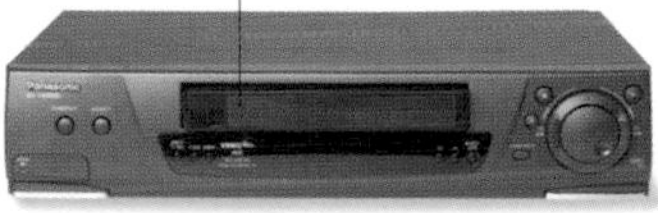

il videoregistratore
video recorder

la videocamera
camcorder

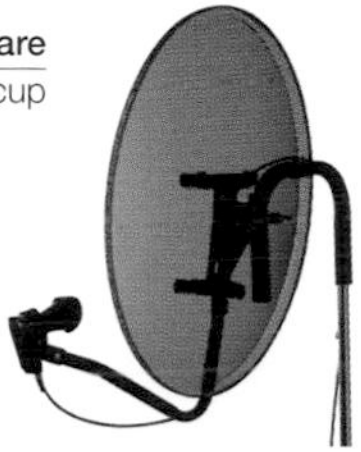

l'antenna parabolica
satellite dish

il videogioco | video game

il telecomando
remote control

vocabolario • vocabulary

il compact disc
CD

l'audiocassetta
cassette tape

il mangianastri
cassette player

la pubblicità
advertisement

il lungometraggio
feature film

la televisione via cavo
cable television

il canale a pagamento
pay-per-view channel

cambiare canale
change channels (v)

accendere la televisione
turn on the television (v)

guardare la televisione
watch television (v)

spegnere la televisione
turn off the television (v)

sintonizzare la radio
tune the radio (v)

stereo
stereo

digitale
digital

il programma
program

la fotografia • photography

il contafotogrammi
frame counter

il flash
flash

il regolatore di esposizione
aperture dial

il pulsante di scatto
shutter release

il regolatore del tempo di esposizione
shutter-speed dial

l'obiettivo
lens

la macchina fotografica SLR | SLR camera

il filtro
filter

il copriobiettivo
lens cap

il flash
flash gun

l'esposimetro
light meter

lo zoom
zoom lens

il treppiede
tripod

i tipi di macchina fotografica • types of camera

la macchina fotografica digitale
digital camera

la macchina fotografica APS
APS camera

la macchina fotografica istantanea
instant camera

la macchina fotografica usa e getta
disposable camera

fotografare • photograph (v)

il rullino
film roll

la pellicola
film

mettere a fuoco
focus (v)

sviluppare
develop (v)

il negativo
negative

orizzontale
landscape

verticale
portrait

la fotografia | photograph

l'album fotografico
photo album

la cornice
picture frame

i difetti • problems

sottoesposto
underexposed

sovraesposto
overexposed

sfocato
out of focus

l'occhio rosso
red eye

vocabolario • vocabulary

il mirino
viewfinder

la custodia
camera case

l'esposizione
exposure

la camera oscura
darkroom

opaco
mat

lucido
gloss

l'ingrandimento
enlargement

la fotografia (sviluppata)
print

Vorrei far sviluppare questo rullino.
I'd like this film processed.

i giochi • games

la scacchiera chessboard
nero black
bianco white
la regina queen
il re king
l'alfiere bishop
il pedone pawn
la torre rook
il cavallo knight

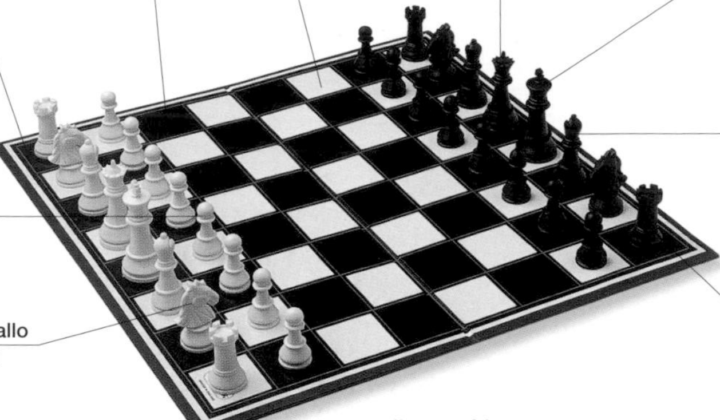

gli scacchi
chess

la casella square
la pedina piece

la dama
checkers

la pedina tile

lo scrabble
Scrabble

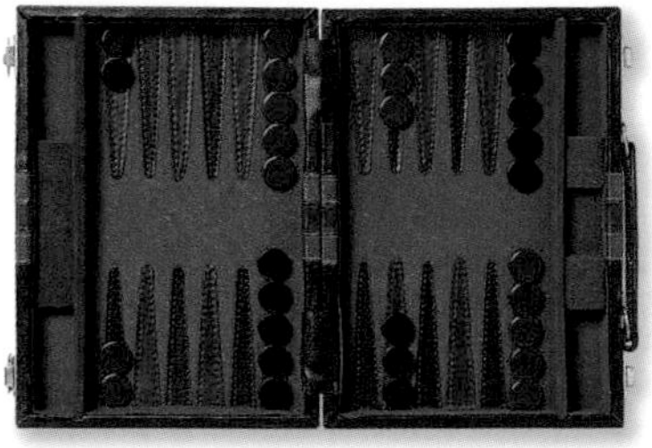

il tric trac (la tavola reale) | backgammon

il dado dice
la pedina counter
il monopoly Monopoly

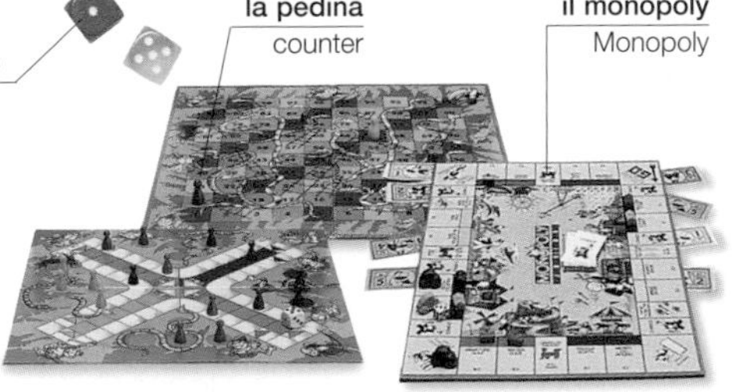

i giochi da tavolo | board games

la filatelia
stamp collecting

il puzzle
jigsaw puzzle

il domino
dominoes

il bersaglio
dartboard

il centro
bullseye

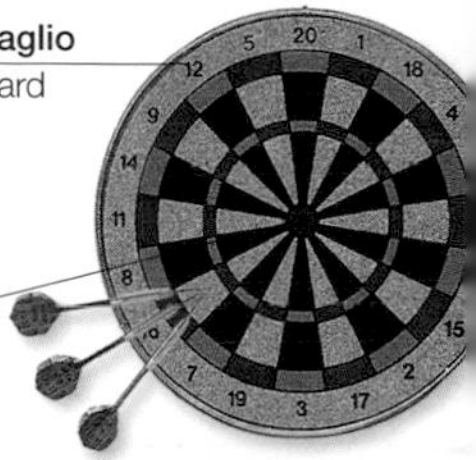

le freccette
darts

il jolly
joker

il fante
jack

la regina
queen

il re
king

l'asso
ace

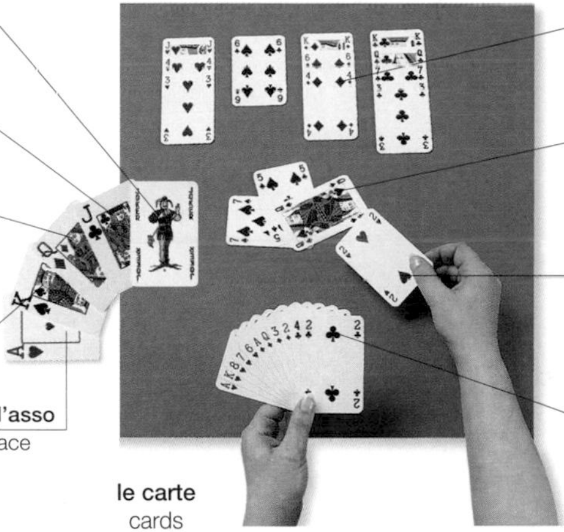

il quadro
diamond

la picca
spade

il cuore
heart

il fiore
club

le carte
cards

mescolare | shuffle (v)

distribuire | deal (v)

vocabolario • vocabulary

la mossa
move

giocare
play (v)

il giocatore
player

vincere
win (v)

il vincitore
winner

perdere
lose (v)

il perdente
loser

il gioco
game

la scommessa
bet

il punto
point

il punteggio
score

il poker
poker

il bridge
bridge

il colore
suit

il mazzo di carte
deck of cards

A chi tocca?
Whose turn is it?

Tocca a te.
It's your move.

Tira i dadi.
Roll the dice.

arte e artigianato 1 • arts and crafts 1

la pittura | painting

i colori • colours

rosso red	**blu** blue	**giallo** yellow	**verde** green
arancione orange	**viola** purple	**bianco** white	**nero** black
grigio gray	**rosa** pink	**marrone** brown	**indaco** indigo

la vernice • paints

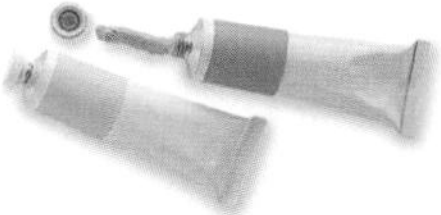

i colori ad olio
oil paints

gli acquarelli
watercolor paint

i pastelli
pastels

i colori acrilici
acrylic paint

la tempera
poster paint

altri lavori artigianali • other crafts

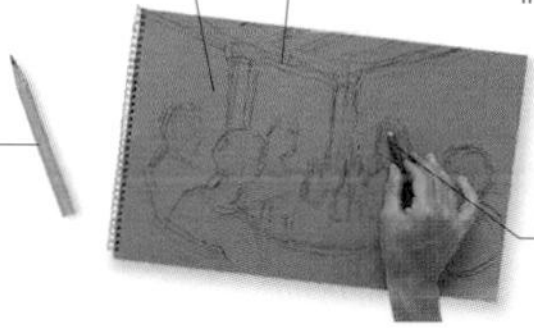

il disegno | drawing

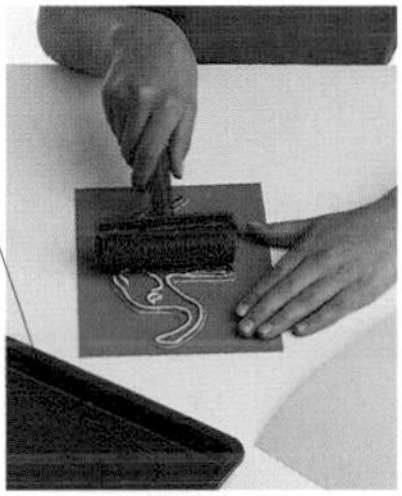

la stampa
printing

l'incisione
engraving

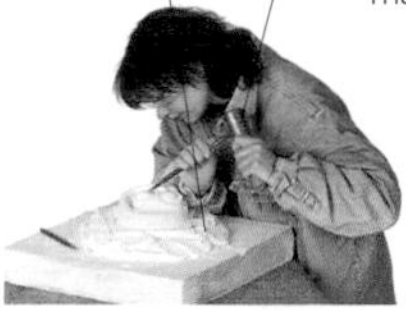

la scultura
sculpting

la falegnameria
woodworking

la ceramica
pottery

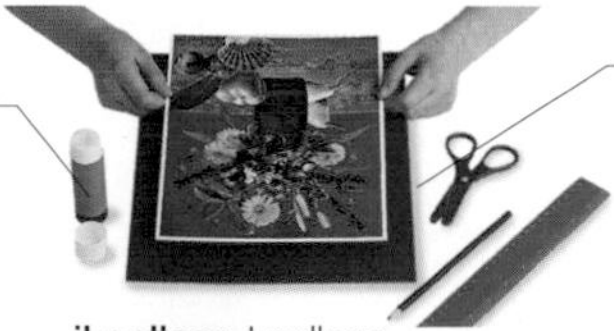

il collage | collage

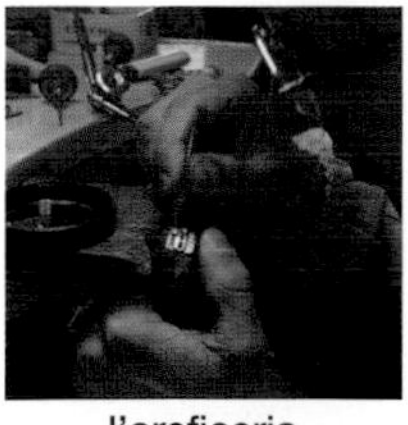

l'oreficeria
jewelry-making

la cartapesta
papier-mâché

l'origami
origami

il modellismo
model-making

arte e artigianato 2 • arts and crafts 2

il guidafilo
thread guide

il rocchetto del filo
thread reel

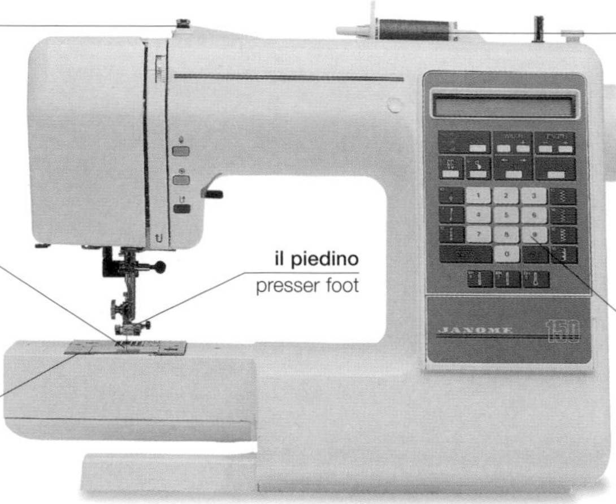

l'ago
needle

il piedino
presser foot

la ruota
balance wheel

il selezionatore dei punti
stitch selector

la piastrina dell'ago
needle plate

la macchina da cucire | sewing machine

le forbici
scissors

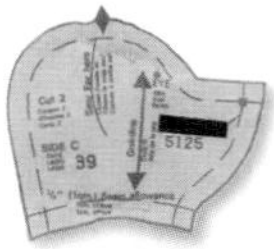

il modello
pattern

il puntaspilli
pincushion

lo spillo
pin

la cesta del cucito | sewing basket

il metro
tape measure

la stoffa
material

il filo
thread

la bobina
bobbin

l'occhiello
eye

il gancio
hook

il ditale
thimble

il gesso
tailor's chalk

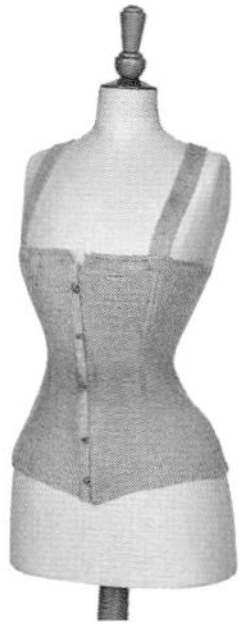

il manichino
tailor's dummy

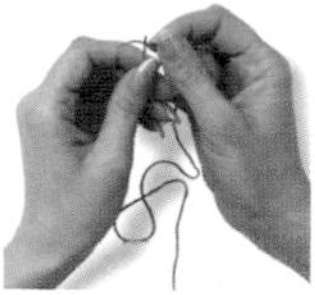

infilare
thread (v)

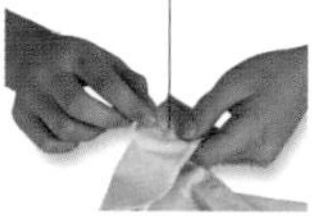

cucire
sew (v)

rammendare
darn (v)

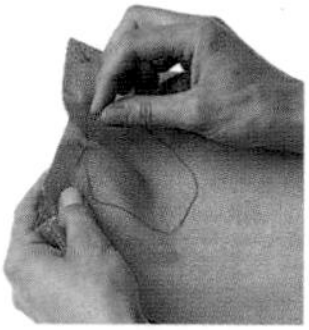

imbastire
tack (v)

tagliare
cut (v)

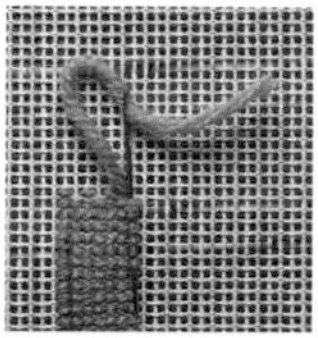

il mezzopunto
needlepoint

il ricamo
embroidery

il lavoro all'uncinetto
crochet

il macramè
macramé

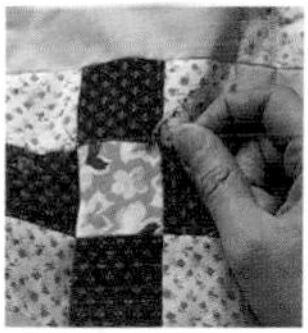

il patchwork
patchwork

il trapunto
quilting

la fabbricazione dei merletti
lace-making

la tessitura
weaving

il lavoro a maglia | knitting

la matassa | skein

vocabolario • vocabulary

scucire unpick (v)	**il nailon** nylon
il tessuto fabric	**la seta** silk
il cotone cotton	**lo stilista** designer
il lino linen	**la moda** fashion
il poliestere polyester	**la chiusura lampo** zipper

l’ambiente
environment

lo spazio • space

il sistema solare | solar system

la galassia
galaxy

la nebulosa
nebula

l'asteroide
asteroid

la cometa
comet

vocabolario • vocabulary

l'universo universe	**il buco nero** black hole	**la luna piena** full moon
l'orbita orbit	**il pianeta** planet	**la luna nuova** new moon
la gravità gravity	**la meteora** meteor	**la mezzaluna** crescent moon

l'eclisse | eclipse

l'esplorazione dello spazio • space exploration

lo shuttle
space shuttle

il lanciarazzi
booster

la rampa di lancio
launch pad

il lancio
launch

la tuta spaziale
space suit

l'astronauta | astronaut

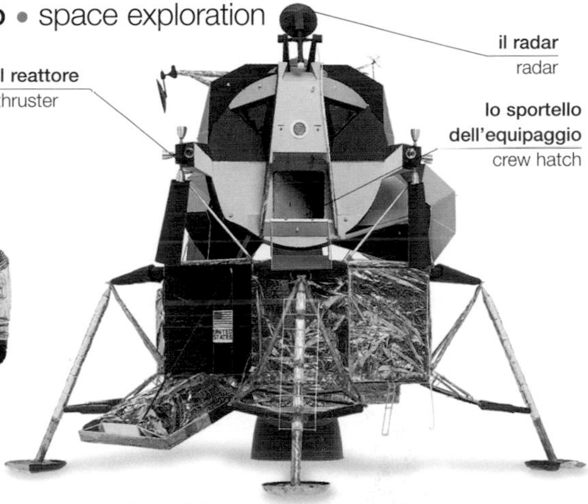

il radar
radar

il reattore
thruster

lo sportello dell'equipaggio
crew hatch

il modulo lunare | lunar module

il satellite
satellite

la stazione spaziale
space station

l'astronomia • astronomy

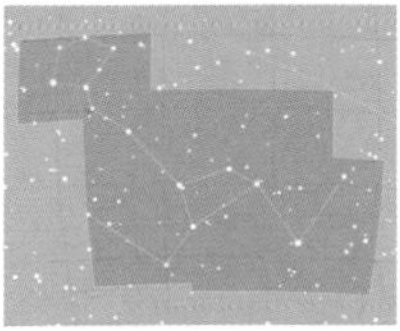

la costellazione
constellation

il binocolo
binoculars

il telescopio
telescope

il treppiede
tripod

la Terra • Earth

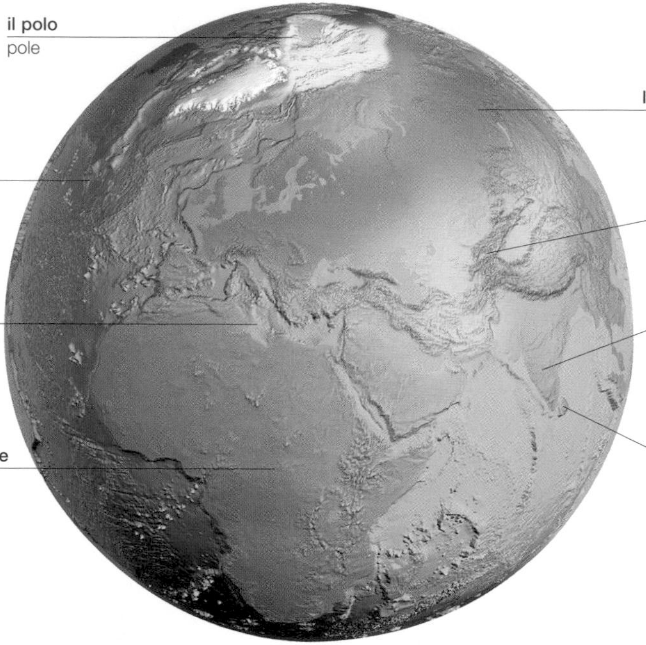

il pianeta | planet

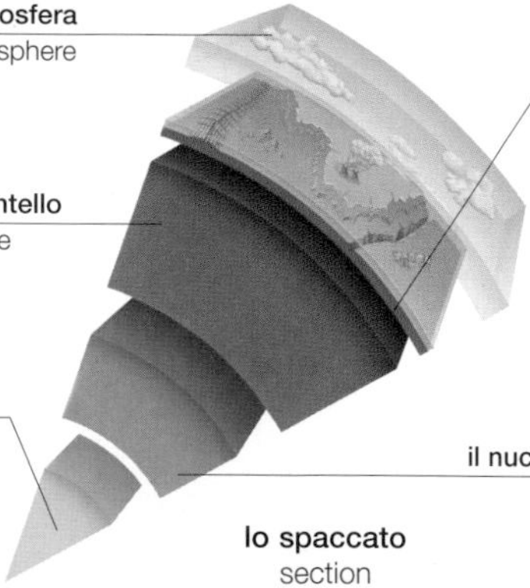

lo spaccato
section

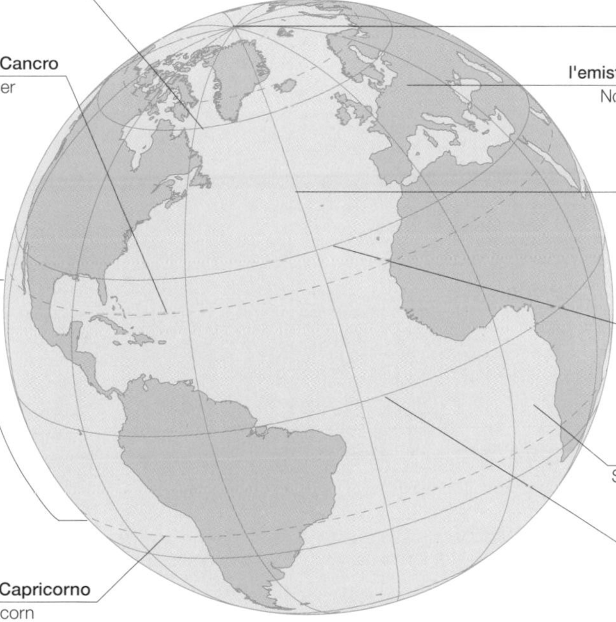

le zone | zones

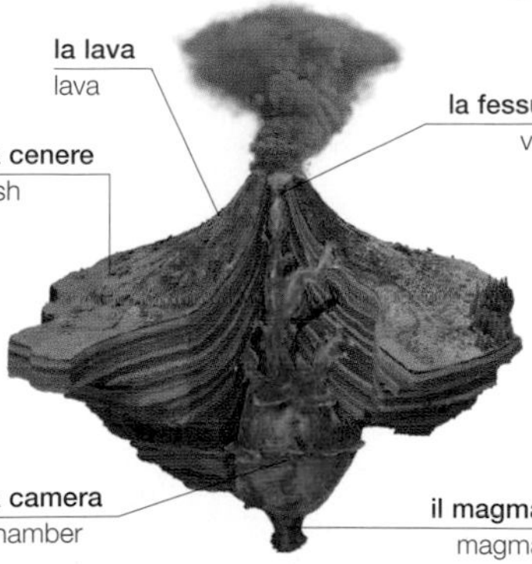

il vulcano | volcano

il cratere | crater

vocabolario • vocabulary

il terremoto
earthquake

la zolla
plate

eruttare
erupt (v)

il tremore
tremor

il paesaggio • landscape

il ghiacciaio
glacier

la valle | valley

la collina
hill

l'altipiano
plateau

la gola
gorge

la caverna
cave

la pianura | plain

il deserto | desert

la foresta | forest

il bosco | wood

la foresta pluviale
rainforest

la palude
swamp

il pascolo
meadow

la prateria
grassland

la cascata
waterfall

il torrente
stream

il lago
lake

il geyser
geyser

la costa
coast

la scogliera
cliff

la barriera corallina
coral reef

l'estuario
estuary

il tempo • weather

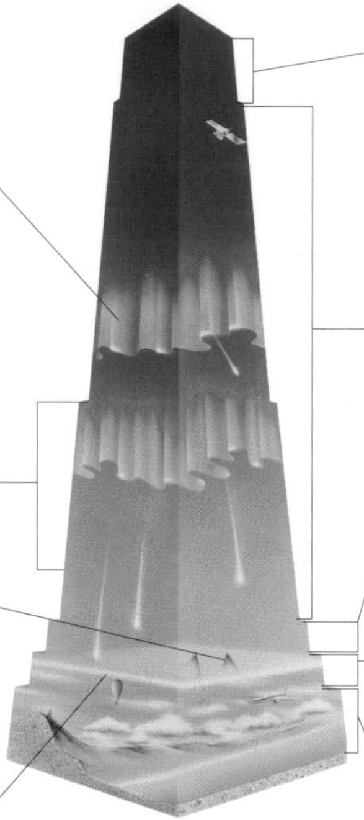

l'atmosfera | atmosphere

la luce del sole
sunshine

il vento
wind

vocabolario • vocabulary

il nevischio sleet	**il rovescio** shower	**caldo** hot	**secco** dry	**ventoso** windy	**Ho caldo/freddo.** I'm hot/cold.
la grandine hail	**soleggiato** sunny	**freddo** cold	**piovoso** wet	**la bufera** gale	**Sta piovendo.** It's raining.
il tuono thunder	**nuvoloso** cloudy	**tiepido** warm	**umido** humid	**la temperatura** temperature	**Fa … gradi.** It's … degrees.

la nuvola
cloud

la pioggia
rain

la tempesta
storm

la foschia
mist

la nebbia
fog

l'arcobaleno
rainbow

la neve
snow

il gelo
frost

il ghiaccio
ice

la gelata
freeze

l'uragano
hurricane

il tornado
tornado

il monsone
monsoon

l'inondazione
flood

le rocce • rocks

igneo • igneous

il granito
granite

l'ossidiana
obsidian

il basalto
basalt

la pomice
pumice

sedimentario • sedimentary

l'arenaria
sandstone

il calcare
limestone

il gesso
chalk

la selce
flint

il conglomerato
conglomerate

il carbone
coal

metamorfico • metamorphic

l'ardesia
slate

lo scisto
schist

lo gneiss
gneiss

il marmo
marble

le gemme • gems

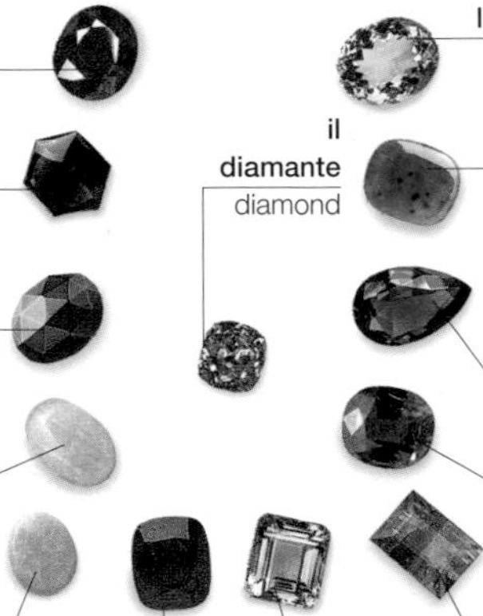

i minerali • minerals

il quarzo
quartz

la mica
mica

lo zolfo
sulfur

l'ematite
hematite

la calcite
calcite

la malachite
malachite

il turchese
turquoise

l'onice
onyx

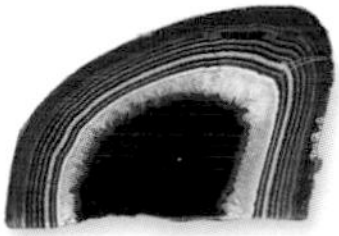

l'agata
agate

la grafite
graphite

i metalli • metals

l'oro
gold

l'argento
silver

il platino
platinum

il nichel
nickel

il ferro
iron

il rame
copper

lo stagno
tin

l'alluminio
aluminum

il mercurio
mercury

lo zinco
zinc

gli animali 1 • animals 1

i mammiferi • mammals

il coniglio
rabbit

il criceto
hamster

il topo
mouse

il ratto
rat

il riccio
hedgehog

lo scoiattolo
squirrel

il pipistrello
bat

il procione
raccoon

la volpe
fox

il lupo
wolf

il cane
dog

il gatto
cat

la lontra
otter

la foca
seal

il leone marino
sea lion

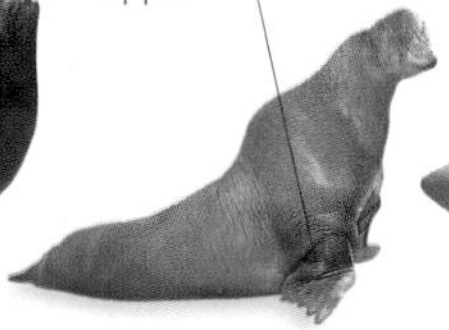

il tricheco
walrus

la balena
whale

il delfino
dolphin

il cervo
deer

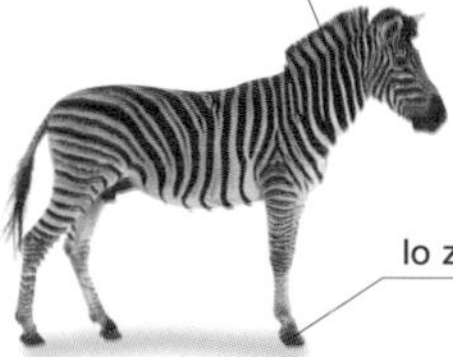

la zebra
zebra

la giraffa
giraffe

il cammello
camel

l'ippopotamo
hippopotamus

l'elefante
elephant

il rinoceronte
rhinoceros

la tigre
tiger

il leone
lion

la scimmia
monkey

il gorilla
gorilla

il koala
koala

il canguro
kangaroo

l'orso
bear

l'orso polare
polar bear

il panda
panda

gli animali 2 • animals 2

gli uccelli • birds

il canarino
canary

il passero
sparrow

il colibrì
hummingbird

la rondine
swallow

la cornacchia
crow

il piccione
pigeon

il picchio
woodpecker

il falco
falcon

il gufo
owl

il gabbiano
gull

l'aquila
eagle

il pellicano
pelican

il fenicottero
flamingo

la cicogna
stork

la gru
crane

il pinguino
penguin

lo struzzo
ostrich

l'oca | goose

il cigno
swan

il pavone
peacock

il fagiano
pheasant

il tacchino
turkey

il cacatoa
cockatoo

il pappagallo
parrot

i rettili • reptiles

l'alligatore
alligator

la lucertola
lizard

l'iguana
iguana

la testuggine
turtle

la tartaruga
tortoise

il serpente
snake

il coccodrillo
crocodile

gli animali 3 • animals 3

gli anfibi • amphibians

la rana
frog

il rospo
toad

il girino
tadpole

la salamandra
salamander

i pesci • fish

l'anguilla
eel

lo squalo
shark

il cavalluccio marino
sea horse

la razza
skate

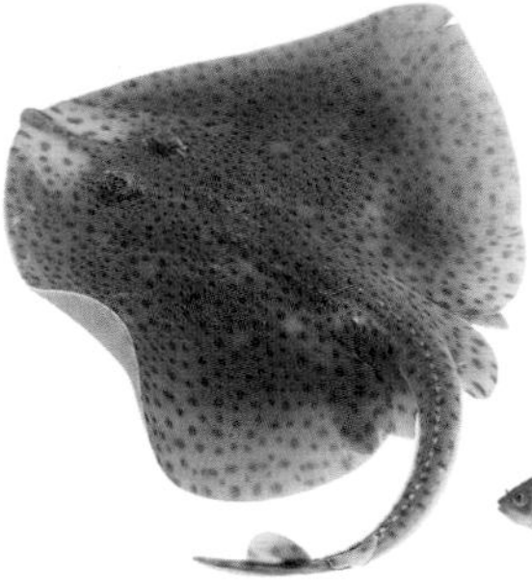

il trigone
ray

il pesce rosso
goldfish

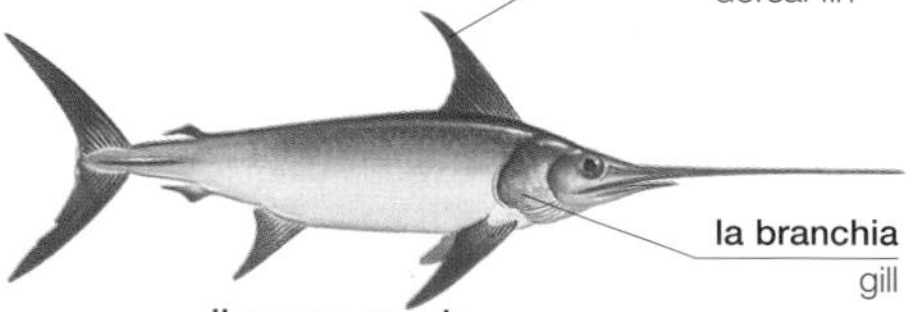

il pesce spada
swordfish

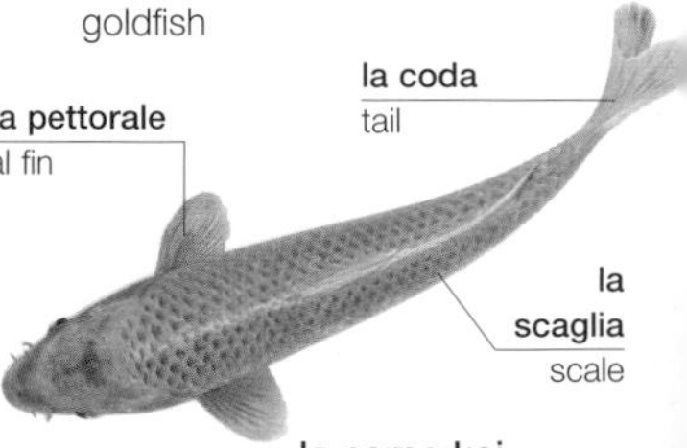

la carpa koi
koi carp

gli invertebrati • invertebrates

la formica
ant

la termite
termite

l'ape
bee

la vespa
wasp

lo scarafaggio
beetle

la blatta
cockroach

la falena
moth

la farfalla
butterfly

il bozzolo
cocoon

il bruco
caterpillar

il grillo
cricket

la cavalletta
grasshopper

la mantide religiosa
praying mantis

lo scorpione
scorpion

il millepiedi
centipede

la libellula
dragonfly

la mosca
fly

la zanzara
mosquito

la coccinella
ladybug

il ragno
spider

la lumaca
slug

la chiocciola
snail

il verme
worm

la stella di mare
starfish

la cozza
mussel

il granchio
crab

l'aragosta
lobster

la piovra
octopus

il calamaro
squid

la medusa
jellyfish

le piante • plants

l'albero • tree

il salice
willow

la quercia
oak

il pioppo
poplar

l'eucalipto
eucalyptus

il larice
larch

il faggio
beech

la betulla
birch

il pino
pine

il cedro
cedar

l'acero
maple

l'olmo
elm

il tiglio
lime

l'agrifoglio
holly

la palma
palm

la pianta da fiori • flowering plant

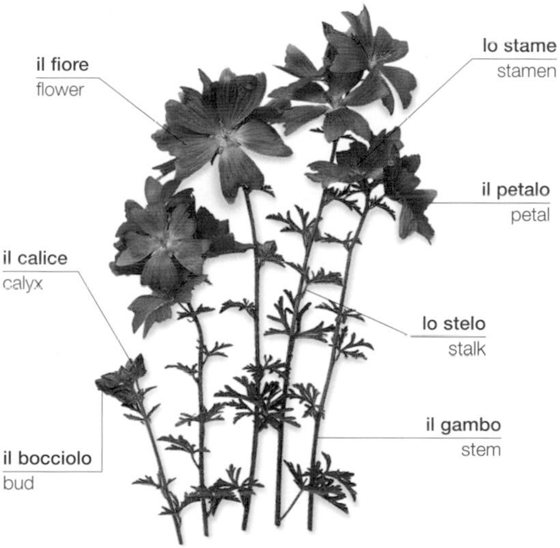

il ranuncolo
buttercup

la margherita
daisy

il cardo
thistle

il dente di leone
dandelion

l'erica
heather

il papavero
poppy

la digitale
foxglove

il caprifoglio
honeysuckle

il girasole
sunflower

il trifoglio
clover

i giacinti di bosco
bluebells

la primula
primrose

i lupini
lupines

l'ortica
nettle

la città • town

gli edifici • buildings

il municipio
town hall

la biblioteca
library

il cinema
movie theater

il teatro
theater

l'università
university

il grattacielo
skyscraper

la scuola
school

le zone • areas

la zona industriale
industrial park

la città
city

la periferia
suburb

il villaggio
village

vocabolario • vocabulary

la zona pedonale
pedestrian zone

il viale
avenue

la via laterale
side street

la piazza
square

il tombino
utility cover

la fermata dell'autobus
bus stop

la cunetta
gutter

la fabbrica
factory

la chiesa
church

il canale di scolo
drain

l'architettura • architecture

edifici e strutture • buildings and structures

il grattacielo
skyscraper

il castello
castle

la chiesa
church

la moschea
mosque

il tempio
temple

la sinagoga
synagogue

la diga
dam

il ponte
bridge

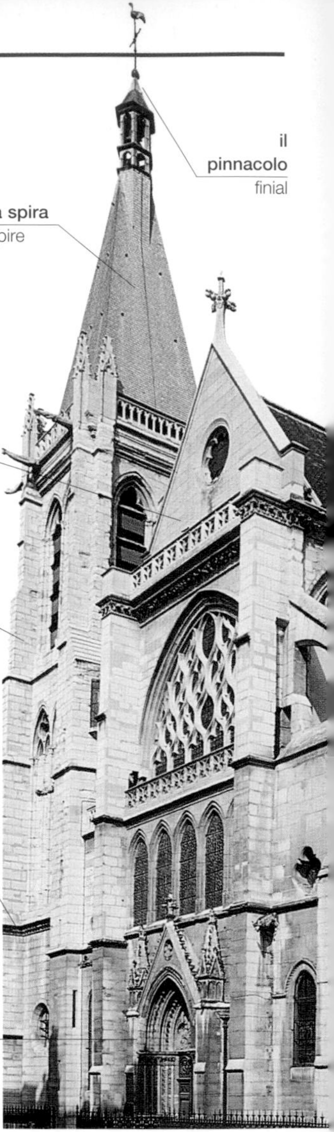

la cattedrale | cathedral

gli stili • styles

gotico
gothic

rinascimentale
Renaissance

barocco
baroque

rococò
rococo

neoclassico
neoclassical

l'art nouveau
Art Nouveau

art déco
Art Deco

i dati
reference

l'ora • time

la lancetta dei minuti
minute hand

la lancetta delle ore
hour hand

l'orologio
clock

vocabolario • vocabulary		
il secondo second	**adesso** now	**un quarto d'ora** a quarter of an hour
il minuto minute	**più tardi** later	**venti minuti** twenty minutes
l'ora hour	**una mezzora** half an hour	**quaranta minuti** forty minutes
Che ore sono? What time is it?		**Sono le tre.** It's three o'clock.

l'una e cinque
five after one

l'una e dieci
ten after one

l'una e un quarto
quarter after one

l'una e venti
twenty after one

la lancetta dei secondi
second hand

l'una e venticinque
twenty-five after one

l'una e trenta
one thirty

le due meno venticinque
twenty-five to two

le due meno venti
twenty to two

le due meno un quarto
quarter to two

le due meno dieci
ten to two

le due meno cinque
five to two

le due
two o'clock

la notte e il giorno • night and day

la mezzanotte
midnight

il sorgere del sole
sunrise

l'alba
dawn

il mattino
morning

il tramonto
sunset

il mezzogiorno
noon

l'imbrunire
dusk

la sera
evening

il pomeriggio
afternoon

vocabolario • vocabulary

presto early	**Sei in anticipo.** You're early.	**Per favore, vieni in orario.** Please be on time.	**A che ora finisce?** What time does it end?
in orario on time	**Sei in ritardo.** You're late.	**A più tardi.** I'll see you later.	**Quanto durerà?** How long will it last?
tardi late	**Arrivo subito.** I'll be there soon.	**A che ora inizia?** What time does it start?	**Si sta facendo tardi.** It's getting late.

il calendario • calendar

il mese
month

l'anno
year

gennaio
January

2010

il giorno
day

lunedì Monday	**martedì** Tuesday	**mercoledì** Wednesday	**giovedì** Thursday	**venerdì** Friday	**sabato** Saturday	**domenica** Sunday
1	2	3	4	5	6	7
8	9	10	11	12	13	14
15	16	17	18	19	20	21

il giorno feriale
work day

la settimana
week

la data
date

ieri
yesterday

oggi
today

domani
tomorrow

il fine settimana
weekend

vocabolario • vocabulary

gennaio
January

febbraio
February

marzo
March

aprile
April

maggio
May

giugno
June

luglio
July

agosto
August

settembre
September

ottobre
October

novembre
November

dicembre
December

gli anni • years

1900 **millenovecento** • nineteen hundred

1901 **millenovecentouno** • nineteen hundred and one

1910 **millenovecentodieci** • nineteen ten

2000 **duemila** • two thousand

2001 **duemilauno** • two thousand and one

le stagioni • seasons

la primavera
spring

l'estate
summer

l'autunno
fall

l'inverno
winter

vocabolario • vocabulary

il secolo
century

la decade
decade

il millennio
millennium

questa settimana
this week

la settimana scorsa
last week

la settimana prossima
next week

l'altroieri
the day before yesterday

il dopodomani
the day after tomorrow

settimanale
weekly

mensile
monthly

annuo
annual

Oggi che giorno è?
What's the date today?

È il sette febbraio, duemiladue.
It's February seventh, two thousand and two.

i numeri • numbers

0	**zero** • zero
1	**uno** • one
2	**due** • two
3	**tre** • three
4	**quattro** • four
5	**cinque** • five
6	**sei** • six
7	**sette** • seven
8	**otto** • eight
9	**nove** • nine
10	**dieci** • ten
11	**undici** • eleven
12	**dodici** • twelve
13	**tredici** • thirteen
14	**quattordici** • fourteen
15	**quindici** • fifteen
16	**sedici** • sixteen
17	**diciassette** • seventeen
18	**diciotto** • eighteen
19	**diciannove** • nineteen
20	**venti** • twenty
21	**ventuno** • twenty-one
22	**ventidue** • twenty-two
30	**trenta** • thirty
40	**quaranta** • forty
50	**cinquanta** • fifty
60	**sessanta** • sixty
70	**settanta** • seventy
80	**ottanta** • eighty
90	**novanta** • ninety
100	**cento** • one hundred
110	**centodieci** • one hundred and ten
200	**duecento** • two hundred
300	**trecento** • three hundred
400	**quattrocento** • four hundred
500	**cinquecento** • five hundred
600	**seicento** • six hundred
700	**settecento** • seven hundred
800	**ottocento** • eight hundred
900	**novecento** • nine hundred

1,000	**mille** • one thousand
10,000	**diecimila** • ten thousand
20,000	**ventimila** • twenty thousand
50,000	**cinquantamila** • fifty thousand
55,500	**cinquantacinquemilacinquecento** • fifty-five thousand five hundred
100,000	**centomila** • one hundred thousand
1,000,000	**un milione** • one million
1,000,000,000	**un miliardo** • one billion

quarto • fourth

quinto • fifth

sesto • sixth

settimo • seventh

ottavo • eighth

nono • ninth

decimo • tenth

undicesimo • eleventh

dodicesimo • twelfth

tredicesimo • thirteenth

quattordicesimo • fourteenth

quindicesimo • fifteenth

sedicesimo • sixteenth

diciassettesimo • seventeenth

diciottesimo • eighteenth

diciannovesimo • nineteenth

ventesimo • twentieth

ventunesimo • twenty-first

ventiduesimo • twenty-second

ventitreesimo • twenty-third

trentesimo • thirtieth

quarantesimo • fortieth

cinquantesimo • fiftieth

sessantesimo • sixtieth

settantesimo • seventieth

ottantesimo • eightieth

novantesimo • ninetieth

centesimo • hundredth

i pesi e le misure • weights and measures

la superficie • area

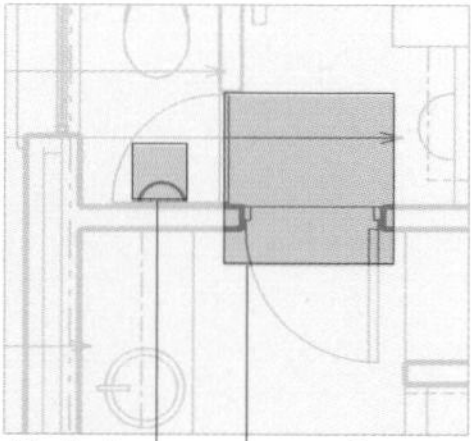

la distanza • distance

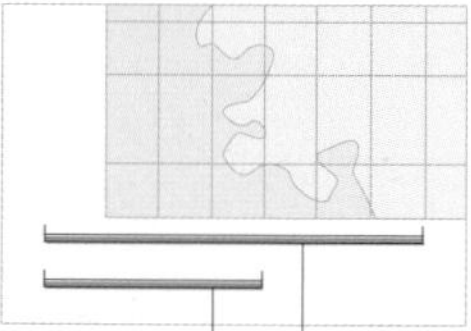

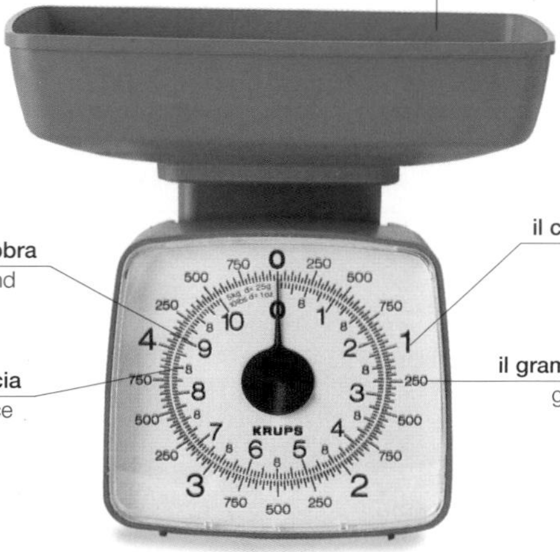

la bilancia | scales

vocabolario • vocabulary

la iarda yard	**la tonnellata** ton	**misurare** measure (v)
il metro meter	**il milligrammo** milligram	**pesare** weigh (v)

la lunghezza • length

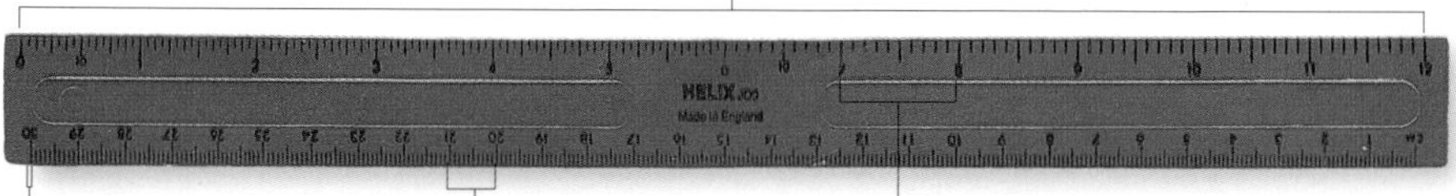

la capacità • capacity

il mezzo litro
half-liter

la pinta
pint

il volume
volume

il millilitro
milliliter

la brocca graduata
measuring cup

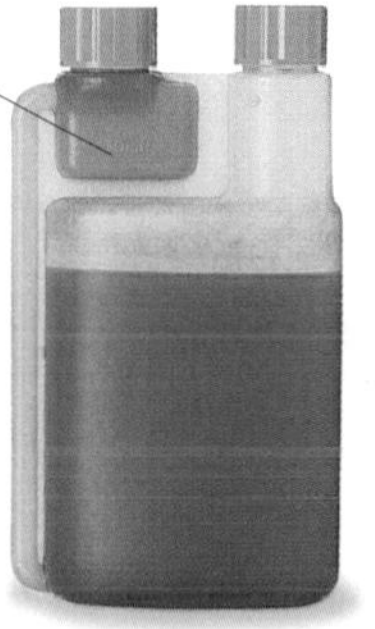

la misura di liquido
liquid measure

vocabolario • vocabulary

il gallone
gallon

il quarto di gallone
quart

il litro
liter

il contenitore • container

il sacchetto
bag

il cartone
carton

il pacchetto
packet

la bottiglia
bottle

la vaschetta | tub

il barattolo | jar

la lattina
can

la scatoletta | can

il nebulizzatore
spray bottle

la saponetta
bar

il tubetto
tube

il rotolo
roll

il pacchetto
pack

la bomboletta spray
spray can

il mappamondo • world map

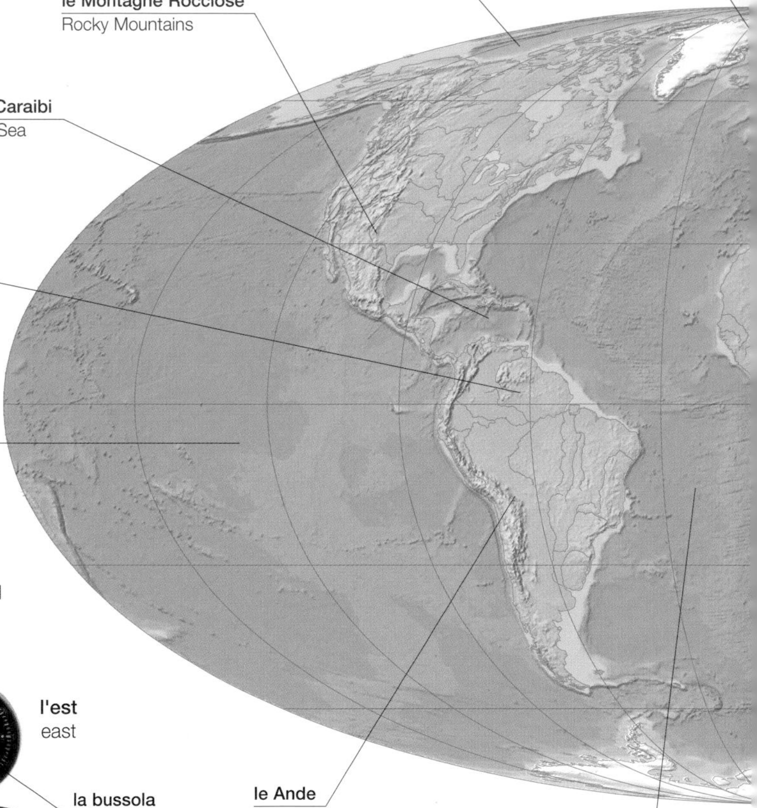

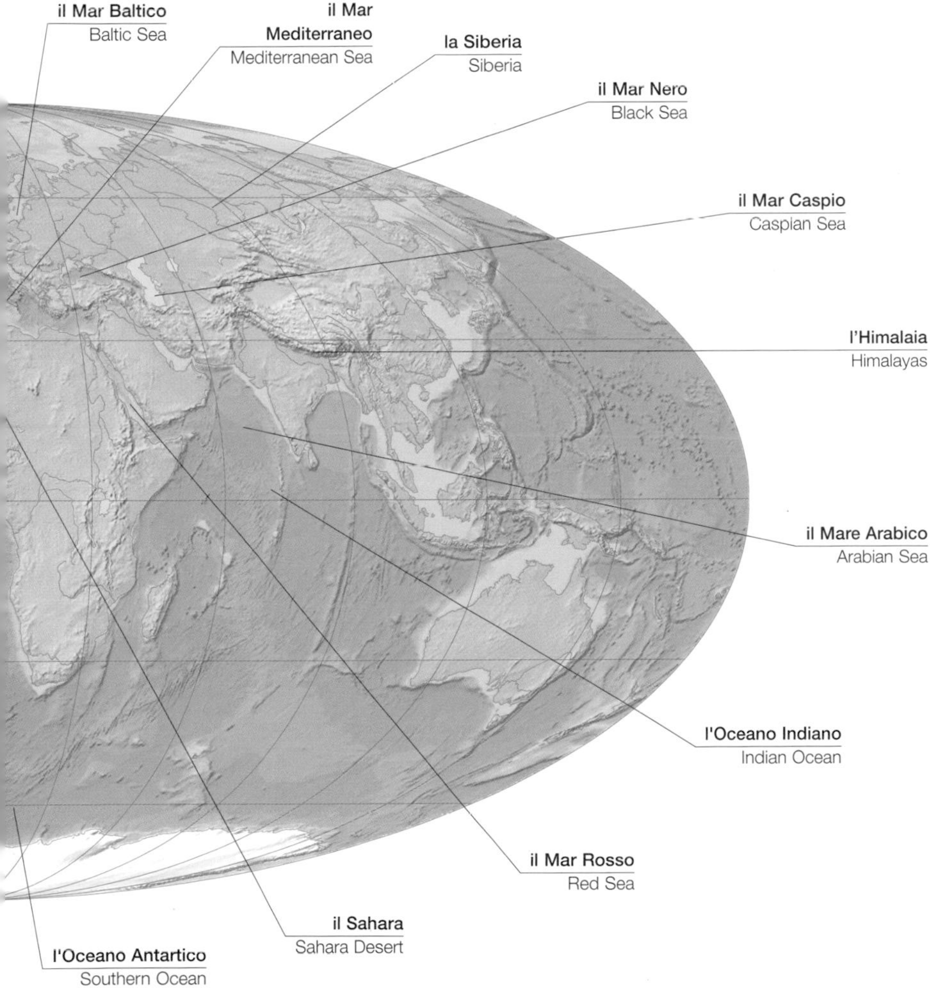
il Mar Baltico
Baltic Sea
il Mar Mediterraneo
Mediterranean Sea
la Siberia
Siberia
il Mar Nero
Black Sea
il Mar Caspio
Caspian Sea
l'Himalaia
Himalayas
il Mare Arabico
Arabian Sea
l'Oceano Indiano
Indian Ocean
il Mar Rosso
Red Sea
il Sahara
Sahara Desert
l'Oceano Antartico
Southern Ocean

l'America del Nord e Centrale • North and Central America

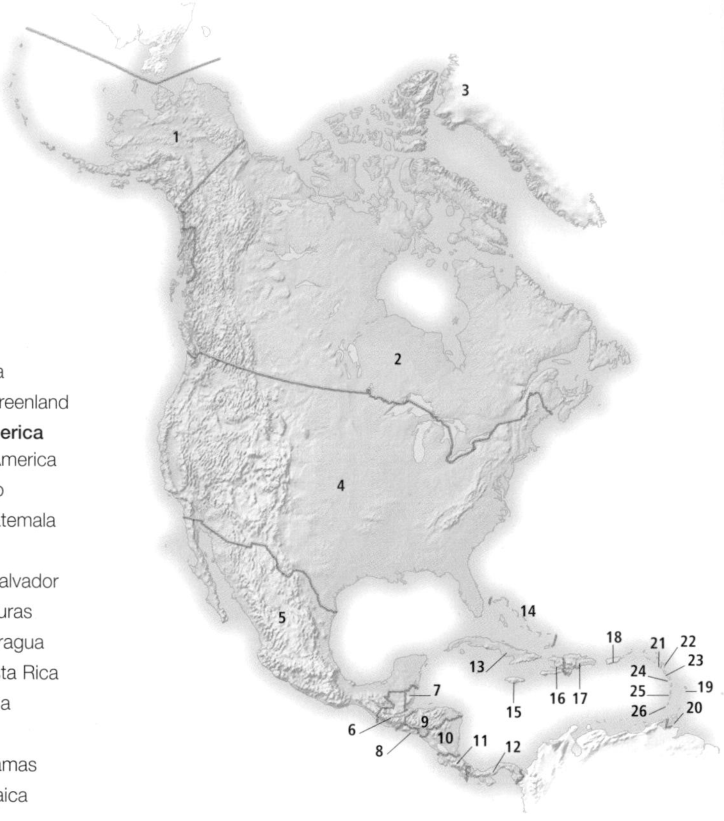

1 **l'Alaska** • Alaska
2 **il Canada** • Canada
3 **la Groenlandia** • Greenland
4 **gli Stati Uniti d'America** • United States of America
5 **il Messico** • Mexico
6 **il Guatemala** • Guatemala
7 **il Belize** • Belize
8 **l'El Salvador** • El Salvador
9 **l'Honduras** • Honduras
10 **il Nicaragua** • Nicaragua
11 **il Costa Rica** • Costa Rica
12 **il Panama** • Panama
13 **Cuba** • Cuba
14 **le Bahamas** • Bahamas
15 **la Giamaica** • Jamaica
16 **Haiti** • Haiti
17 **la Repubblica Dominicana** • Dominican Republic
18 **Puerto Rico** • Puerto Rico
19 **Barbados** • Barbados
20 **Trinidad e Tobago** • Trinidad and Tobago
21 **Saint Kitts-Nevis** • St. Kitts and Nevis
22 **Antigua e Barbuda** • Antigua and Barbuda
23 **Dominica** • Dominica
24 **Saint Lucia** • St. Lucia
25 **Saint Vincent e Grenadine** • St. Vincent and The Grenadines
26 **Grenada** • Grenada

l'America del Sud • South America

1 **il Venezuela** • Venezuela
2 **la Colombia** • Colombia
3 **l'Ecuador** • Ecuador
4 **il Perù** • Peru
5 **le Isole Galapagos** • Galapagos Islands
6 **la Guyana** • Guyana
7 **il Suriname** • Suriname
8 **la Guyana Francese** • French Guiana
9 **il Brasile** • Brazil
10 **la Bolivia** • Bolivia
11 **il Cile** • Chile
12 **l'Argentina** • Argentina
13 **il Paraguay** • Paraguay
14 **l'Uruguay** • Uruguay
15 **le Isole Falkland** • Falkland Islands

vocabolario • vocabulary

il paese country	**la provincia** province	**il distretto** district
la nazione nation	**il territorio** territory	**la zona** zone
lo stato state	**il principato** principality	**la regione** region
il continente continent	**la colonia** colony	**la capitale** capital

l'Europa • Europe

1 **l'Irlanda** • Ireland
2 **il Regno Unito** • United Kingdom
3 **il Portogallo** • Portugal
4 **la Spagna** • Spain
5 **le Isole Baleari** • Balearic Islands
6 **Andorra** • Andorra
7 **la Francia** • France
8 **il Belgio** • Belgium
9 **i Paesi Bassi** • Netherlands
10 **il Lussemburgo** • Luxembourg
11 **la Germania** • Germany
12 **la Danimarca** • Denmark
13 **la Norvegia** • Norway
14 **la Svezia** • Sweden
15 **la Finlandia** • Finland
16 **l'Estonia** • Estonia
17 **la Lettonia** • Latvia
18 **la Lituania** • Lithuania
19 **Kaliningrad** • Kaliningrad
20 **la Polonia** • Poland
21 **la Repubblica Ceca** • Czech Republic
22 **l'Austria** • Austria
23 **il Liechtenstein** • Liechtenstein
24 **la Svizzera** • Switzerland
25 **l'Italia** • Italy
26 **Monaco** • Monaco
27 **la Corsica** • Corsica
28 **la Sardegna** • Sardinia
29 **San Marino** • San Marino
30 **la Città del Vaticano** • Vatican City
31 **la Sicilia** • Sicily
32 **Malta** • Malta
33 **la Slovenia** • Slovenia
34 **la Croazia** • Croatia
35 **l'Ungheria** • Hungary
36 **la Slovacchia** • Slovakia
37 **l'Ucraina** • Ukraine
38 **la Bielorussia** • Belarus
39 **la Moldavia** • Moldova
40 **la Romania** • Romania
41 **la Serbia** • Serbia
42 **la Bosnia ed Erzegovina** • Bosnia and Herzogovina
43 **l'Albania** • Albania
44 **la Macedonia** • Macedonia
45 **la Bulgaria** • Bulgaria
46 **la Grecia** • Greece
47 **il Kosovo** • Kosovo (disputed)
48 **Montenegro** • Montenegro

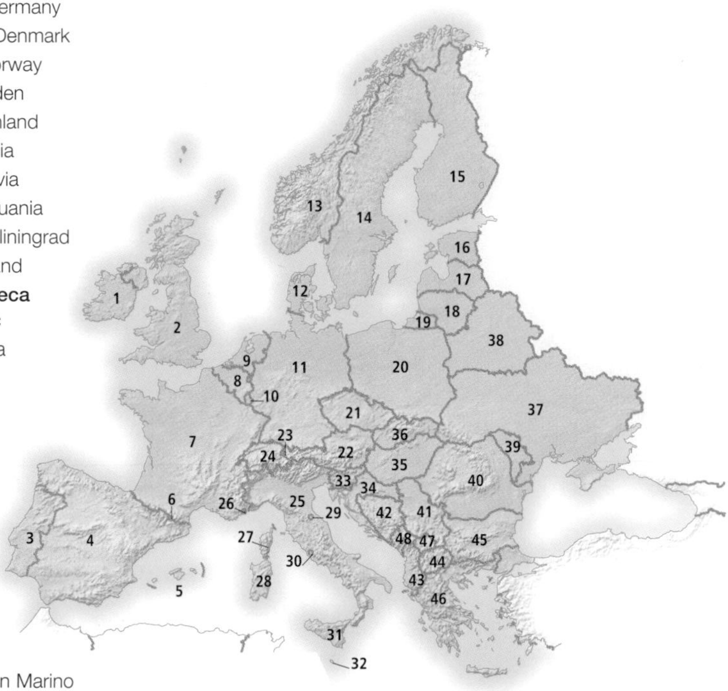

l'Africa • Africa

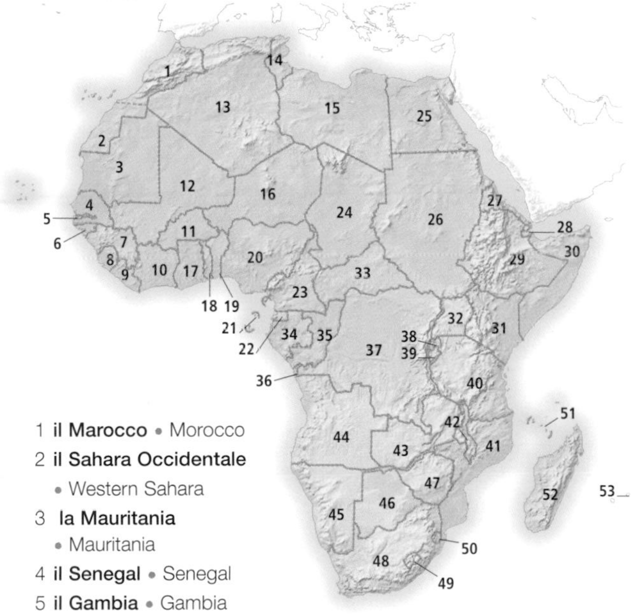

1 **il Marocco** • Morocco

2 **il Sahara Occidentale** • Western Sahara

3 **la Mauritania** • Mauritania

4 **il Senegal** • Senegal

5 **il Gambia** • Gambia

6 **la Guinea-Bissau** • Guinea-Bissau

7 **la Guinea** • Guinea

8 **Sierra Leone** • Sierra Leone

9 **la Liberia** • Liberia

10 **la Costa d'Avorio** • Ivory Coast

11 **il Burkina Faso** • Burkina Faso

12 **il Mali** • Mali

13 **l'Algeria** • Algeria

14 **la Tunisia** • Tunisia

15 **la Libia** • Libya

16 **il Niger** • Niger

17 **il Ghana** • Ghana

18 **il Togo** • Togo

19 **il Benin** • Benin

20 **la Nigeria** • Nigeria

21 **São Tomé e Príncipe** • São Tomé and Principe

22 **la Guinea Equatoriale** • Equatorial Guinea

23 **il Camerun** • Cameroon

24 **il Ciad** • Chad

25 **l'Egitto** • Egypt

26 **il Sudan** • Sudan

27 **l'Eritrea** • Eritrea

28 **Gibuti** • Djibouti

29 **l'Etiopia** • Ethiopia

30 **la Somalia** • Somalia

31 **il Kenya** • Kenya

32 **l'Uganda** • Uganda

33 **la Repubblica Centrafricana** • Central African Republic

34 **il Gabon** • Gabon

35 **il Congo** • Congo

36 **Cabinda (Angola)** • Cabinda (Angola)

37 **la Repubblica Democratica del Congo** • Democratic Republic of the Congo

38 **il Ruanda** • Rwanda

39 **il Burundi** • Burundi

40 **la Tanzania** • Tanzania

41 **il Mozambico** • Mozambique

42 **il Malawi** • Malawi

43 **lo Zambia** • Zambia

44 **l'Angola** • Angola

45 **la Namibia** • Namibia

46 **il Botswana** • Botswana

47 **lo Zimbabwe** • Zimbabwe

48 **il Sud Africa** • South Africa

49 **il Lesotho** • Lesotho

50 **lo Swaziland** • Swaziland

51 **le Comore** • Comoros

52 **il Madagascar** • Madagascar

53 **Mauritius** • Mauritius

l'Asia • Asia

1 **la Turchia** • Turkey
2 **Cipro** • Cyprus
3 **la Federazione Russa** • Russian Federation
4 **la Georgia** • Georgia
5 **l'Armenia** • Armenia
6 **l'Azerbaigian** • Azerbaijan
7 **l'Iran** • Iran
8 **l'Iraq** • Iraq
9 **la Siria** • Syria
10 **il Libano** • Lebanon
11 **l'Israele** • Israel
12 **la Giordania** • Jordan
13 **l'Arabia Saudita** • Saudi Arabia
14 **il Kuwait** • Kuwait
15 **il Bahrain** • Bahrain
16 **il Qatar** • Qatar
17 **gli Emirati Arabi Uniti** • United Arab Emirates
18 **l'Oman** • Oman
19 **lo Yemen** • Yemen
20 **il Kazakistan** • Kazakhstan
21 **l'Uzbekistan** • Uzbekistan
22 **il Turkmenistan** • Turkmenistan
23 **l'Afghanistan** • Afghanistan
24 **il Tagikistan** • Tajikistan
25 **il Kirghizistan** • Kyrgyzstan
26 **il Pakistan** • Pakistan
27 **l'India** • India
28 **le Maldive** • Maldives
29 **lo Sri Lanka** • Sri Lanka
30 **la Cina** • China
31 **la Mongolia** • Mongolia
32 **la Corea del Nord** • North Korea
33 **la Corea del Sud** • South Korea
34 **il Giappone** • Japan

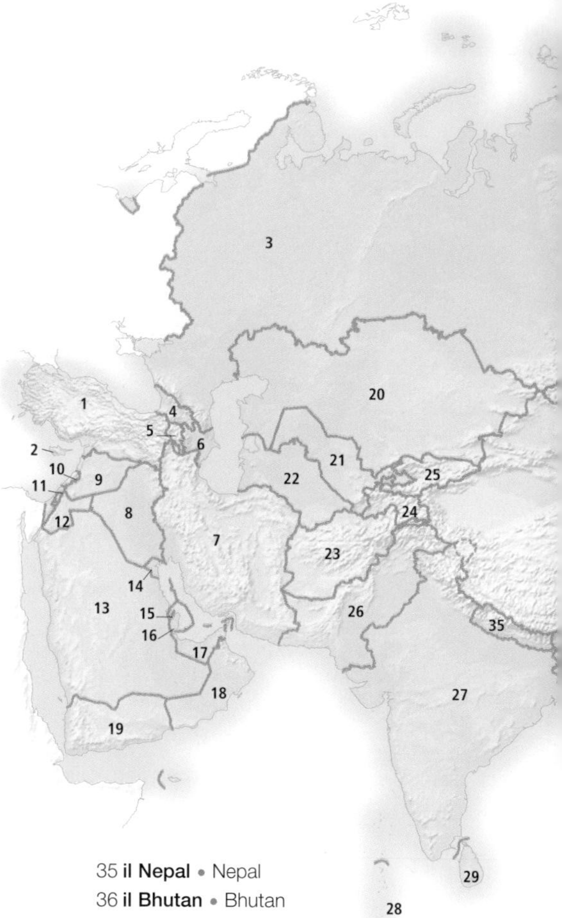

35 **il Nepal** • Nepal
36 **il Bhutan** • Bhutan
37 **il Bangladesh** • Bangladesh
38 **la Birmania (il Myanmar)** • Burma (Myanmar)
39 **la Tailandia** • Thailand
40 **il Laos** • Laos
41 **il Vietnam** • Viet Nam

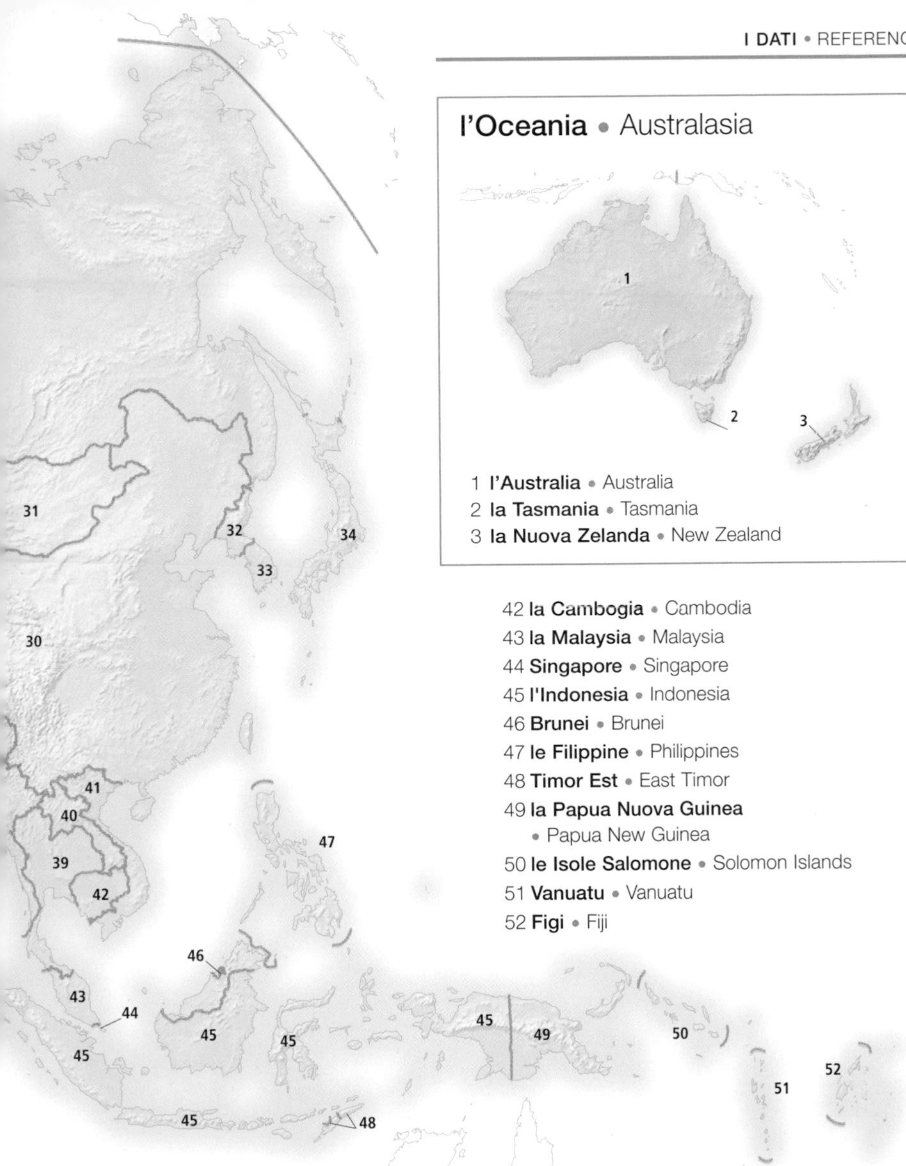

l'Oceania • Australasia

1 **l'Australia** • Australia
2 **la Tasmania** • Tasmania
3 **la Nuova Zelanda** • New Zealand

42 **la Cambogia** • Cambodia
43 **la Malaysia** • Malaysia
44 **Singapore** • Singapore
45 **l'Indonesia** • Indonesia
46 **Brunei** • Brunei
47 **le Filippine** • Philippines
48 **Timor Est** • East Timor
49 **la Papua Nuova Guinea** • Papua New Guinea
50 **le Isole Salomone** • Solomon Islands
51 **Vanuatu** • Vanuatu
52 **Figi** • Fiji

particelle e antonimi • particles and antonyms

a to	**da** from	**per** for	**verso** toward
sopra over	**sotto** under	**lungo** along	**attraverso** across
davanti in front of	**dietro** behind	**con** with	**senza** without
sopra onto	**dentro** into	**prima** before	**dopo** after
dentro in	**fuori** out	**entro** by	**fino** until
sopra above	**sotto** below	**di buon'ora** early	**in ritardo** late
all'interno inside	**all'esterno** outside	**adesso** now	**più tardi** later
su up	**giù** down	**sempre** always	**mai** never
a at	**oltre** beyond	**sovente** often	**raramente** rarely
attraverso through	**attorno** around	**ieri** yesterday	**domani** tomorrow
in cima on top of	**accanto** beside	**primo** first	**ultimo** last
tra between	**di fronte** opposite	**tutti** every	**alcuni** some
vicino near	**lontano** far	**circa** about	**esattamente** exactly
qui here	**là** there	**un poco** a little	**molto** a lot

grande large	**piccolo** small
largo wide	**stretto** narrow
alto tall	**basso** short
alto high	**basso** low
spesso thick	**sottile** thin
leggero light	**pesante** heavy
duro hard	**morbido** soft
bagnato wet	**asclutto** dry
buono good	**cattivo** bad
veloce fast	**lento** slow
giusto correct	**sbagliato** wrong
pulito clean	**sporco** dirty
bellissimo beautiful	**brutto** ugly
caro expensive	**a buon prezzo** cheap
silenzioso quiet	**rumoroso** noisy

caldo hot	**freddo** cold
aperto open	**chiuso** closed
pieno full	**vuoto** empty
nuovo new	**vecchio** old
chiaro light	**scuro** dark
facile easy	**difficile** difficult
libero free	**occupato** occupied
forte strong	**debole** weak
grasso fat	**magro** thin
giovane young	**vecchio** old
migliore better	**peggiore** worse
nero black	**bianco** white
interessante interesting	**noioso** boring
malato sick	**bene** well
l'inizio beginning	**la fine** end

frasi utili • useful phrases

frasi essenziali • essential phrases

Sì
Yes

No
No

Forse
Maybe

Per favore
Please

Grazie
Thank you

Prego
You're welcome

Mi scusi
Excuse me

Mi dispiace
I'm sorry

No
Don't

D'accordo
OK

Vabbene
That's fine

È giusto
That's correct

È sbagliato
That's wrong

saluti • greetings

Buongiorno
Hello

Arrivederci
Goodbye

Buongiorno
Good morning

Buon pomeriggio
Good afternoon

Buona sera
Good evening

Buona notte
Good night

Come sta?
How are you?

Mi chiamo…
My name is…

Come si chiama?
What is your name?

Come si chiama lui/lei?
What is his/her name?

Le presento…
May I introduce…

Questo è…
This is…

Piacere di conoscerla
Pleased to meet you

A più tardi
See you later

insegne • signs

Ufficio informazioni turistiche
Tourist information

Entrata
Entrance

Uscita
Exit

Uscita di emergenza
Emergency exit

Spingere
Push

Pericolo
Danger

Vietato fumare
No smoking

Guasto
Out of order

Orario di apertura
Opening times

Ingresso libero
Free admission

Ridotto
Reduced

Saldi
Sale

Bussare prima di entrare
Knock before entering

Non calpestare l'erba
Keep off the grass

aiuto • help

Mi può aiutare?
Can you help me?

Non capisco
I don't understand

Non lo so
I don't know

Parla inglese, francese…?
Do you speak English, French…?

Parlo inglese, spagnolo…
I speak English, Spanish…

Parli più lentamente
Please speak more slowly

Me lo scriva, per favore
Please write it down for me

Ho perso…
I have lost…

indicazioni • directions

Mi sono perso/a
I am lost

Dov'è il/la...?
Where is the...?

Dov'è il/la ... più vicino/a?
Where is the nearest...?

Dov'è il bagno?
Where are the restrooms?

Come si arriva a...?
How do I get to...?

A destra
To the right

A sinistra
To the left

Sempre dritto
Straight ahead

Quant'è lontano...?
How far is...?

i cartelli stradali • road signs

Pedaggio
Toll

Attenzione
Caution

Ingresso vietato
No entry

Rallentare
Slow down

Deviazione
Detour

Giri a destra
Turn right

Autostrada
Freeway

Sosta vietata
No parking

Divieto di transito
No through road

Senso unico
One-way street

Escluso residenti
Residents only

Lavori in corso
Road construction

Incrocio pericoloso
Dangerous intersection

alloggio • accommodation

Ho una prenotazione
I have a reservation

A che ora è la colazione?
What time is breakfast?

Dov'è la sala da pranzo?
Where is the dining room?

Il mio numero di stanza è ...
My room number is ...

Tornerò alle ...
I'll be back at ... o'clock

Parto domani
I'm leaving tomorrow

cibo e bevande • eating and drinking

Salute!
Cheers!

È buonissimo/ disgustoso
It's delicious/awful

Non bevo/fumo
I don't drink/smoke

Non mangio la carne
I don't eat meat

Per me basta, grazie
No more for me, thank you

Posso prenderne ancora?
May I have some more?

Il conto, per favore.
May we have the bill/check?

Mi dà una ricevuta?
Can I have a receipt?

Area riservata ai fumatori
Smoking area

la salute • health

Non mi sento bene
I don't feel well

Ho la nausea
I feel sick

Mi fa male ...
I have a pain in ...

Dove posso trovare un medico?
Where can I find a doctor?

Starà bene?
Will he/she be all right?

Mi fa male qui
It hurts here

Ho la febbre
I have a fever

Sono incinta di ... mesi
I'm ... months pregnant

Avrei bisogno di una ricetta per ...
I need a prescription for ...

Generalmente prendo ...
I normally take ...

Sono allergico a ...
I'm allergic to ...

indice italiano • Italian index

A

a 320
a chiccho corto 130
a chicchio lungo 130
a due porte 200
a folglie caduche 86
a la carte 152
a quattro porte 200
a schiera 58
a tre porte 200
a zero 230
abat-jour *m* 70
abbaino *m* 58
abbigliamento *m* 205
abbigliamento da donna *m* 105, 34
abbigliamento da uomo *m* 105, 32
abboccare 245
abbronzatura *f* 41
abiti per il bambino *m* 30
abito *m* 32
abito da sera *m* 34
abito da sposa *m* 35
aborto spontaneo *m* 52
acacia *f* 110
accademia di danza *f* 169
accanto 320
accappatoio *m* 73
acceleratore *m* 200, 204
accendere la televisione 269
accendere un fuoco 266
accendino *m* 112
accensione *f* 200
accesso per sedie a rotelle *m* 197
accessori *m* 36, 38
accessori per la pulizia *m* 77
acchiappare 227, 229
acciaio inossidabile *m* 79
acconciature *f* 39
accordo di affari *m* 175
account di posta elettronica *m* 177
accusa *m* 94
accusato *m* 180
acerbo 129
acero *m* 296
aceto *m* 135, 142
aceto balsamico *m* 135
aceto di malto *m* 135
aceto di sidro *m* 135
aceto di vino *m* 135
acetone *m* 41
acetosa *f* 123
acqua *f* 144, 23
acqua dal rubinetto *f* 14
acqua di colonia *f* 4
acqua in bottiglia *f* 144
acqua liscia *f* 144
acqua minerale *m* 144
acqua tonica *f* 144
acquaio *m* 61
acquamarina *f* 288
acquaragia *f* 83
acquarello *m* 274
acquascooter *m* 241
acquisti *m* 104
addebito diretto *m* 96
addetta alla ricezione *f* 100, 190
addetto alle pulizie *m* 188
addome *m* 12
addominali *m* 16
addormentarsi 71
adesso 304
adolescente *m* 23
adulto *m* 23
aerare 91
aereo biposto *m* 211
aereo da caccia *m* 211
aereo da diporto *m* 211
aereo di linea *m* 210, 212
aereo privato *m* 211
aereo supersonico *m* 211
aeroplano *m* 210
aeroporto *m* 212
affamato 64
affari *m* 175
affettare 67
affettatrice *f* 139
affilacoltelli *m* 68, 118
affilatore *m* 81
affittare 58
affitto *m* 58
affogare 67
affogato 159
affrancatura *f* 98
affumicato 118, 121, 143, 159
Afghanistan 318
Africa 317
agata *m* 289
agenda *f* 173, 175
agente *m* 94
agente di viaggio *m* 190
agente immobiliare *f* 189
agenzia di viaggi *f* 114
agenzia immobiliare *f* 115
aggressione *f* 94
aggrottare le ciglia 25
aglio *m* 125, 132
agnello *m* 118, 185
ago *m* 109, 276
agopressione *f* 55
agopuntura *f* 55
agosto 30
agre 127
agricoltore *m* 182, 189
agrifoglio *m* 296
agrumi *m* 126
aia *f* 182
aikido *m* 236
airbag *m* 201
aiuola *f* 85, 90
aiuto cuoco *m* 152
al ginocchio 34
al sugo 159
al vapore 159
ala *f* 119, 210, 293
Alaska 314
alba *f* 305
Albania 316
albergo *m* 100, 264
albero *m* 86, 240, 29
albero di trasmissione *m* 202
albicocca *f* 126
album fotografico *m* 271
alchechengi *m* 128
alesatore *m* 80
aletta *f* 210
alettone *m* 210
alfalfa *m* 184
alfiere *m* 272
Algeria 317
aliante *m* 211, 248
alimentazione di rete *f* 60
aliscafo *m* 215
all'esterno 320
all'interno 320
alla caviglia 34
alla griglia 159
allarme antifumo *m* 95
allarme antifurto *m* 58
allarme antincendio *m* 95
allattamento *m* 53
allattamento al seno *m* 53
allegato *m* 177
allenamento *m* 237
allenamento a circuito *m* 251
allenamento con i pesi *m* 251
allenarsi 251
allenatore *m* 54
allergia *f* 44
allenamento di maiali *m* 183
allevamento di pecore *m* 183
alligatore *m* 293
allisciare 39
allo sciroppo 159
alloro *m* 133
alluce *m* 15
alluminio *m* 289
alpinismo in parete *m* 248
altalena *f* 263
alternatore *m* 203
altezza *f* 165
altipiano *m* 284
alto 98, 321
altoparlante *m* 176, 258, 268
altre imbarcazioni *f* 215
altri lavori artigianali 275
altri negozi *m* 114
altri sport *m* 248
altroieri *m* 307
alunno *m* 162
alzarsi 71
alzarsi a sedere 251
alzate con il manubrio *f* 251
alzatina paraspruzzi *f* 66
amaca *f* 266
amaro 124
Amazzonia *f* 312
ambiente *m* 280
ambulanza *f* 94
ambulatorio *m* 45, 168
America Centrale 314
America del Nord 314
America del Sud 315
ametista *f* 288
amico *m* 24
di penna *m* 24
amministratore delegato *m* 175
ammorbidente *m* 76
ammortizzatore *m* 205
amniocentesi *f* 52
amo *m* 244
ampere *m* 60
amplificatore *m* 268
ampolla *f* 166
anacardi *m* 151
anacardio *m* 129
analisi *f* 49
analisi del sangue *f* 48
ananas *m* 128
anatra *f* 119, 185
anatroccolo *m* 185
anca *f* 12
ancora *f* 214, 240
andare a letto 71
andare in bici 207
andare in pensione 26
Ande *f* 312
Andorra 316
anelli *m* 89, 235
anello *m* 36, 226
anestetista *m* 48
aneto *m* 133
anfibi *m* 294
Angola 317
angolo *m* 164, 223
angolo della strada *m* 298
anguilla *f* 294
anguria *f* 127
anice stellato *m* 133
animale *m* 292
animali *m* 292, 294
animazione *f* 255
annaffiare 90
annaffiatoio *m* 89
annaffiatura *f* 89
annegare 239
annesso *m* 58
anniversario *m* 26
anno *m* 306
annoiato 25
annotazione *f* 256
annuale 86
annunciatore *m* 191
annunciatrice *f* 179
annuo 307
antenna *f* 295
antenna della radio *f* 214
antenna parabolica *f* 269
antiaderente 69
antidolorifici *m* 47
antidolorifico *m* 109
antigelo *m* 199, 203
Antigua e Barbuda 314
antinfiammatorio *m* 109
antipasto *m* 153
antirughe 41
anulare *m* 15
ape *f* 295
aperitivo *m* 153
aperto 260, 321
apice *m* 165
apparecchiare 64
apparecchiature da ufficio *f* 172
apparecchio a raggi x *m* 212
apparecchio correttore *m* 50
appartamento *m* 59, 298
appellativi *m* 23
appendice *f* 18
applaudire 255
applicazione *f* 176
applique *f* 62
appuntamento *m* 45, 175
appunti *m* 175, 191
apribottiglie *m* 68, 150
aprile 306
apriscatole *m* 68
aquila *f* 292
Arabia Saudita 318
arachide *f* 129
aragosta *f* 121, 295
arancia *f* 126
aranciata *f* 144
arancino cinese *m* 126
arancione 274
arare 183

aratro *m* 182
arbitro *m* 222, 225, 226, 229, 230
arbusto da fiore *m* 87
architettare 91
architetto *m* 190
architettura *f* 300
architrave *m* 186, 301
arco *m* 85, 164, 249, 301
arco plantare *m* 15
arcobaleno *m* 287
ardesia *f* 288
area della porta *f* 221, 223
area di attacco *f* 224
area di difesa *f* 224
area di rigoro *f* 223
area di stazionamento *f* 199, 212
area neutrale *f* 224
arena *f* 243
arenaria *f* 288
Argentina 315
argento *m* 289
argento *f* 235
argilla *f* 85, 275
aria condizionata *f* 200
aringhe affumicate *f* 157
aritmetica *f* 165
armadietti *m* 239
armadietto *m* 66
armadietto dei medicinali *m* 72
armadio *m* 70
armadio a muro *m* 71
Armenia 318
aromaterapia *f* 55
arpa *f* 256
arrabbiato 25
arrampicata su ghiaccio *f* 247
arrangiamenti *m* 111
arredamento per casa *m* 105
arresto *m* 94
arricciacapelli *m* 38
arrivederci 322
arrivi *m* 213
arrostire 67
arrostito 129
arrosto *m* 119, 158
art déco 301
art nouveau 301
arte *f* 162
arte e artigianato 274
arte topiaria *f* 87
arteria *f* 19
arti marziali *f* 237
articolazione *f* 17
articoli da cucina *m* 105
articoli da toilette *m* 41, 107
articoli da cancelleria *m* 173
articoli elettrici *m* 107
articoli elettronici *m* 105
articoli sportivi *m* 105
artigianato *m* 276
artiglio *m* 291
artista *f* 274
ascella *f* 13
ascensore *m* 59, 100, 104
ascia *f* 95
asciugabiancheria *f* 76
asciugacapelli *m* 38
asciugamani *m* 73
asciugamano da spiaggia *m* 265
asciugamano grande *m* 73
asciugamano piccolo *m* 73
asciugare 76, 77
asciugare con il phon 38
asciutto 321
Asia 318
asino *m* 185
asma *f* 44
asola *f* 32
aspetto *m* 30
aspirapolvere *m* 188
aspirapolvere *m* 77
assaggiare 139
asse *m* 205
asse da stiro *f* 76
assegno *m* 96
assicurazione *f* 203
assistente m/f 24
assistente di volo *f* 190, 210
assistente socio-psicologico *m* 55
assistenza ai clienti *f* 104
asso *m* 230, 273
assolto 181
assorbenti *f* 108
asteroide *m* 280
astigmatismo *m* 51
astronauta *m* 281
astronomia *f* 281
astuccio *m* 163
atleta *m* 191, 234
atletica *f* 234
atmosfera *f* 282, 286
atrio *m* 104, 209, 255
attaccante *m* 222
attacco *m* 220
attacco a baionetta *m* 60
atterrare 211
attico *m* 58
attillato 35
attività *f* 77, 162, 183, 245, 263
attività all'aria aperta *f* 262
attore *m* 191, 254
attori *m* 179
attorno 320
attraverso 320
attrezzatura *f* 165, 238, 245
attrezzature *f* 233
attrezzi *m* 187
attrezzi da giardino *m* 88
attrezzo per modellare *m* 275
attrice *f* 254
audiocassetta *f* 269
aula *f* 162, 169
aula del tribunale *f* 180
aurora *m* 286
Australia 319
Austria 316
autista *m* 190, 196
auto a tre/cinque porte *f* 199
auto decappottabile *f* 199
auto della polizia *f* 94
auto d'epoca *f* 199
auto familiare *f* 199
auto piccola *f* 199
auto sportiva *f* 198
autobus *m* 196
autobus a due piani *m* 196
autodifesa *f* 237
autolavaggio *m* 198
automatico 200
automobile *f* 198, 200
autonoleggio *m* 213
autopompa *f* 95
autoradio *f* 201
autostazione *f* 197
autostrada *f* 194
autunno *m* 31, 307
avambraccio *m* 12
avampiede *m* 15
avanzamento veloce *m* 269
avena *f* 130
avere un bambino 26
avocado *m* 128
avvelenamento *m* 46
avvenimenti della vita *m* 26
avventura *f* 255
avversario *m* 236
avvitamento *m* 230
avvocato *m* 180, 190
avvolgibile *m* 63
avvolgitubo *m* 89
Azerbaigian 318
azienda agricola *f* 183
azienda avicola *f* 183
azienda ortofrutticola *f* 183
azioni *f* 97, 227, 233, 229

B

bacca *f* 296
baccello *m* 122
bacchetta *f* 256
bacchetta di vetro *f* 167
bacino *m* 17, 214
bacino per riparazioni *m* 217
back-swing *m* 233
badminton *m* 231
baffi *m* 290
bagagli *m* 198
bagagliaio *m* 196, 198
bagaglio *m* 100, 213
bagaglio a mano *m* 211, 213
bagaglio in eccedenza *m* 212
bagel *m* 139
bagnato 321
bagni *m* 266
bagnino *m* 239, 265
bagno privato *m* 100
bagnoschiuma *m* 73
Bahamas 314
balconata *f* 254
balcone *m* 59
balena *f* 290
balla *f* 184
ballerina *f* 191
balletto *m* 255
balsamo *m* 38
bambini *m* 23
bambino *m* 23, 31
bambino piccolo *m* 30
bambola *f* 75
bambù *m* 86, 122
banana *f* 128
banca *f* 96
banchina *f* 216
banchina spartitraffico *f* 194
banco *m* 96, 98, 100, 142, 150, 162, 216
banco accettazione *m* 213
banco da lavoro *m* 78
banco della giuria *m* 180
banco informazioni *m* 168
banco prestiti *m* 168
banconote *f* 97
bandierina *f* 221, 223, 232
Bangladesh 318
bar *m* 150, 152
bar all'aperto *m* 148
bar con terrazza *m* 148
bar mitzvah *m* 26
barattolo *m* 134, 311
barattolo a chiusura ermetica *m* 135
barattolo di vernice *m* 83
barbabietola *f* 125
Barbados 314
barbiere *m* 39, 188
barca a remi *f* 214
barca a vela *f* 215
barca da pesca *f* 217
barella *f* 94
barista *m* 150, 191
barocco 301
barra *f* 240
barra degli strumenti *f* 177
barra del menu *f* 177
barra di scorrimento *f* 177
barriera *f* 209
barriera corallina *f* 285
basalto *m* 288
base *f* 99, 164, 229
base di battuta *f* 228
baseball *m* 228
basilico *m* 133
bassista *m* 258
basso 321
bastoncino *m* 133
bastone da sci *m* 246
battente *m* 59
battere 225, 229
battere un primato 234
batteria *f* 78, 167, 202, 260, 258
batterista *m* 258
battesimo *m* 26
battistrada *m* 207
battitore *m* 225, 228
battuta *f* 256
batuffoli di ovatta *m* 41
bavaglino *m* 30, 50
becco *m* 89, 293
becco Bunsen *m* 166
becher *m* 167
Belgio 316
Belize 314
bellezza *f* 40, 105
bemolle 256
benda *f* 47
bendatura *f* 47
Benin 317
benzina *f* 199
berlina *f* 199
berretto *m* 36
bersaglio *m* 249, 273
bestiame *m* 183, 185
betoniera *f* 186
betulla *f* 296
bevanda al malto *f* 144
bevande *f* 144, 156
bevande alcoliche *f* 145
bevande calde *f* 144
Bhutan 318
biancheria *f* 105
biancheria da letto *f* 71, 74
biancheria intima *f* 32, 35, 105
biancheria termica *f* 35
bianchi 39
bianco 145, 272, 274
biathlon *m* 247
biberon *m* 75
bibita *f* 154
bibita in lattina *f* 154
bibite *f* 107, 144
biblioteca *f* 168, 299
bibliotecaria *f* 168
bibliotecario *m* 190
bicchiere *m* 65, 151, 152
bicchieri *m* 150
bicicletta *f* 206
bicicletta da corsa *f* 206
bicicletta da strada *f* 206
bicicletta da turismo *f* 206
bicipite *m* 16
bidè *m* 72

Bielorussia 316
biennale 86
bieta *f* 123
bietola *f* 123
bifamiliare 58
bifocale 51
biglietteria *f* 209, 216, 255
biglietti della lotteria *m* 112
biglietto *m* 197, 213, 209
biglietto d'auguri *m* 27
biglietto di accompagnamento *m* 173
bignè al cioccolato *m* 140
bignè ripieno *m* 140
bigodino *m* 38
bikini *m* 264
bilancia *f* 45, 53, 69, 98, 118, 166, 212, 310
bilancia a molla *f* 166
bilanciere *m* 251, 263
biliardo *m* 249
bimbo *m* 23, 30
binario *m* 208
binario elettrificato *m* 209
binocolo *m* 281
biologia *f* 162
biologico 91, 118, 122
biondo 39
biplano *m* 211
birillo *m* 187, 249
Birmania 318
birra *f* 145, 151
birra amara *f* 145
birra scura *f* 145
bis *m* 255
biscotti *m* 141
biscotto *m* 113
biscotto alle noci *m* 141
biscotto con scaglie di cioccolato 141
bistecca di culaccio *f* 119
bisturi *m* 81, 167
blatta *f* 295
blazer *m* 33
blocca freni *m* 207
bloccare 227
blocco *m* 172
blocco di partenza *m* 234
blocco per appunti *m* 173
blocco per schizzi *m* 275
blu 274
blues *m* 259
boa *f* 217
bob *m* 247
bobina *f* 245, 276
bocca *f* 14
boccaglio *m* 239
bocchino *m* 112
bocciolo *m* 111, 297
bocconcini di pollo *m* 155
Bolivia 315
bollire 67
bollitore *m* 66
boma *m* 240
bombardiere *m* 211
bombola *f* 239
bomboletta spray *f* 311
bongo *m* 257
bonifico bancario *m* 96
bordeggiare 241
bordo *m* 230
bordo erbaceo *m* 85
borraccia *f* 206, 267
borsa *f* 19, 37
borsa a tracolla *f* 37
borsa calda *f* 70
borsa da spiaggia *f* 26
borsa di studio *f* 16
borsa per il cambio *f* 75
borsa valori *f* 97
borsetta *f* 37
bosco *m* 285
Bosnia ed Erzegovina 316
Botswana 317
bottiglia *f* 61, 135, 311
bottiglia di vetro *f* 166
bottone *m* 32
bottone automatico *m* 30
bouquet *m* 35
boutique *f* 115
bowling *m* 249
box *m* 75
boxer *m* 33
bozzolo *m* 295
bracciale *m* 36
bracciata *f* 239
braccio *m* 13, 95
bracciolo *m* 200, 210, 238
branchia *f* 294
brandy *m* 145
Brasile 315
bretella *f* 37
bricco misuratore *m* 69
briciole *f* 139
bridge *m* 273
brie *m* 142
briglia *f* 242
brioche *f* 157
brocca *f* 65, 151
brocca graduata *f* 311
broccolo *m* 123
broker *m* 97
bronzo *m* 235
browser *m* 177
bruciatore a gas *m* 61
bruco *m* 295
Brunei 319
buca *f* 232
buca delle lettere *f* 99
buca in uno *f* 233
buccia *f* 127, 128
buco nero *m* 280
budino di riso *m* 140
bufera *f* 286
buffet *m* 152
buffet della colazione *m* 156
buggy *m* 232
bulbo *m* 86
Bulgaria 316
bulloni della ruota *m* 203
bungalow *m* 58
bungee jumping *m* 248
bunker *m* 232
buongiorno 322
buono 321
Burkina Faso 317
burro *m* 137, 156
burro di arachidi *m* 135
Burundi 317
business class *f* 211
bussola *f* 80, 240, 312
busta *f* 98, 173
busta della spesa *f* 106
busta di plastica *f* 122
bustina di tè *f* 144
byte *m* 176

C

cabina *f* 95, 210, 214, 26
cabina del conducente *f* 20
cabina di pilotaggio *f* 210
cabina telefonica *f* 99
Cabinda 317
cacatoa *m* 293
cacciagione *f* 119
cacciavite *m* 80
cacciavite a croce *m* 81
cachi *m* 128
cactus *m* 87
caddy *m* 233
caduta *f* 237
caffè *m* 144, 148, 153, 156, 184, 26
caffè filtrato *m* 14
caffè freddo *m* 14
caffè macchiato *m* 14
caffè nero *m* 148
caffettiera *f* 65
calamaro *m* 121, 295
calamita *f* 167
calcare *m* 85, 288
calcestruzzo *m* 187
calciare 223
calciatore *m* 222
calcio *m* 109, 221, 222, 23
calcio di punizione *m* 222
calcite *f* 289
calcolatrice *f* 165
caldo 286, 321
calendario *m* 306
calice *m* 297
calice da vino *m* 65
calorifero *m* 60
calvo 39
calze *f* 35
calzini *m* 33
calzoncini *m* 33
cambiare 209
cambiare canale 269
cambiare marcia 207
cambiare una ruota 203
Cambogia 318
camembert *m* 142
camera *f* 283
camera a due letti *f* 100
camera da letto *f* 70
camera d'aria *f* 207
camera dei bambini *f* 74
camera doppia *f* 100
camera oscura *f* 271
camera privata *f* 48
camera singola *f* 100
cameraman *m* 178
camere *f* 100
cameriera *f* 191
cameriere *m* 148, 152
camerino *m* 104
Camerun 317
camicetta *f* 34
camicia *f* 32
camicia da notte *f* 31, 35
caminetto *m* 63
camino *m* 58
camion *m* 194
camion con cassone ribaltabile *m* 187
camionista *m* 190
cammello *m* 291
camomilla *f* 149
campanello *m* 59, 197
Campari *m* 145
campeggiare 266
campeggio *m* 266
camper *m* 266
campionato *m* 223, 230
campo *m* 182, 220, 222, 226, 228, 230, 234
campo da golf *m* 232
campo destro *m* 229
campo di cricket *m* 225
campo di rugby *m* 221
campo esterno *m* 229
campo sinistro *m* 22
campo sportivo *m* 168
campus *m* 168
Canada 314
canale *m* 178, 269
canale a pagamento *m* 269
canale di scolo *m* 299
canale radiofonico *m* 179
canarino *m* 292
cancelleria *f* 105
cancello *m* 85, 182
candela *f* 63, 203
candeline *f* 141
cane *m* 290
canestro *m* 226
canguro *m* 291
canino *m* 50
canna *f* 91, 207
canna da pesca *f* 244
canna da zucchero *f* 184
canne *f* 89
cannella *f* 133
cannolicchio *m* 121
cannuccia *f* 144, 154
canoa *f* 214
canottaggio *m* 241
canottiera *f* 33, 35
cantante *m/f* 191, 258
cantiere *m* 186
cantiere navale *m* 217
canzone *f* 259
capacità *f* 311
capanno *m* 182
capelli *m* 14, 38
capezzolo *m* 12
capitale *f* 315
capitale netto *m* 97
capitaneria di porto *f* 217
capitano *m* 214
capitano di porto *m* 217
capo *m* 24
Capodanno *m* 27
capoeira *f* 237
capote *f* 75
capovolgersi 241
cappa *f* 66
cappello *m* 36, 190
cappello da equitazione *m* 242
cappello da spiaggia *m* 265
cappello per il sole *m* 30
capperi *m* 143
cappotto *m* 32
cappuccino *m* 148
cappuccio *m* 31
cappuccio cervicale *m* 21
capra *f* 185
capretto *m* 185
caprifoglio *m* 297
capriola *f* 235
capsula *f* 50, 109
capsula di Petri *f* 166
carambola *f* 128
caramella alla frutta *f* 113
caramella di gelatina *f* 113
caramella gommosa *f* 113
caramella mou *f* 113
caramelle *f* 113
caramelle assortite *f* 113
caramello *m* 113
carattere *m* 177
carboncino *m* 275
carbone *m* 288
carbonella *f* 266
carcere *m* 181
carciofo *m* 124
cardamomo *m* 132
cardio *m* 121
cardiologia *f* 49
cardiovascolare 19
cardo *m* 297

caricare 76
carico *m* 216
carie *f* 50
carnagione *f* 41
carne *f* 119
carne bianca *f* 118
carne cotta *f* 118, 143
carne cruda *f* 142
carne e pollame f\m 107
carne macinata *f* 119
carne magra *f* 118
carne rossa *f* 118
carnevale *m* 27
carota *f* 124
carpa koi *f* 294
carrellino *m* 233
carrello *m* 106, 208, 213
carrello d'atterraggio *m* 210
carrello dei dolci *m* 152
carrello della telecamera *m* 178
carrello elevatore *m* 186, 216
carrello portabagagli *m* 212
carriola *f* 88
carro attrezzi *m* 203
carrozzeria *f* 202
carrozzina *f* 75
carta a rilievo *f* 83
carta da parati *f* 82
carta di credito *f* 96
carta di debito *f* 96
carta di fondo *f* 83
carta d'imbarco *f* 213
carta igienica *f* 72
carta intestata *f* 173
carta vetrata *f* 81, 83
cartapesta *f* 275
carte *f* 273
cartella *f* 162, 177
cartella sospesa *f* 173
cartellina *m* 172
cartellino giallo *m* 223
cartellino rosso *m* 223
cartello stradale *m* 195
cartilagine *f* 17
cartolina *f* 112
cartone *m* 275, 311
cartone animato *m* 178
cartone di latte *m* 136
casa *f* 58
casa da gioco *f* 75
casa delle bambole *f* 75
casa dello studente *f* 168
casa di città *f* 58
casalinghi *m* 107
cascata *f* 285
caschetto 39
casco *m* 95, 186, 204, 206, 220, 228, 236
caseificio *m* 183
casella *f* 100, 272
casello *m* 194
caserma dei vigili del fuoco *f* 95
casinò *m* 261
casolare *m* 182
cassa *f* 106, 150
cassa automatica *f* 97
cassa toracica *f* 17
cassava *f* 124
casseretto *m* 214
casseruola *f* 69
casseruola di terracotta *f* 69
cassetta *f* 61
cassetta delle lettere *f* 99
cassetta di pronto soccorso *f* 47
cassetta guidalama per ugnature *f* 81
cassetta per le lettere *f* 58
cassettiera *f* 172
cassetto *m* 66, 70, 172
cassetto per la verdura *m* 67
cassettone *m* 70
cassiere *m* 96, 106
cast *m* 254
castagna *f* 129
castagna d'acqua *f* 124
castano 39
castello *m* 300
castello di sabbia *m* 265
casual *m* 33, 34
catalogo *m* 168
catamarano *m* 215
cataratta *f* 51
catarifrangente *m* 207
catena *f* 36, 206
catena montuosa *f* 282
catenella *f* 59
catetere *m* 53
catrame *m* 187
cattedrale *f* 300
cattivo 321
cauzione *f* 181
cavalcavia *m* 194
cavalletta *f* 295
cavalletto *m* 174, 205, 207, 274
cavallo *m* 185, 235, 242, 272
cavallo da corsa *m* 243
cavalluccio marino *m* 294
cavatappi *m* 150
cavatorsoli *m* 68
caverna *f* 284
cavezza *f* 243
caviglia *f* 13, 15
cavo *m* 79, 207
cavo di alimentazione *m* 176
cavolfiore *m* 124
cavolino di Bruxelles *m* 122
cavolo *m* 123
cavolo rapa *m* 123
cavolo riccio *m* 123
cazzuola *f* 187
ceci *m* 131
cedro *m* 296
celebrazioni *f* 27
cella *f* 94, 181
cembali *m* 257
cemento *m* 186
cena *f* 64, 158
cenere *f* 283
centesimo 309
centimetro *m* 310
cento 308
centodieci 308
centomila 308
centrifuga *f* 76
centrifugare 76
centro *m* 164, 273
centro campo *m* 222
centro commerciale *m* 104
centro della tavola *m* 241
centro di giardinaggio *m* 115
centrocampo *m* 228
cera *f* 77
ceramica *f* 275
cercare 177
cerchietto *m* 38
cerchio *m* 165, 277
cerchio centrale *m* 224
cerchione *m* 206
cereale *m* 130, 156
cereali da colazione *m* 107
cereali trattati *m* 130
ceretta *f* 41
cerotto *m* 47
certificato di nascita *m* 26
cervello *m* 19
cervice *f* 52
cervo *m* 118, 291
cesoie *f* 89
cesta *f* 263
cesta dei giocattoli *f* 75
cesta del cucito *f* 276
cestello *m* 88, 207
cestino *m* 106, 172, 177
cestino di frutta *m* 126
cesto della biancheria da lavare *m* 76
cesto della biancheria pulita *m* 76
cesto sospeso *m* 84
cetriolo *m* 125
champagno *m* 145
cheddar *m* 142
cheerleader *f* 220
chiamata a carico del destinatario *f* 99
chiara *f* 137
chiaro 41, 321
chiave *f* 59, 80, 203, 207
chiave a tubo *f* 80
chiave della camera *f* 100
chiave di basso *f* 256
chiave di sol *f* 256
chiave inglese *f* 81
chiave regolabile *f* 80
chiavistello *m* 59
chicchi *m* 144
chiesa *f* 298, 300
chiglia *f* 214
chilogrammo *m* 310
chilometro *m* 310
chimica *f* 162
chiocciola *f* 295
chiodi *m* 233
chiodi di garofano *m* 133
chiodo *m* 80
chiropratica *f* 54
chirurgia *f* 48
chirurgia plastica *f* 49
chirurgo *m* 48
chitarra elettrica *f* 258
chitarrista *m* 258
chiuso 260, 321
chiusura lampo *f* 277
chorizo *m* 143
chutney *m* 134
ciac *m* 179
Ciad 317
ciambella *f* 265
cibi imbottigliati *m* 134
cibi pronti *m* 107
cibo *m* 118, 130, 149
cibo per animali *m* 107
ciclismo *m* 263
cicogna *f* 292
cicoria *f* 122
ciglio *m* 14, 51, 298
cigno *m* 293
Cile 315
ciliegia *f* 126
cilindro *m* 164
Cina 318
cinema *m* 255, 299
cinghia *f* 37, 242
cinghia della camma *f* 203
cinghia della ventola *f* 203
cinghia frontale *f* 242
cinghia nasale *f* 242
cinghietto *m* 207
cinquanta 308
cinquantacinquemila-cinquecento 309
cinquantamila 309
cinquantesimo 309
cinque 308
cinquecento 308
cintura *f* 32, 36, 236
cintura dei pesi *f* 239
cintura di sicurezza *f* 198, 211
cintura nera *f* 237
cintura porta attrezzi *f* 186
cioccolata calda *f* 156
cioccolata spalmabile *f* 135
cioccolatino *m* 113
cioccolato al latte *m* 113
cioccolato bianco *m* 113
cioccolato caldo *m* 144
ciocccolato fondente *m* 113
ciotola *f* 65
cipolla *f* 124
cipollina *f* 125
cipria *f* 40
Cipro 316
circolo di confronto *m* 224
circolo polare artico *m* 283
circonferenza *f* 164
citazione *f* 180
citofono *m* 59
citronella *f* 133
città *f* 298, 299
Città del Vaticano *f* 316
clacson *m* 201, 204
clarinetto *m* 257
clarinetto basso *m* 257
classe *f* 163
classe economica *f* 211
clavicola *f* 17
clementina *f* 126
cliente *m* 38, 96, 104, 106, 152, 175, 180
clinica *f* 48
clitoride *m* 20
coca *f* 144
coccige *m* 17
coccinella *f* 295
coccodrillo *m* 293
cocktail *m* 151
coda *f* 121, 210, 242, 280, 290, 294
coda di cavallo *f* 39
codice a barre *m* 106
codice di avviamento postale *m* 98
codini *m* 39
cofanetto portagioie *m* 36
cofano *m* 198
cogliere 91
cognata *f* 23
cognato *m* 23
coincidenza *f* 212
coito *m* 20
colazione *f* 64, 156
colazione all'inglese *f* 157
colibrì *m* 292
colino *m* 68
colla *f* 275
colla da legno *f* 78
colla da parati *f* 82
collage *m* 275
collana *f* 36
collant *m* 35, 251
collare *m* 46
collega m/f 24
collegare 177
collegarsi 177
colletto *m* 32
collina *f* 284
collo *m* 12
collo a V *m* 33

collo del piede *m* 15
collo dell'utero *m* 20
collutorio *m* 72
Colombia 315
colonia *f* 315
colonna *f* 300
colonna d'ormeggio *f* 214
colonna sonora *f* 255
colonnina *f* 298
colore *m* 273
colori *m* 39, 274
colori acrilici *m* 274
colori ad olio *m* 274
colpi *m* 231
colpi di sole *m* 39
colpire 224
colpire a distanza *f* 233
colpire da vicino 233
colpire di testa 222
colpire leggermente 233
colpo *m* 233, 237
colpo di frusta *m* 46
colpo di taglio *m* 237
colpo nullo! 231
coltello *m* 65, 80
coltello da cucina *m* 68
coltello da pacchi *m* 82
coltello da pane *m* 68
coltivare 91
colture *m* 184
colza *f* 184
comandi *m* 201, 204
comandi per il riscaldamento *m* 201
comando *m* 269
cometa *f* 280
cominciare la partita 233
commedia *f* 255
commercialista *m* 190
commessa *f* 188
commesso *m* 104
commissario *m* 94
commissione *f* 97
bancaria *f* 96
commozione cerebrale *f* 46
comodino *m* 70
Comore 317
compact disc *m* 269
compagno/-a m/f 23
compartimento portabagagli *m* 210
compasso *m* 165
compensato *m* 79
compiti *m* 163
compleanno *m* 27
complesso di uffici *m* 298
completo 266
comporre 99
compressa *f* 109
computer *m* 172, 176
computer portatile *m* 176
comunicazioni *f* 98
con 320
con armatura 35
concepimento *m* 52
concepire 20
concerto *m* 255, 258
concerto rock *m* 258
conchiglia *f* 265
concimaia *f* 85
concimare a spandimento 90
concime *m* 91
concorso di salto a ostacoli *m* 243
concorso ippico *m* 243
condimento *m* 155, 158
condito 159
confetiere *m* 113
confetture *f* 134
confuso 25
congelare 67
congelato 121, 124
congelatore *m* 67
conglomerato *m* 288
Congo 317
conifera *f* 86
coniglio *m* 118, 290
cono *m* 164
conoscente *m* 24
consegna *f* 98
consegna a domicilio *f* 154
consegna delle lauree *f* 169
conserva di frutta *f* 134
conservante *m* 83
conservatorio *m* 169
console *f* 269
consulente finanziaria *m* 97
consulenza legale *f* 180
contabile *m* 97
contachilometri *m* 201, 204
contafotogrammi *m* 270
contagiri *m* 201
contagocce *m* 109, 167
container *m* 216
contante *m* 97
contare 165
contatore di corrente *m* 60
contenitore *m* 311
contenitore di riciclaggio *m* 61
continente *m* 282, 315
conto *m* 152
conto corrente *m* 96
conto di risparmio *m* 97
contornitrice *f* 78
contorno *m* 153
contrabbasso *m* 256
contraccezione *f* 21, 52
contrafforte *m* 301
contrastare 223
contrazione *f* 52
controfagotto 257
controfiletto di manzo *m* 119
controllo *m* 50
controllo passaporti *m* 213
controllore *m* 209
coperchio *m* 61, 66
coperta *f* 71, 74
coperto *m* 65
copiare 172
copilota *m* 211
copione *m* 254
coppe *f* 53
coppia *f* 24
copriletto *m* 70
coprimozzo *m* 202
copriobiettivo *m* 270
coprire con strato protettivo 91
corda *f* 230, 248, 266
corda per bucato *f* 76
corda tirante *f* 266
cordata *f* 248
corde *f* 256
corde vocali *f* 19
cordone ombelicale *m* 52
Corea del Nord 318
Corea del Sud 318
coriandolo *m* 133
corna *f* 291
cornacchia *f* 292
cornea *f* 51
cornetto *m* 156
cornice *f* 62, 63, 271
cornicione *m* 300
corno *m* 257, 291
corno inglese *m* 257
coro *m* 301
corona *f* 111
corpetto *m* 35
corpo *m* 12
corrente alternata *f* 60
corrente continua *f* 60
correre 228
correttore *m* 40
corridoio *m* 210, 254
corriere *m* 99
corrimano *m* 59
corsa a ostacoli *f* 235, 243
corsa al trotto *f* 243
corsa automobilistica *f* 249
corsa di carrozze *f* 243
corsa di cavalli *f* 243
corsa in motoscafo *f* 241
corsa in piano 243
corsa su slitta *f* 247
corsa su slitta trainata
corsa da cani *f* 247
corsa sul posto *f* 251
corse *f* 243
corsetto *m* 35
corsia *f* 106, 168, 234, 238
corsia centrale *f* 194
corsia d'emergenza *f* 194
corsia esterna *f* 194
corsia interna *f* 194
Corsica 316
corso per azione *m* 97
corteccia *f* 296
cortile *m* 58, 84
corto 32
coscia *f* 12, 119
costa *f* 285
Costa d'Avorio 317
Costa Rica 314
costata *f* 119
costellazione *f* 281
costola *f* 17
costoletta *f* 119
costolette *f* 155
costruire 186
costume *m* 255
costume da bagno *m* 238, 265
costumista *f* 191
cotenna *f* 119
cotone *m* 184, 277
cotto al forno 159
cottura dei dolci *f* 69
cottura facile 130
country *f* 259
cozza *f* 121, 295
CPU *f* 176
crampi *m* 44
crampo *m* 239
cranio *m* 17
cratere *m* 283
cravatta *f* 32
crema *f* 140
crema abbronzante *f* 265
crema al limone *f* 134
crema autoabbronzante *f* 41
crema idratante *f* 41
crema pasticcera *f* 140
crema per il viso *f* 73
crema protettiva *f* 265
crema schermo totale *f* 108
crema solare *f* 108
crêpe *f* 155,
crêpes *f* 157
crescione *m* 123
cresta dell'onda *f* 241
cric *m* 203
criceto *m* 290
cricket *m* 225
criminale *m* 180
criniera *f* 242, 291
crisantemo *m* 110
cristalleria *f* 64
cristallino *m* 51
cristalloterapia *f* 55
Croazia 316
croccante 127
crocchia *f* 39
crocevia *m* 298
crogiolo *m* 166
cronista *f* 179
cronometro *m* 166, 234
cross trainer *m* 250
crosta *f* 136, 139, 282
crostatina *f* 140
crudo 124, 129
crusca *f* 130
cruscotto *m* 201
Cuba 314
cubetto di ghiaccio *m* 151
cubo *m* 164
cucchiaino *m* 65
cucchiaino da caffè *m* 153
cucchiaio *m* 65
cucchiaio da minestra *m* 65
cucchiaio da portata *m* 68
cucchiaio di legno *m* 68
cucchiaio dosatore *m* 68, 109
cucciolo *m* 290
cucina *f* 66, 152
cucinare 67
cucire 277
cucitrice *f* 173
cucitura *f* 34
cuffia *f* 238
cuffie *f* 268
cugino *m* 22
culla portatile *f* 75
cumino *m* 132
cunetta *f* 299
cuocere a fuoco lento 67
cuocere al forno 67, 138
cuocere al vapore 67
cuocere alla griglia 67
cuoco *m* 152, 190
cuoio capelluto *m* 39
cuore *m* 18, 119, 122, 273
cuori di palma *m* 122
cupola *f* 300
curare 91
curcuma *f* 132
curling *m* 247
curry *m* 158
curvo 165
cuscino *m* 62
cuscus *m* 130
custodia *f* 51, 271
custodia degli occhiali *f* 51
cuticola *f* 15
cyclette *f* 250

D

d'accordo 322
da 320
da asporto 154
da portar via 154
dado *m* 80, 272
dama *f* 272
Danimarca 316
dar da mangiare 183
data *f* 306
data di comparizione *f* 180
data di restituzione *f* 168
data di scadenza *f* 109

datore di lavoro *m* 24
dattero *m* 129
davanti 320
debole 321
decade *f* 307
decimale *m* 165
decimo 309
decollare 211
decoratore *m* 82
decorazione *f* 82, 141
delfino *m* 290
deltaplano *m* 248
deltoide *m* 16
denominatore *m* 165
denominazione *f* 97
dente *m* 50, 207
dente di leone *m* 123, 297
dentiera *f* 50
dentifricio *m* 72
dentista *f* 189
dentista *m* 50
dentro 320
denuncia *f* 94
deodorante *m* 73
deodoranti *m* 108
dépliants *m* 96
dermatologia *f* 49
deserto *m* 285
desktop *m* 177
desquamato 121
dessert *m* 140, 153
destinazione *f* 213
destra 260
detergente *m* 77
detergente per vetri *m* 199
deuce *m* 230
deviazione *f* 195
di fronte 320
di vetro 69
diabete *m* 44
diaframma *m* 19, 21
diagonale *f* 164
diamante *m* 288
diametro *m* 164
diarrea *f* 44, 109
dicembre 306
dichiarazione *f* 180
diciannove 308
diciannovesimo 309
diciassette 308
diciassettesimo 309
diciottesimo 309
diciotto 308
dieci 308
diecimila 309
diesel *m* 199
diesis *m* 256
dietro 320
difendere 225, 227, 229
difensore *m* 223
difesa *f* 181, 220
difetti *m* 271
difficile 321
diffusore *m* 89
diga *f* 300
digerente 19
digitale 269
digitali *m* 297
dilatazione *f* 52
dimensioni *f* 165
dimesso 48
dinamo *f* 207
diottria *f* 51
dipartimento *m* 169
dipendente *m* 24
diploma *m* 169
direttore *m* 96, 174
direttore di orchestra *m* 256
dirigente *m* 174
diritto *m* 169
discesa *f* 247
dischetto *m* 176, 224, 226
disco DVD *m* 269
discutere 163
disegnare 162
disegnatrice *f* 191
disegno *m* 275
diserbanto *m* 91
disinfettante *m* 47
dispensario *m* 108
dispenser *m* 173
dispositivo intrauterino *m* 21
dissertazione *f* 169
distanza *f* 310
distintivo *m* 31, 94, 189
distretto *m* 315
distribuire 273
distributore *m* 203
distributore di aria compressa *m* 199
ditale *m* 276
dito del piede *m* 15
Divali *m* 27
divano *m* 62
divano letto *m* 63
dividendi *m* 97
dividere 165
divisa *f* 189, 222
divisa scolastica *f* 162
divisa da rugby *f* 221
diviso per 165
divisore *m* 173
divorzio *m* 26
dizionario *m* 163
DJ *m* 179
docce *f* 266
doccia *f* 72
docente *m* 169
documentario *m* 178
dodicesimo 309
dodici 308
dogana *f* 212
dolce 124, 127, 155
dolce di frutta *m* 140
dolci *m* 107, 140
dolciumi *m* 113
domanda *f* 163
domandare 163
domani 306
domenica 306
Dominica 314
domino *m* 273
donna *f* 12, 23
donna d'affari *f* 175
dopo 320
dopobarba *m* 73
dopodomani *m* 307
doposole *m* 108
doppia carreggiata *f* 195
doppie punte *f* 39
doppio *m* 230
doppio 151
dormire 74
dorso *m* 239
dorso del piede *m* 15
dosaggio *m* 109
dotto deferente *m* 21
dotto eiaculatore *m* 21
dottorato *m* 169
dragoncello *m* 133
dressage *m* 243
dribblare 222
dritto 165, 260
dritto *m* 231
drogheria *f* 114
due 308
duecento 308
duemila 307
duemilauno 307
duodeno *m* 18
duro 129, 321

E

eccitato 25
eclair *m* 140
eclisse *f* 280
ecografia *f* 48, 52
economia *f* 169
Ecuador 315
eczema *m* 44
edam *m* 142
edicola *f* 112
edifici *m* 299
edificio storico *m* 261
edilizia *f* 186
educazione fisica *f* 162
effetti collaterali *m* 109
Egitto 317
eglefino *m* 120
El Salvador 314
elastico *m* 39, 173
elefante *m* 291
elegante 34
elemento riscaldante *m* 61
elettricista *m* 188
elettricità *f* 60
elettrodo negativo *m* 167
elettrodo positivo *m* 167
elettrodomestici *m* 107
elica *f* 211, 214
elicottero *m* 211
ematite *f* 289
embrione *m* 52
emergenza *f* 46
emicrania *f* 44
emigrare 26
Emirati Arabi Uniti 318
emisfero meridionale *m* 283
emisfero settentrionale *m* 283
emorragia *f* 46
emorragia nasale *f* 44
emozioni *f* 25
enciclopedia *f* 163
endocrino 19
endocrinologia *f* 49
entrare in bacino 217
entrata *f* 59, 61
entro 320
epidurale *f* 52
epiglottide *m* 19
epilessia *f* 44
episiotomia *f* 52
equatore *m* 283
equazione *f* 165
equipaggio *m* 241
equitazione *f* 263, 242
erba *f* 55, 86
erba aromatica *f* 86
erba cipollina *f* 133
erbacce *f* 86
erbalismo *f* 55
erbe *f* 133
erbe aromatiche *f* 134
erbe e le spezie *f* 132
erbicida *f* 183
erica *f* 297
Eritrea 317
eruttare 283
esagono *m* 164
esame *m* 163
esame della vista *m* 51
esca *f* 244
esca per il fuoco *f* 266
escavatrice meccanica *f* 187
escursione a cavallo *f* 243
escursionismo *m* 263
esercizi *m* 251
esfoliare 41
eskimo *m* 31
esofago *m* 19
esosfera *f* 286
esperimento *m* 166
esplorazione dello spazio *f* 281
esposimetro *m* 270
esposizione *f* 261, 271
espresso *m* 148
espulsione *f* 223
essiccato 129
est *m* 312
estate *f* 31, 307
esterno *m* 198
estintore *m* 95
Estonia 316
estrazione *f* 50
estuario *m* 285
etichetta *f* 172, 173
etichette *f* 89
Etiopia 317
eucalipto *m* 296
Europa *f* 316

F

fabbrica *f* 299
fabbrica-ghiaccio *m* 67
fabbricazione dei merletti *f* 277
facchino *m* 100
faccia *f* 14
facile 321
faggio *m* 296
fagiano *m* 119, 293
fagioli *m* 131
fagioli aduki *m* 131
fagioli bianchi *m* 131
fagioli borlotti *m* 131
fagioli cannellini *m* 131
fagioli dall'occhio nero *m* 131
fagioli di Spagna *m* 131
fagioli mung *m* 131
fagioli nani *m* 131
fagiolino *m* 122
fagotto *m* 257
fairway *m* 232
falco *m* 292
falegname *m* 188
falegnameria *f* 275
falena *f* 295
fallo *m* 222, 226, 228, 230
famiglia *f* 22
fanale *m* 207
fanale posteriore *m* 204, 207
fans *m* 258
fante *m* 273
fantino *m* 242
farcito 159
far crescere 91
fard *m* 40
fare amicizia 26
fare il check-in 212
fare il letto 71
fare il pane 138
fare lo swing 232
fare marcia indietro 195
fare testamento 26
faretra *f* 249
farfalla *f* 36, 239, 295
farina autolievitante *f* 139
farina bianca *f* 138
farina di ossa *f* 88
farina integrale *f* 138
farina nera *f* 139
farina per il pane *f* 139
farina semplice *f* 139
farine *f* 138
faringe *f* 19
farmacia *f* 108
farmacista *m* 108, 189
faro *m* 198, 217
farsi il bagno 72
farsi la doccia 72
fascia a tracolla *f* 46
fascia rifrangente *f* 205
fasi *f* 23
fattoria *f* 182, 184
fava *f* 122
fave *f* 131

favo *m* 135
fax *m* 98, 172
fazzolettino *m* 108
fazzoletto *m* 36
febbraio 306
febbre *f* 44
febbre da fieno *f* 44
fecondazione *f* 20
federa *f* 71
Federazione Russa 318
fedina penale *f* 181
fegato *m* 18, 118
feijoa *f* 128
felce *f* 86
felice 25
felpa *f* 33, 74
femminili 20
femore *m* 17
feng shui *m* 55
fenicottero *m* 292
ferita *f* 46
ferita alla testa *f* 46
fermacravatta *m* 36
fermafogli *m* 173
fermaglio *m* 36
fermapiedi *m* 207
fermata dell'autobus *f* 197, 299
fermo di sicurezza *m* 75
ferro *m* 109, 28
  da calza *m* 277
  da cavallo *m* 242
  da stiro *m* 76
fessura *f* 283
festa *f* 140
  di compleanno *f* 27
Festa di Halloween *f* 27
feste *f* 27
feto *m* 52
fetta *f* 119, 139, 140
fettucce *f* 89
fiammiferi *m* 112
fibbia *f* 36
fibra *f* 127
fibra naturale *f* 31
fico *m* 129
fico d'india *m* 128
fidanzata *f* 24
fidanzati *m* 24
fidanzato *m* 24
fiducioso 25
fieno *m* 184
fieno greco *m* 132
fiero 25
Figi 319
figlia *f* 22
figliastra *f* 23
figliastro *m* 23
figlio *m* 22
fila *f* 210, 254
filamento *m* 60
filatelia *f* 273
file *m* 177
filetti 121
filetto *m* 119, 121
filetto di manzo *m* 119
fili *m* 60
Filippine 319
film d'amore *m* 255
film di fantascienza *m* 255
film di orrore *m* 255
filo *m* 79, 276
filo a piombo *m* 82
filo dentale *m* 50
filo di perle *m* 36
filo interdentale *m* 72
filobus *m* 196
filone *m* 138
filosofia *f* 169
filtro *m* 270
filtro dell'aria *m* 202, 204
filtro di carta *m* 167
finanza *f* 97
fine *m* 321
fine settimana *m* 306
finestra *f* 58, 177, 186
finestrino *m* 197, 209, 210
Finlandia 316
fino 320
finocchio *m* 122, 133
fioraia *f* 188
fioraio *m* 110
fiore *m* 273, 297
fioretto *m* 249
fiori *m* 110
fiori secchi *m* 111
firma *f* 96, 98
fisica *f* 162, 169
fisioterapia *f* 49
fitness *m* 250
fiume *m* 284
flan *m* 141
flash *m* 270
flauto *m* 257
flebo *m* 53
flessioni *f* 251
flettere 251
foca *f* 290
focaccina *f* 140
fodera *f* 32
foglia *f* 122, 296
fogliame *m* 110
follicolo *m* 20
fondale *m* 254
fondo campo *m* 220
fondotinta *m* 40
fontana *f* 85
football americano *m* 220
footing *m* 251, 263
foratura *f* 203, 207
forbici *f* 38, 47, 82, 188, 276
forbici da giardino *f* 89
forbici tagliabordi *f* 88
forbicine per le unghie *f* 41
forcella *f* 207
forchetta *f* 65, 89, 153
forchettone *m* 68
forcina *f* 38
forcipe *m* 53, 167
forcone *m* 88, 89
foresta *f* 285
foresta pluviale *f* 285
forfora *f* 39
formaggio *m* 136, 156
formaggio cremoso *m* 136
formaggio di capra *m* 142
formaggio duro *m* 136
formaggio erborinato *m* 136
formaggio fresco *m* 136
formaggio grattugiato *m* 136
formaggio molle fresco *m* 136
formaggio morbido *m* 136
formaggio semiduro *m* 136
formaggio semimorbido *m* 136
forme *f* 164
formica *f* 295
fornelletto da campeggio *m* 267
fornello *m* 67, 112
fornello di ceramica *m* 66
fornire di esca 245
fornitore di servizi *m* 177
forno *m* 66
  a microonde *m* 66
forse 322
forte 321
foschia *f* 287
fossa *f* 229
fossa di sabbia *f* 263
fossato *m* 300
fossetta *f* 15
fotofinish *m* 234
fotofit *m* 181
fotografare 271
fotografia *f* 270, 271
fotografo *m* 191
foulard *m* 36
fragile 98
fragola *f* 127, 149
Francia 316
francobolli *m* 112
francobollo *m* 98
frappé *m* 149
  al caffè 149
fratello *m* 22
frattaglie *f* 118
frattura *f* 46
frazione *f* 165
freccette *f* 273
freccia *f* 198, 204, 249
freddo 286, 321
fregare 77
fregio *m* 301
frenare 207
freno *m* 200, 204, 206
freno a mano *m* 203
frequenza *f* 179
fresco 121, 127, 130
fresia *f* 110
friggere 67
frigocongelatore *m* 67
frigorifero *m* 67
frittata *f* 158
fritto 159
fritto in olio abbondante 159
fritto in padella 159
frittura *f* 158
frizione *f* 200, 204
frizzante 144
frontale *m* 16
fronte *f* 14
frontone *m* 300, 301
frullato *m* 137
frullatore *m* 66
frusta *f* 68
frustino *m* 242
frutta *f* 107, 126, 128
frutta candita *f* 129
frutta con nocciolo *f* 126
frutta fresca *f* 157
frutta secca *f* 129, 156
frutta snocciolata *f* 126
frutta tropicale *f* 128
frutti di mare *m* 121
fruttivendolo *m* 114, 188
frutto della passione *m* 128
frutto dell'albero del pane *m* 124
fulmine *m* 287
fumaiolo *m* 214
fumare 112
fumble *m* 220
fumo *m* 95
funerale *m* 26
fungo *m* 125
funivia *f* 246
fuoco *m* 266
fuori 225, 228, 320
fuori campo 226
fuorigioco *m* 223
fuoripista 247
fuoristrada *m* 199
furto *m* 94
fusibile *m* 60
fusoliera *f* 210

G

gabbia *f* 95
gabbiano *m* 292
Gabon 317
galassia *f* 280
galleggiante *m* 61, 244
galleria *f* 254
galleria d'arte *f* 261
gallina *f* 185
gallo *m* 185
galloccia *f* 240
gallone *m* 311
galoppo *m* 243
galosce *f* 31, 89
gamba *f* 12, 64
gambata *f* 239
gamberi sgusciati *m* 120
gambero *m* 121
gambero d'acqua dolce *m* 121
Gambia 317
gambo *m* 297
gancio *m* 118, 187, 276
gara *f* 234
garage *m* 58, 199, 203
gare *f* 247
garofano *m* 110
garza *f* 47
gattino *m* 290
gatto *m* 290
gel *m* 38, 109
gel per doccia *m* 63
gelata *f* 287
gelato *m* 137, 149
gelo *m* 287
gemelli *m* 23
gemello *m* 36
gemme *f* 288
generatore *m* 60
generazione *f* 23
genero *m* 22
gengiva *f* 50
genitali *m* 12
genitori *m* 23
gennaio 306
geografia *f* 162
geometria *f* 165
Georgia 318
gerbera *f* 110
Germania 316
germoglio *m* 122
germoglio di soia *m* 122
gesso *m* 162, 276, 288
getto d'acqua *m* 95
geyser *m* 285
Ghana 317
ghiacciaio *m* 284
ghiaccio *m* 120, 287
ghiaccio e limone 151
ghiacciolo *m* 287
ghiaia *f* 88
ghiandola *f* 19
ghirlanda *f* 111
giacca *f* 32, 34
giacca a vento *f* 33
giaccone *m* 33
giacinti di bosco *m* 297
giada *f* 288
giaietto *m* 288
giallo 274
Giamaica 314
Giappone 318
giardinaggio *m* 90
giardini *m* 261
giardiniere *m* 188
giardino *m* 84
giardino acquatico *m* 84
giardino all'inglese *m* 84
giardino all'italiana *m* 262
giardino all'italiana *m* 84
giardino di erbe *m* 84
giardino di rocce *m* 84
giardino pensile *m* 84
giarrettiera *f* 35
Gibuti 317
giglio *m* 110
gilet *m* 33
gin *m* 145

gin tonic *m* 151
ginecologia *f* 49
ginecologo *m* 52
ginnasta *f* 235
ginnastica *f* 235
ginnastica a corpo libero *f* 235
ginnastica aerobica *f* 251
ginnastica prepugilistica *f* 251
ginnastica ritmica *f* 235
ginocchiera *f* 227
ginocchiere *f* 220
ginocchio *m* 12
giocare 229, 273
giocatore *m* 220, 221, 273
giocatore di base *m* 228
giocatore di cricket *m* 225
giocatore di hockey su ghiaccio *m* 224
giocatore di pallacanestro *m* 226
giocattoli *m* 105
giocattolo *m* 75
giocattolo di pezza *m* 75
giochi *m* 272
giochi con la racchetta *m* 231
giochi da tavolo *m* 272
gioco *m* 75, 230, 273
gioco a premi *m* 178
gioielleria *f* 114
gioielli *m* 36
gioielliere *m* 188
Giordania 318
giornale *m* 112
giornalino a fumetti *m* 112
giornalista *m* 190
giorno *m* 306
Giorno del Ringraziamento *m* 27
giorno feriale *m* 306
giostrina *f* 74
Giove 280
giovedì 306
gipsofila *f* 110
girabacchino *m* 78
giradischi *m* 268
giraffa *f* 179, 291
girasole *m* 184, 297
giravolta *f* 238
girino *m* 294
giro *m* 228
girocollo *m* 33
girovita *m* 35
giù 320
giubbotto da sport *m* 33
giubbotto di salvataggio *m* 240
giudice *m* 181
giudice di linea *m* 220, 230
giugno 306
giunco *m* 86
giuria *f* 180
giusto 321
gladiolo *m* 110
glassare 139
glassatura *f* 141
gluteo *m* 16
gneiss *m* 288
gobba *f* 291
gobbo *m* 179
gocce *f* 109
gola *f* 19, 284
golf *m* 32, 232
golfista *m* 232
golfo mistico *m* 254
gomito *m* 13
gomma *f* 103
gomma da masticare *f* 113
gommone *m* 215
gong *m* 257
goniometro *m* 165
gonna *f* 30, 34
gorilla *m* 291
gotico 301
la graffetta *f* 173
grafite *f* 289
grammo *m* 310
granaglie *f* 130
granaio *m* 182
granato *m* 288
granchio *m* 121, 295
grande 321
grande magazzino *m* 105
grandine *f* 286
gran dorsale *m* 16
granito *m* 288
grano *m* 130, 184
grano di pepe *m* 132
grano spezzato *m* 130
granturco *m* 122, 130, 184
grassi 39
grasso 41, 321
grasso *m* 119
gratella *f* 69
graticcio *m* 84
grattacielo *m* 299, 300
grattugia *f* 68
grattugiare 67
gravidanza *f* 52
gravità *f* 280
grazie 322
Grecia 316
green *m* 232
gregge *m* 183
grembiule *m* 38, 69
grembiulino *m* 30
Grenada 314
gridare 25
grigi 39
grigio 274
griglia per barbecue *f* 267
grillo *m* 295
Groenlandia 314
gronda *f* 58
grondaia *f* 58
gru *f* 187, 216, 292
gruccia *f* 70
guaiava *f* 128
guancia *f* 14
guanciale *m* 70
guanti *m* 30, 36
guanti da giardinaggio *m* 89
guanto *m* 224, 233, 236, 246
guanto da forno *m* 69
guantone *m* 228, 237
guardare la televisione 269
guardia *f* 180
guardia carceraria *f* 181
guardia di sicurezza *f* 189
guardialinee *m* 223
guardrail *m* 195
guarnizione *f* 61
guasto *m* 203
Guatemala 314
guêpière *f* 35
gufo *m* 292
guida *f* 172, 260
guida a destra *f* 201
guida a sinistra *f* 201
guida al negozio *f* 104
guida turistica *f* 260
guidafilo *m* 276
guidare 195
Guinea 317
Guinea Bissau 317
Guinea Equatoriale 317
guscio *m* 129, 137, 293
Guyana 315
Guyana Francese 315

H

Haiti 314
hamburger *m* 154
hamburger di pollo *m* 155
hamburger vegetariano *m* 155
handicap *m* 233
hard drive *m* 176
hardware *m* 176
Hawaii 314
heavy metal *m* 259
Himalaia *m* 313
hockey *m* 224
hockey su ghiaccio *m* 224
hockey sull'erba *m* 224
Honduras 314
hot dog *m* 155
hovercraft *m* 215

I

iarda *f* 310
icona *f* 177
ictus *m* 44
idrante *m* 95
idraulico *m* 188
idroterapia *f* 55
idrovolante *m* 211
ieri 306
igiene del neonato *f* 74
igiene dentale *f* 72
igiene femminile *m* 108
igname *m* 125
igneo 288
iguana *f* 293
illuminazione *f* 105
imbarazzato 25
imbarcare 217
imbarcazioni *f* 215
imbastire 277
imbottito 159
imbrunire *m* 304
imbuto *m* 166
immigrazione *f* 212
impalcatura *f* 186
imparare 163
impastare 138
impermeabile *m* 31, 32
impianto idraulico *m* 61
impianto stereo *m* 268
impiegato *m* 24
impiegato delle poste *m* 98
importo *m* 96
imposta *f* 96
impotente 20
impronta digitale *f* 94
impugnatura *f* 230
imputato *m* 181
imputazione *f* 180
in cima 320
in differita 178
in diretta 178
iin orario 305
in polvere 77
in rete 177
in salamoia 143
in stato interessante 52
in tensione 60
inalatore *m* 44, 109
incarto *m* 111
incassare 97
incendio *m* 95
inchiostro *m* 275
incidente *m* 46
incidente stradale *m* 203
incidere 79
incinta 52
incisione *f* 275
incisivo *m* 50
incollare 82
incontro *m* 237
incubatrice *f* 53
indaco 274
indagine *f* 94
India 318
indicatore di livello dell'olio *m* 202
indicazioni *f* 260
indice *m* 15
indirizzo *m* 98
indirizzo di posta elettronica *m* 177
indivia *f* 123
Indonesia 319
indumenti impermeabili *m* 267
indumenti per la notte *m* 31
indumenti termici *m* 267
indurre il travaglio 53
infarto *m* 44
infermiera *f* 45, 48, 52, 189
infezione *f* 44
infilare 277
influenza *f* 44
inforcare 90
informazione *f* 261
infradito *m* 37
infreddatura *f* 44
ingegneria *f* 169
ingorgo *m* 195
ingrandimento *m* 271
ingrandire 172
ingresso *m* 59, 100
ingresso vietato *m* 195
inguine *m* 12
iniezione *f* 48
iniziare la scuola 26
inizio *m* 321
innamorarsi 26
innestare 91
innocente 181
inoculazione *f* 45
inondazione *f* 287
inquilino *m* 58
insalata *f* 149
insalata mista *f* 158
insalata verde *f* 158
insegna *f* 104
insegnante *m/f* 162, 191
inseguire 229
insettifugo *m* 108, 267
insonnia *f* 71
installazione *f* 177
insulina *f* 109
integrale 131
integratore *m* 55
intercostale *m* 16
interfono *m* 75
Internet 177
interno *m* 200
intero 129, 132
interruttore *m* 60
interruttore per le luci *m* 201
interruzione di corrente *f* 60
intervallo *m* 223, 254
intervistatore *m* 179
intestino crasso *m* 18
intestino tenue *m* 18
intonacare 83
intonaco *m* 82
intrattenimenti in casa *m* 268
invasare 91
inverno *m* 31, 307
invertebrato *m* 295
investigatore *m* 94
investimento *m* 97
ionosfera *f* 286
ipnositerapia *f* 55
ipoallergenico 41

ipoteca *f* 96
ipotenusa *f* 164
ippodromo *m* 243
ippoglosso *m* 120
ippopotamo *m* 291
Iran 318
Iraq 318
iride *f* 51
iris *m* 110
Irlanda 316
irrigare 183
irrigatore *m* 89
isola *f* 282
Isole Falkland 315
Isole Galapagos 315
isolamento *m* 61
Isole Baleari 316
Isole Salomone 319
Israele 318
istruttore individuale *m* 250
istruzioni *f* 109
Italia 316
itinerario *m* 260

J

jazz *m* 259
jeans *m* 31
jolly *m* 273
judo *m* 236
Jugoslavia 316

K

k.o. *m* 237
Kaliningrad 316
karate *m* 236
kayak *m* 241
Kazakistan 318
kendo *m* 236
Kenya 317
ketchup *m* 135
kickboxing *m* 236
Kirghizistan 318
kit per riparazioni *m* 207
kiwi *m* 128
koala *m* 291
kung-fu *m* 236
Kuwait 318

L

labbra *f* 20
labbro *m* 14
laboratorio *m* 78, 166
lacca *f* 38, 79
laccio *m* 37
lacrima *f* 51
lacrosse *m* 249
laghetto *m* 85
lago *m* 285
lama *f* 60, 66, 78, 89, 246
lama rotante *f* 211
lametta *f* 73
lampada *f* 50, 62, 178
lampadina *f* 60
lampone *m* 127
lana *f* 277
lana d'acciaio *f* 81
lancetta dei minuti *f* 304
lancetta dei secondi *f* 304
lancetta delle ore *f* 304
lancia di salvataggio *f* 214
lanciarazzi *m* 281
lanciare 225, 229, 245
lanciatore *m* 225
lancio *m* 281
lancio del disco *m* 234
lancio del giavellotto *m* 234
lancio del peso *m* 234
Laos 318
laptop *m* 175
larghezza *f* 165
largo 321
larice *m* 296
laringe *f* 19
lassativo *m* 109
lastrina *f* 167
latitudine *f* 283
lato *m* 164
latte *m* 136, 156
latte condensato *m* 136
latte detergente *m* 41
latte di capra *m* 136
latte di mucca *m* 136
latte di pecora *m* 137
latte in polvere *m* 137
latte intero *m* 136
latte parzialmente scremato *m* 136
latte scremato *m* 136
latticini *m* 107, 136
lattina *f* 145, 311
lattosio *m* 137
lattuga *f* 123
laurea *f* 169
laurearsi 26
laureata *f* 169
lava *f* 283
lavagna *f* 162
lavagna a fogli mobili *f* 174
lavagna luminosa *f* 163, 174
lavanderia *f* 76, 115
lavandino *m* 38, 66, 72
lavare 38, 77
lavasciuga *f* 76
lavasecco *m* 115
lavastoviglie *f* 66
lavatrice *f* 76
lavori stradali *m* 187, 195
lavoro *m* 172
lavoro all'uncinetto *m* 277
lavoro a maglia *m* 277
lecca lecca *m* 113
lega per saldatura *f* 79, 81
legamento *m* 17
legare a un tutore 91
legge *f* 180
leggere 162
leggero 321
legno *m* 79, 187, 275
legno dolce *m* 79
legno duro *m* 79
legumi secchi *m* 130
lenti a contatto *f* 51
lenticchie marroni *f* 131
lenticchie rosse *f* 131
lentiggine *f* 15
lento 321
lenza *f* 244
lenzuolo *m* 71, 74
leone *m* 291
leone marino *m* 290
Lesotho 317
lettera *f* 98, 272
lettera per posta aerea *f* 98
letteratura *f* 162, 169
lettiga *f* 48
lettino *m* 74
lettino da campeggio *m* 266
lettino solare *m* 41
letto *m* 70
letto matrimoniale *m* 71
letto singolo *m* 71
Lettonia 316
lettore di cd *m* 268
lettore di cd portatile *m* 269
lettore di dvd *m* 268
lettore di mini disk *m* 268
lettore di MP3 *m* 268
lettore ottico *m* 106
leva *f* 61, 150
leva del cambio *f* 201, 207
leva del freno *f* 207
leva di emergenza *f* 209
leva per il pneumatico *f* 207
lezione *f* 163
Libano 318
libbra *f* 310
libellula *f* 295
Liberia 317
libero 321
libertà condizionale *f* 181
Libia 317
libreria *f* 63, 115
libretto degli assegni *m* 96
libro *m* 168
libro di testo *m* 163
libro paga *m* 175
licenza di pesca *f* 245
Liechtenstein 316
lievitare 139
lievito *m* 138
lima *f* 81
limetta *f* 41, 126
limite *m* 225
limite di velocità *m* 195
limo *m* 85
limonata *f* 144
limone *m* 126
limousine *f* 199
linea *f* 225
linea dei tre punti *f* 226
linea del gol *f* 220
linea della porta *f* 224
linea di centrocampo *f* 226
linea di fallo *f* 229
linea di fondo *f* 223, 226, 230
linea di gioco *f* 233
linea di palla morta *f* 221
linea di partenza *f* 234
linea di servizio *f* 230
linea di tiro libero *f* 226
linea di touch *f* 221
linea divisoria *f* 194
linea laterale *f* 220, 226, 230
linee *f* 165
linfatico 19
lingua *f* 19, 37, 118, 162
lino *m* 184, 277
liquido 77
liquido amniotico *m* 52
liquirizia *f* 113
liquore *m* 145
lisci 39
lista dei libri *f* 168
lista dei vini *f* 152
listino *m* 154
litchi *m* 128
litro *m* 311
Lituania 316
livella *f* 80, 187
livello *m* 163
livido *m* 46
locomotiva *f* 208
lombo *m* 121
longitudine *f* 283
lontano 320
lontra *f* 290
lotta greco-romana *f* 236
lozione *f* 109
lozione per il corpo *f* 73
lozione tonificante *f* 41
lucchetto *m* 207
luce *f* 217
luce del portico *f* 58
luce del sole *f* 286
luce di lettura *f* 210
lucertola *f* 293
luci *f* 94
luci intermittenti *f* 201
lucidalabbra *m* 40
lucidare 77
lucidatore *m* 78
lucido 83, 271
luffa *f* 73
luglio 306
lumaca *f* 295
luna *f* 280
luna nuova *f* 280
luna park *m* 262
luna piena *f* 280
lunaria *f* 288
lunedì 306
lunghezza *f* 165, 310
lunghezza d'onda *f* 179
lungo 32, 320
lungomare *m* 265
lungometraggio *m* 269
luoghi d'interesse *m* 261
lupino *m* 297
lupo *m* 290
Lussemburgo 316

M

macchina da caffè *f* 150
macchina da cucire *f* 276
macchina del caffè *f* 148
macchina fotografica *f* 260
macchina fotografica APS *f* 270
macchina fotografica digitale *f* 270
macchina fotografica istantanea *f* 270
macchina fotografica usa e getta *f* 270
macchina per esercizi *f* 250
macchina per step *f* 250
macchinari *m* 187
Macedonia 316
macellaio *m* 118, 188
macelleria *f* 114
macinato 132, 144
macinatore di rifiuti *m* 61
macis *m* 132
macramè *m* 277
Madagascar 317
madre *f* 22
magazzino *m* 216
maggio 306
maggiorana *f* 133
maglia *f* 36
maglietta *f* 30, 33, 251
maglione *m* 33
magma *f* 283
magnesio *m* 109
magro 321
maiale *m* 118, 185
maialino *m* 185
maionese *f* 135
mal di denti *m* 50
mal di stomaco *m* 44
mal di testa *m* 44
malachite *f* 288
malattia *f* 44
malattia sessualmente trasmessa *f* 20
Malawi 317
Malaysia 318
Maldive 318
Mali 317
Malta 316
malta *f* 83, 187
mammiferi *m* 290
manchego *m* 142
mandare da uno specialista 49
mandarino *m* 126
mandato *m* 180
mandibola *f* 14, 17
mandorla *f* 129, 151

mandorla brasiliana *f* 129
mandria *f* 183
mandrino *m* 78
manette *f* 94
manganello *m* 94
mangianastri *m* 268, 269
mangiare 64
mangiare sul posto 154
mangiatoia *f* 183
mango *m* 128
mangostina *f* 128
manica *f* 34
manichino *m* 276
manici *m* 37
manico *m* 36, 88, 106, 187, 258
manicotto *m* 45
manicure *f* 41
maniglia *f* 196, 200
mannaia *f* 68
mano *f* 13, 15
mano di fondo *f* 83
mano finale *f* 83
manopola di messa a fuoco *f* 167
mantello *m* 282
mantide religiosa *f* 295
manuale 200
manubri *m* 250
manubrio *m* 207, 251
manzo *m* 118
mapo *m* 126
mappa *f* 195, 261
mappa della metropolitana *f* 209
mappamondo *m* 312
Mar Baltico *m* 313
Mar Caspio *m* 313
Mar dei Caraibi *m* 312
Mar Mediterraneo *m* 313
Mar Nero *m* 313
Mar Rosso *m* 313
maracas *m* 257
maratona *f* 234
marca di bordo libero *f* 214
marcare 227
marce *f* 206
marciapiede *m* 298
marcio 127
mare *m* 264, 282
Mare Arabico *m* 313
Mare del Nord *m* 312
margarina *f* 137
marghorita *f* 110, 297
marinaio *m* 189
marinato 143, 159
marito *m* 22
marmellata *f* 134, 156
marmellata agli agrumi *f* 156
marmellata di agrumi *f* 134
marmellata di lamponi *f* 134
marmo *m* 288
Marocco 317
marrone 274
marsupio *m* 75, 291
Marte 280
martedì 306
martelletto *m* 181
martello *m* 68, 79, 80, 275
martello pneumatico *m* 187
martini *m* 151
marzapane *m* 141
marzo 306
mascara *m* 40
maschera *f* 228, 236, 239, 249, 255
maschera di bellezza *f* 41
maschera protettiva *f* 225
mascherina *f* 189
maschili 21
masonite *f* 79
mass media *m* 178
massaggio *m* 54
masters *m* 169
matassa *f* 277
matematica *f* 162, 164
materassino *m* 74, 267
materassino ad aria *m* 267
materasso *m* 70, 74
materiali *m* 79, 187
maternità *f* 49
matita *f* 163, 275
matita per le labbra *f* 40
matita colorata *f* 163
matita per gli occhi *f* 40
matita per le sopracciglia *f* 40
matrice *f* 96
matrigna *f* 23
matrimonio *m* 26, 35
matterello *m* 69
mattino *m* 305
mattone *m* 187
maturo 129
Mauritius 317
Maurizio 317
mazza *f* 187, 224, 225, 228, 249
mazza da hockey *f* 224
mazza di ferro *f* 233
mazza di legno *f* 233
mazza ricurva *f* 233
mazze da golf *f* 233
mazzetto *m* 111
mazzetto odoroso *m* 132
mazzo di carte *m* 273
mazzo di fiori *m* 111
mazzuolo *m* 78
MDF *m* 79
meccanica *f* 202, 258
meccanico *m* 188, 203
medaglie *f* 235
medicamento *m* 109
medicina *f* 109, 169
medicina aiurvedica *f* 55
medicina per la tosse *f* 108
medico *m* 45, 189
medio *m* 15
meditazione *f* 54
medusa *f* 295
mela *f* 126
mela cotogna *f* 128
melagrana *m* 128
melanzana *f* 125
melodia *f* 259
melograno *m* 128
melone *m* 127
memoria *f* 176
meno 165
mensile 307
mensola *f* 67
mensola del caminetto *f* 63
mensole *f* 66
menta *f* 133
mentina *f* 113
mento *m* 14
menù *m* 148, 153, 154
menù del pranzo *m* 152
menù della cena *m* 152
menù per bambini *m* 153
mercato *m* 97, 115
merceria *f* 105
mercoledì 306
mercurio *m* 289
Mercurio 280
merendina *f* 113
meridiana *f* 262
meringa *f* 140
merlano *m* 120
merluzzo *m* 120
mescolare 138, 273
mese *m* 306
mesosfera *f* 286
messa a terra *f* 60
messa in fase *f* 203
messaggi *m* 100
messaggio di testo *m* 99
messaggio vocale *m* 99
Messico 314
mestieri *m* 188, 190
mestolo *m* 68
mestruazione *f* 20
meta *f* 221
metacarpo *m* 17
metalli *m* 289
metallo *m* 79
metamorfico 288
metatarso *m* 17
meteora *f* 280
metodi *m* 159
metro *m* 80, 276, 310
metro quadro *m* 310
metropolitana *f* 209
mettere a bagno 130
mettere a fuoco 271
mettere in piega 38
mettere la sveglia 71
mezza pensione *f* 101
mezzaluna *f* 280
mezzanotte *f* 305
mezzo litro *m* 311
mezzogiorno *m* 305
mezzopunto *m* 277
mica *f* 289
microfono *m* 179, 258
microscopio *m* 167
miele condensato *m* 134
miele sciolto *m* 134
mietitrebbia *f* 182
miglio *m* 130, 310
mignolo *m* 15
mignolo del piede *m* 15
miliardo 309
milione *m* 309
mille 309
millennio *m* 307
millenovecento 307
millenovecentodieci 307
millepiedi *m* 295
milligrammo *m* 310
millilitro *m* 311
millimetro *m* 310
milza *f* 18
minerali *m* 289
minestra *f* 153, 158
minibar *m* 101
minigonna *f* 34
minuto *m* 304
miopia *f* 51
mirino *m* 271
mirtillo *m* 127
miscelatore *m* 150
mischia *f* 221
missile *m* 211
misura *f* 151
misura di liquido *f* 311
misurare 310
misuratore di altezza *m* 45
misuratore di pressione *m* 45
misure *f* 165
misurino *m* 150
mitragliatrice *f* 189
mittente *m* 98
mocassino *m* 37
moda *f* 277
modella *f* 169
modellismo *m* 275
modello *m* 190, 276
modem *m* 176
modulo di prelievo *m* 96
modulo di versamento *m* 96
modulo lunare *m* 281
moglie *f* 22
molare *m* 50
Moldavia 316
mollare l'ancora *f* 217
molletta *f* 76
molletta per il naso *f* 238
molo *m* 217
moltiplicare 165
moltiplicato per 165
Monaco 316
monete *f* 97
monete non utilizzate *f* 99
mongolfiera *f* 211
Mongolia 318
monitor *m* 53, 172, 176
monopoly *m* 272
monorotaia *f* 208
monouso 109
monovolume *f* 199
monsone *m* 287
montagna *f* 284
Montagne Rocciose *f* 312
montagne russe *m* 262
montatura *f* 51
montgomery *m* 31
monumento *m* 261
mora *f* 127
mora-lampone *f* 127
morbido 129, 321
morbillo *m* 44
mordente per legno *m* 79
morire 26
morsa *f* 78
morsetto *m* 78, 166
morsetto a coccodrillo *m* 167
morso *m* 46, 78, 242
mortaio *m* 68, 167
mosca *f* 244, 295
moschea *f* 300
mossa *f* 273
mosse *f* 237
mostarda *f* 135
mostarda con semi *f* 135
moto da corsa *f* 205
moto da cross *f* 205
moto da turismo *f* 205
motocicletta *f* 204
motociclismo *m* 249
motocross *m* 249
motore *m* 88, 202, 204, 210
motore fuoribordo *m* 215
motorino *m* 205
motoscafo *m* 214
motoslitta *f* 247
mountain bike *f* 206
mouse *m* 176
mousse *m* 141
Mozambico 317
mozzarella *f* 142
mozzo *m* 206
mucca *f* 185
muffin *m* 140
mulinello *m* 214, 244
multivitamina *f* 109
mungere 183
municipio *m* 299
muratore *m* 186, 188
muro *m* 58, 186, 222
muscoli *m* 16
museo *m* 261
musica *f* 162
musica classica *f* 255, 259
musica da ballo *f* 259
musica folk *f* 259
musical *m* 255

musicista *m* 191
muso *m* 210, 293
mutande di plastica *f* 30
mutandine *f* 35
Myanmar 318

N

naan *m* 139
nailon *m* 277
Namibia 317
narciso *m* 111
narice *f* 14
nascere 26
nascita *f* 52
naso *m* 14
nassa *f* 245
nastro *m* 27, 39, 111, 141, 235
nastro adesivo *m* 47, 173
nastro adesivo coprente *m* 83
nastro convogliatore *m* 106
nastro isolante *m* 81
nastro trasportatore *m* 212
Natale *m* 27
natica *f* 13
naturale 144, 256
naturopatia *f* 55
nausea *f* 44
nave *f* 214
nave da crociera *f* 215
nave da guerra *f* 215
nave da trasporto *f* 215
nave porta container *f* 215
navetta *f* 197
navigare 177, 240
navigazione via satellite *f* 201
nazione *f* 315
nebbia *f* 287
nebulizzatore *m* 311
nebulosa *f* 280
negativo *m* 271
negatoscopio *m* 45
négligé *m* 35
negozio *m* 298
negozio dell'usato *m* 115
negozio di animali *m* 115
negozio di antiquariato *m* 114
negozio di articoli da regalo *m* 114
negozio di articoli fotografici *m* 115
negozio di articoli per l'arte *m* 115
negozio di calzature *m* 114
negozio di dischi *m* 115
negozio di dolciumi *m* 113
negozio dietico *m* 115
negozio di ferramenta *m* 114
negozio di liquori *m* 115
negozio di mobili *m* 115
negozio duty free *m* 213
neo *m* 14
neoclassico 301
neonato *m* 53
Nepal 318
nero 39, 272, 274
nervo *m* 19, 50
nervo ottico *m* 51
nervoso 19, 25
Nettuno 280
neurologia *f* 49
neutro 60
neve *f* 287
nevischio *m* 286
Nicaragua 314
nichel *m* 289
Niger 317
Nigeria 317
nipote *m/f* 22, 23
no 322
nocca *f* 15
nocciola *f* 129
noccioline *f* 151
noccioline americane *f* 151
nocciolo *m* 122, 129
noce *f* 129
noce di cocco *f* 129
noce di macadamia *f* 129
noce moscata *f* 132
noce pecan *f* 129
non pastorizzato 137
non piegare 98
nonna *f* 22
nonni *m* 23
nonno *m* 22
nono 309
nord *m* 312
normale 39
Norvegia 316
nota *f* 256
notte *f* 305
novanta 308
novantesimo 309
nove 308
novecento 308
novembre 306
nuca *f* 13
nucleo esterno *m* 282
nucleo interno *m* 282
numeratore *m* 165
numeri *m* 308
numero *m* 226
numero del binario *m* 208
numero del percorso *m* 196
numero del volo *m* 213
numero della camera *m* 100
numero dell'uscita *m* 213
numero di conto *m* 96
nuora *f* 22
nuotare 238
nuotatore *m* 238
nuoto *m* 238
nuoto sincronizzato *m* 239
nuoto subacqueo *m* 239
Nuova Zelanda 319
nuovo 321
nuvola *f* 287
nuvoloso 286

O

obiettivo *m* 167, 270
oblò *m* 214
oboe *m* 257
oca *f* 119, 293
occhialetti *m* 238
occhiali *m* 51, 247
occhiali da sole *m* 51, 265
occhiali protettivi *m* 81, 167
occhiello *m* 37, 244, 276
occhio *m* 14, 51
occhio rosso *m* 271
occupato 99, 321
Oceania 319
oceano *m* 282
Oceano Antartico *m* 313
Oceano Artico *m* 312
Oceano Atlantico *m* 312
Oceano Indiano *m* 312
Oceano Pacifico *m* 312
oculare *m* 167, 269
oculista *m/f* 51,89
odometro *m* 201
offerte *f* 106
oftalmologia *f* 49
oggetto *m* 261
oggi 306
okra *f* 122
oli *m* 134
olii essenziali *m* 55
olio *m* 142, 199
olio aromatizzato *m* 134
olio di colza *m* 135
olio di mais *m* 135
olio di mandorla *m* 134
olio di noccioline *m* 134
olio di noce *m* 134
olio di semi di arachide *m* 135
olio di semi di girasole *m* 134
olio di semi di sesamo *m* 134
olio di semi d'uva *m* 134
olio d'oliva *m* 134
olio spremuto a freddo *m* 135
olio vegetale *m* 135
oliva nera *f* 143
oliva ripiena *f* 143
oliva verde *f* 143
olive *f* 151
olivetta *f* 31
olmo *m* 296
oltre 320
Oman 318
ombelico *m* 12
ombrello *m* 36, 233
ombrellone *m* 264
ombretto *m* 40
omeopatia *f* 55
omero *m* 17
omogeneizzato 137
oncia *f* 310
oncologia *f* 49
onda *f* 241, 264
onda corta *f* 179
onda lunga *f* 179
onda media *f* 179
onice *f* 289
opaco 83, 271
opale *m* 288
opera *f* 255
opera teatrale *f* 254
operatore *m* 99
operazione *f* 48
opuscolo *m* 175
opuscolo vacanza *m* 212
ora *f* 304, 304
ora di punta *f* 209
orari *m* 261
orario *m* 197, 209, 261
orario delle visite *m* 48
orata *f* 120
orbita *f* 280
orchestra *f* 254, 256
orchidea *f* 111
ordinare 153
ordine *m* 180
ordine del giorno *m* 174
orecchino *m* 36
orecchio *m* 14
orecchioni *m* 44
oreficeria *f* 275
organi riproduttivi *m* 20
origami *m* 275
origano *m* 133
orizzontale 271
orlo *m* 34
ormeggiare 217
ormeggio *m* 217
ormone *m* 20
ornamentale 87
ornamenti per il giardino *m* 84
ornitologia *f* 263
oro *m* 289
oro *f* 235
orologio *m* 62, 304
orologio da polso *m* 36
orsacchiotto *m* 75
orso *m* 291
orso polare *m* 291
ortica *f* 297
orto *m* 85, 182
ortopedia *f* 49
orzo *m* 130, 184
ospedale *m* 48
ospite *m* 64, 100
ossicocco *m* 127
ossidiana *f* 288
osso *m* 17, 119
ostacolo *m* 243
ostacolo d'acqua *m* 392
osteopatia *f* 54
ostetrica *f* 53
ostetrico *m* 52
ostrica *f* 121
otorinolaringologia *f* 49
ottagono *m* 164
ottanta 308
ottantesimo 309
ottavo 309
otto 308
ottobre 306
ottocento 308
ottoni *m* 256
otturare 82
otturazione *f* 50
ouverture *f* 256
ovaio *m* 20
ovale *m* 164
overpar *m* 233
ovest *m* 312
ovulazione *f* 20, 52
ovulo *m* 20

P

pacchetto *m* 311
pacchetto di sigarette *m* 112
pacco *m* 99
padella *f* 69
padella per grigliare *f* 69
padre *m* 22
padrona di casa *f* 64
padrone di casa *m* 58, 64
paesaggio *m* 284
paese *m* 315
Paesi Bassi 316
pagaia *f* 241
pagamento *m* 96
pagare 153
pagliacetto *m* 30
pagnotta *f* 39
pagnotella *f* 139
Pakistan 318
pala *f* 187
palafreniere *m* 243
palato *m* 19
palazzo *m* 59
palco *m* 254
palcoscenico *m* 254
palestra *f* 101, 250
paletta *f* 77, 89, 265
paletta forata *f* 68
palla *f* 75, 228, 230
palla da bowling *f* 249
pallacanestro *f* 226
pallanuoto *f* 239
pallavolo *f* 227
palleggio *m* 230
pallet *m* 186
pallina *f* 149, 224
pallina da cricket *f* 225
pallina da golf *f* 233
pallone *m* 220, 221, 222, 226

pallone da spiaggia *m* 265
pallonetto *m* 231
palma *f* 86, 296
palmo *m* 15
palmtop *m* 175
palo *m* 222, 266
palpebra *f* 51
palude *f* 285
pan di Spagna *m* 140
Panama 314
panca *f* 250
pancetta *f* 118, 157
panchina *f* 262
pancreas *m* 18
panda *m* 291
pane *m* 157
pane affettato *m* 138
pane alla frutta *m* 139
pane bianco *m* 139
pane biscottato *m* 139, 156
pane con semi *m* 139
pane di granaio *m* 139
pane di lievito naturale
pane di mais *m* 139
pane di segale *m* 138
pane e le farine *m* 138
pane fritto all'uovo *m* 157
pane integrale *m* 139, 149
pane lievitato con bicarbonato di sodio *m* 139
pane tostato *m* 157
panetteria *f* 107
panettiere *m* 139
panificio *m* 114, 138
panino *m* 139, 143, 155
paninoteca *f* 143
panna *f* 137, 140, 157
panna acida *f* 137
panna densa *f* 137
panna fresca *f* 137
panna liquida *f* 137
panna montata *f* 137
pannello degli orari *m* 213
panni sporchi *m* 76
pannolino *m* 75
pannolino di spugna *m* 30
pannolino usa e getta *m* 30
pantacollant *m* 31
pantaloncini *m* 30
pantaloni *m* 32, 34
pantaloni da equitazione *m* 242
pantaloni di felpa *m* 33
pantofole *f* 31
papaia *f* 128
papavero *m* 297
pappagallo *m* 293
paprica *f* 132
Papua Nuova Guinea 319
par *m* 233
parabrezza *m* 198, 205
paracadute *m* 248
paracadutismo *m* 248
paracadutismo libero *m* 248
paracolpi *m* 74
paradenti *m* 237
parafango *m* 205
parafuoco *m* 63
paraginocchio *m* 205
Paraguay 315
parallelo 165
parallelogramma *m* 164
paramedico *m* 94
parapendio *m* 248
parare 223
paraspalla *m* 224
parastinchi *m* 225
parata *f* 237
paraurti *m* 198
paravento *m* 265
parcheggiare 195
parcheggio *m* 298
  per disabili *m* 195
parchimetro *m* 195
parco *m* 262
parco a tema *m* 262
parco giochi *m* 263
parco nazionale *m* 261
pareggio *m* 223
parenti *m* 23
parmigiano *m* 142
parrucca *f* 39
parrucchiere *m* 38, 115, 188
parte bassa *f* 239
parte profonda *f* 239
partecipare 174
partenze *f* 213
partita *f* 230
partitura musicale *f* 255
partner di affari m/f 24
parto *m* 52, 53
parto assistito *m* 53
pascolo *m* 182, 285
Pasqua *f* 27
  ebraica *f* 27
passaggio *m* 226
  pedonale *m* 195, 212
passaporto *m* 213
passare 220, 223
passeggero *m* 216
passeggiata *f* 75
passeggino *m* 75
passerella *f* 214
passero *m* 292
passo *m* 243
pasta *f* 138, 140, 149, 158
pasta filo *f* 140
pasta sfoglia *f* 140
pastelli *m* 274
pasticca per la gola *f* 109
pasticceria *f* 114
pasticche antinausea *f* 109
pasticci di carne *m* 143
pasticcio *m* 158
pastinaca *f* 125
pasto *m* 64, 75
pasto con hamburger *m* 154
pastorizzato 137
patata *f* 124
patata dolce *f* 125
patata novella *f* 124
patata frite *f* 154
patatine *f* 113, 151
patchwork *m* 277
pâté *m* 142, 156
patio *m* 85
patologia *f* 49
patrigno *m* 23
pattinaggio *m* 263
pattinaggio a rotelle *m* 249
pattinaggio artistico *m* 247
pattinaggio di velocità *m* 247
pattinaggio su ghiaccio *m* 247
pattinare 224
pattino *m* 224, 247
pattino a rotelle *m* 249
pattumiera *f* 61, 67
pausa *f* 256, 269
pavimentazione *f* 85
pavimento *m* 62, 71
pavone *m* 293
paziente *m* 45
paziente esterno *m* 48
pecora *f* 185
pedalare 207
pedale *m* 61, 206
pedale del freno *m* 205
pedana *f* 235
pedana del letto *f* 71
pedana di lancio *f* 228
pedana elastica *f* 235
pediatria *f* 49
pedicure *f* 41
pedina *f* 272
pedone *m* 272
pelapatate *m* 68
pelle *f* 14, 119
pellicano *m* 292
pellicola *f* 260, 271
pellicola radiografica *f* 50
pendaglio *m* 36
pendice *f* 284
pendolare *m* 208
pene *m* 21
penisola *f* 282
penna *f* 163
pennello *m* 40, 83, 274
pennello da colla *m* 82
pennello da cucina *m* 69
pennello per le labbra *m* 40
pensilina *f* 197
pensione completa *f* 101
pensione con colazione *f* 101
pentagono *m* 164
pentagramma *m* 256
pentola *f* 69
peonia *f* 111
pepe *m* 64, 152
pepe della Giamaica *m* 132
peperoncino *m* 124, 132, 143
peperone *m* 124
per 320
per favore 322
pera *f* 127
percentuale *f* 165
percussione *f* 257
perdente *m* 273
perdere 273
perenne 86
perfezionamento *m* 169
perforatore *m* 173
pergola *f* 84
pericolo *m* 195
periferia *f* 299
periodico *m* 168
permanente *f* 39
permesso 322
perone *m* 17
perpendicolare 165
persiana *f* 58
persona sospetta *f* 181
personale *m* 175
persone *f* 12, 16
Perù 315
pesante 321
pesare 310
pesca *f* 126, 128, 244, 245
pesca con la fiocina *f* 245
pesca con la mosca *f* 245
pesca dalla riva *f* 245
pesca in acqua dolce *f* 245
pesca in alto mare *f* 245
pesca in mare *f* 245
pesca noce *f* 126
pesca sportiva *f* 245
pescare con la rete 245
pescatore *m* 189, 244
pesce *m* 107, 120
pesce affumicato *m* 143
pesce con patatine *m* 155
pesce rosso *m* 294
pesce spada *m* 120, 294
pescheria *f* 114, 120
pesci *m* 294
pescivendola *f* 188
peso *m* 166, 244
peso alla nascita *m* 53
pestello *m* 68, 167
pesticida *m* 89, 183
petalo *m* 297
petizione *f* 180
petroliera *f* 215
pettinare 38
pettine *m* 38, 121
petto *m* 119
pettorale *m* 16
piadina *f* 155
pialla *f* 81
piallare 79
pianerottolo *m* 59
pianeta *m* 280, 282
piangere 25
piano *m* 58
piano di cottura *m* 67
piano di lavoro *m* 66
piano di mixaggio *m* 179
piano inferiore *m* 141
piano superiore *m* 141
piano terra *m* 104
pianoforte *m* 256
pianta acquatica *f* 86
pianta adatta all'ombra *f* 87
pianta copriterreno *f* 87
pianta da fiore *f* 87, 297
pianta da vaso *f* 87, 110
pianta del piano *f* 261
pianta del piede *f* 15
pianta grassa *f* 87
pianta strisciante *f* 87
piantare 183
piantare una tenda 266
piante *f* 86, 296
piante da giardino *f* 86
piante da roccia *f* 87
pianura *f* 285
piastra *f* 67
piastrellare 82
piastrina dell'ago *f* 276
piatti *m* 64
piatti del giorno *m* 152
piattino *m* 65
piatto *m* 65, 310
piatto da gratin *m* 69
piatto fondo *m* 65
piatto piano *m* 65
piatto principale *m* 153
piazza *f* 299
piazzole disponibili *f* 266
picca *f* 273
piccante 124
picchio *m* 292
piccione *m* 292
piccolo 321
piccolo galoppo *m* 243
piccone *m* 187
picnic *m* 263
piede *m* 12, 15, 310
piede quadro *m* 310
piedino *m* 60, 276
piega alla francese *f* 39
pieno 321
pietra *f* 36
piffero *m* 257
pigiama *m* 33
pigiamino *m* 30
Pilates *m* 251
pillola *f* 21
pilota *m* 190, 211
pilota da corsa *m* 249
pin *m* 96

ping pong *m* 231
pinguino *m* 292
pinna *f* 239, 292
pinna dorsale *f* 294
pinna pettorale *f* 294
pinnacolo *m* 300
pinne di razza *f* 120
pino *m* 296
pinolo *m* 129
pinta *f* 311
pinza spelafilo *f* 81
pinza tagliafilo *f* 80
pinze *f* 150, 167
pinze tonde *f* 80
pinzette *f* 40, 47, 167
pioggia *f* 287
piolo *m* 225, 266
piombata 199
pioppo *m* 296
piovoso 286
piovra *f* 295
pipa *f* 112
pipetta *f* 167
pipistrello *m* 290
piramide *f* 164
pirofilo 69
piscina *f* 101, 238, 250
piscina gonfiabile *f* 263
piselli *m* 131
piselli spaccati *m* 131
pisello *m* 122
pista *f* 212, 234
pista ciclabile *f* 206
pista da hockey su ghiaccio *f* 224
pista da sci *f* 246
pistacchio *m* 129
pistola *f* 94
pistola per colla *f* 78
pita *f* 139
pitcher *m* 229
pittrice *f* 191
pittura *f* 83, 274
più 165
più tardi 304
piuma *f* 293
piumone *m* 71
piumino *m* 40
pizza *f* 154
pizzeria *f* 154
pizzo *m* 35
placca *f* 50
placca da forno *f* 69
placcare 220
placenta *f* 52
platino *m* 289
play *m* 269
Plutone 280
pneumatico *m* 198, 205, 206
podalico 52
podio *m* 235, 256
podio di partenza *m* 238
poggiatesta *m* 200
poker *m* 273
poli *m* 282
poliestere *m* 277
politica *f* 169
polizia *f* 94
poliziotto *m* 189
pollaio *m* 185
pollame *m* 119
pollice *m* 15, 310
pollo *m* 119
pollo fritto *m* 155
pollo preparato *m* 119
polmone *m* 18
polo *m* 243
Polo Nord *m* 283
Polonia 316
polpa *f* 124, 127, 129
polpaccio *m* 13, 16
polpette *f* 158
polpo *m* 121
polsino *m* 32, 230
polso *m* 13, 15
poltrona *f* 63, 254
poltrona da dentista *f* 50
poltrone *f* 254
poltrone di platea *f* 254
polvere *f* 109
polvere di cacao *f* 148
polvere di curry *f* 132
pomata *f* 47, 109
pomata antirossore *f* 74
pomello *m* 59
pomeriggio *m* 305
pomice *f* 73, 288
pomo *m* 242
pomo di Adamo *m* 19
pomodoro *m* 125, 149, 157
pomodoro ciliegino *m* 124
pompa *f* 207
pompa di benzina *f* 199
pompa tiralatte *f* 53
pompelmo *m* 126
ponte *m* 214, 258, 300
ponte di comando *m* 214
ponte laterale *m* 240
pontile *m* 217
pop *m* 259
popcorn *m* 255
poppa *f* 240
porcellana *f* 105
porcile *m* 185
poro *m* 15
porridge *m* 157
porro *m* 125
porta *f* 176, 196, 209, 220, 221, 223, 224, 247
porta a soffietto *f* 196
porta della doccia *f* 72
porta esterna *f* 59
porta uovo *m* 137
portabagagli *m* 198, 209
portabebè *m* 74
portablocco con fermaglio *m* 173
portacarte a fisarmonica *m* 173
portacipria *m* 40
portaerei *f* 215
portafoglio *m* 37, 97
portaghiaccio *m* 150
portamonete *m* 37
portaombrelli *m* 59
portapacchi *m* 204
portapenne *m* 172
portasapone *m* 73
portasciugamani *m* 72
portate *f* 153
portatovagliolo *m* 65
portauovo *m* 65
portellone *m* 198
portico *m* 58
portiere *m* 222, 224
porto *m* 145, 214, 216, 217
porto da pesca *m* 217
porto per container *m* 216
porto per passeggeri *m* 216
Portogallo 316
portone *m* 58
porzione *f* 64
posacenere *m* 150
posate *f* 64
posizione *f* 232
posta aerea 98
posta elettronica *f* 98, 177
posta in arrivo *f* 177
posteggio *m* 266
posteggio dei taxi *m* 213
posteggio per bici *m* 207
poster *m* 255
postino *m* 98, 190
potare 91
poto turistico *m* 217
pot-pourri *m* 111
pranzo *m* 64
pranzo di lavoro *m* 175
prateria *f* 285
prato *m* 85, 90, 262
prego 322
prematuro 52
premolare *m* 50
prenatale 52
prendere 220, 245
prendere appunti 163
prendere il sole 264
prendere in prestito 168
prenotare 168
prenotare un volo 212
preoccupato 25
prepuzio *m* 21
presa *f* 60, 237
presa di corrente *f* 266
presa per il piede *f* 241
presbiopia *f* 51
presentatore *m* 178
presentazione *f* 174
preservativo *m* 21
preside *f* 163
presiedere 174
pressa per le gambe *f* 251
pressa per pettorali *f* 251
pressione dei pneumatici *f* 203
pressione sanguigna *f* 44
prestito *m* 96, 168
presto 305
prezzemolo *m* 133
prezzo *m* 152, 199
prima 320
prima *f* 254
primato *m* 234
primato personale *m* 234
primavera *f* 307
primo 309
primo piano *m* 104
primula *f* 297
principato *m* 315
privo di sensi 47
proboscide *f* 291
procedimento *m* 180
processione *f* 27
processore *m* 176
procione *m* 290
prodotti per bambini *m* 107
prodotti per i denti *m* 108
prodotti per la pelle *m* 108
produttore *m* 254
profondità *f* 165
profumato 130
profumeria *f* 105
profumo *m* 41
programma *m* 176, 254, 269
programmazione *f* 178
proiettore *m* 205, 259
proiezione *f* 237
prolunga *f* 78
pronto soccorso *m* 47
propagare 91
proposta *f* 174
prosciutto *m* 119, 143, 156
prosciutto crudo *m* 143
prostata *f* 21
protezione *f* 88
prova *f* 181
provetta *f* 166
provincia *f* 315
prua *f* 215, 240
prugna *f* 126
prugna secca *f* 129
psichiatria *f* 49
psicoterapia *f* 55
pubblicità *f* 269
pubblico ministero *m* 180
Puerto Rico 314
pugilato *m* 236
pugno *m* 15, 237
pula *f* 130
pulcino *m* 185
puledro *m* 185
pulire 77
pulito 121
pullman *m* 196
pullman turistico *m* 197, 260
pulmino *m* 197
pulsante di chiamata *m* 48, 197
pulsante di scatto *m* 270
pulsazioni *f* 47
pungiglione *m* 295
punta *f* 36, 78, 122, 163, 246
punta di sicurezza *f* 80
punta per metalli *f* 80
punta per muratura *f* 80
punta piana per legno *f* 80
puntaspilli *m* 276
punte *m* 80
punte da falegnameria *f* 80
punte per cacciavite *f* 80
punteggio *m* 220, 273
punti *m* 52, 173
puntina *f* 173
punto *m* 273, 277
puntura *f* 46
punze ad ago *f* 80
pupilla *f* 51
putter *m* 233
puzzle *m* 273

Q

Qatar 318
quaderno *m* 163
quadrato *m* 164
quadricipite *m* 16
quadro *m* 62, 261, 273, 274
quaglia *f* 119
quaranta 308
quaranta minuti 304
quarantesimo 309
quarto 309
quarto di gallone *m* 311
quarzo *m* 289
quattordicesimo 309
quattordici 308
quattro 308
quattrocento 308
quercia *f* 296
questa settimana 307
quindicesimo 309
quindici 308
quindici giorni 307
quinoa *f* 130
quinte *f* 254
quinto 309
quota *f* 211

R

rabarbaro *m* 127
raccattapalle *m* 231
racchetta *f* 230, 231
raccoglierba *m* 88
raccogliere 91, 183, 229
raccoglitore a leva *m* 173
raccolta *f* 98
raccolto *m* 183

raccomandata *f* 98
racquetball *m* 231
radar *m* 214, 281
radiatore *m* 202
radicchio *m* 123
radice *f* 50, 124, 296
radice di taro *f* 124
radici *f* 39
radio *m* 17
radio *f* 179, 268
radiografia *f* 48
radiografia dentale *f* 50
radiologia *f* 49
radiosveglia *f* 70
rafano *m* 125
raffreddore *m* 44
rafting *m* 241
ragazza *f* 23, 24
ragazzo *m* 23, 24
raggi ultravioletti *m* 286
raggio *m* 164, 207
ragno *m* 295
rally *m* 249
RAM *f* 176
Ramadan *m* 26
rame *m* 289
rammendare 277
ramo *m* 296
ramoscello *m* 296
rampa di accesso *f* 194
rampa di lancio *f* 281
rampa di uscita *f* 194
rampicante *m* 87
rana *f* 239, 294
rana pescatrice *f* 120
ranuncolo *m* 297
rap *m* 259
rapa *f* 124
rapa svedese *f* 125
rapide *f* 284
rapporti *m* 24
rasatura *f* 73
raschiare 77
raschietto *m* 82
rasoio elettrico *m* 73
rasoio usa e getta *m* 73
rastrellare 90
rastrelliera *f* 166
rastrelliera per gli arnesi *f* 78
rastrello *m* 88
ratto *m* 290
ravanello *m* 124
razza *f* 120
razzo illuminante *m* 240
re *m* 272, 273
reato *m* 94
reattore *m* 281
recinto *m* 85, 182, 185, 242
recipiente *m* 66
redattrice *f* 191
redini *f* 242
refettorio *m* 168
regalo *m* 27
reggae *m* 259
reggicalze *m* 35
reggiseno *m* 35
reggiseno da allattamento *m* 53
regina *f* 272, 273
regione *f* 315
regista *m* 254
registrazione *f* 269
registro *m* 100
Regno Unito *m* 316
regolatore *m* 239
regolatore di esposizione *m* 270
regolatore del tempo di esposizione *m* 270
reiki *m* 55
relatore *m* 174
relazione *f* 174
remare 241
rematore *m* 241
remo *m* 241
rene *m* 18
reni *f* 13
reparto *m* 48, 49
reparto alimentari *m* 105
reparto bagagli *m* 104
reparto bambini *m* 104
reparto calzature *m* 104
reparto di cura intensiva *m* 48
reparto maternità *m* 48
reparto pediatrico *m* 48
Repubblica Ceca 316
Repubblica Centrafricana 317
Repubblica Democratica del Congo 317
Repubblica Dominicana 314
respiratorio 19
respirazione *f* 47
rete *f* 176, 217, 222, 226, 227, 231
rete da pesca *f* 244
rete del letto *f* 71
rete ferroviaria *f* 209
reticella *f* 167
retina *f* 51, 244
rettangolo *m* 164
rettili *m* 293
retto *m* 21
rianimazione *f* 47
riasfaltatura *f* 187
riavvolgimento *m* 269
ribes bianco *m* 127
ribes nero *m* 127
ricamo *m* 277
ricci 39
riccio *m* 290
ricerca *f* 169
ricetta *f* 45
ricevere 177
ricevimento nuziale *m* 26
ricevitore *m* 99, 225, 229
ricevuta *f* 152
ricezione *f* 100
ricoperto di cioccolato 140
ricoprire di zolle erbose 90
ricordi *m* 260
ricorso *m* 181
ricoverato 48
ricupero bagagli *m* 213
ridere 25
ridurre 172
rifiuti *m* 266
rifiuti organici *m* 61
riflessologia *f* 54
righello *m* 163, 165
rigore *m* 222
rilasciare 245
rilassamento *m* 55
rimbalzare 227
rimedi fitoterapici *m* 108
rimessa *f* 226
rimessa in gioco *f* 223
rimestare 67
rimorchiare 195
rimorchiatore *m* 215
rimorchio *m* 266
rinascimentale 301
ring *m* 237
ringhiera *f* 59
rinnovare 168
rinoceronte *m* 291
ripiano *m* 167
ripieno *m* 140, 155
riposare 100
riproduttivo 19
riproduttore acustico *m* 258
riproduzione *f* 20
riscaldare 154
riscaldarsi 251
riso *m* 130, 158, 184
riso bianco *m* 130
riso da budino *m* 130
riso integrale *m* 130
riso selvatico *m* 130
risparmi *m* 96
rispondere 99, 163
risposta *f* 163
ristorante *m* 101, 152
risultato *m* 49
risvolto *m* 32
ritardo *m* 209
ritmo *m* 259
ritorno *m* 231
riunione *f* 174
riva *f* 284
rivista *f* 112, 168
riviste *f* 107
rocce *f* 284, 288
rocchetto del filo *m* 276
rococò 301
rodeo *m* 243
rognone *m* 119
Romania 316
rombo *m* 164
rompere le acque 52
rondella *f* 80
rondine *f* 292
rosa 274
rosa *f* 89, 110
rosé 145
rosmarino *m* 133
rospo *m* 294
rossetto *m* 40
rossi 39
rosso 145, 274
rotaia *f* 208
rotatoria *f* 195
rotelle *f* 207
rotolo *m* 311
rotula *f* 17
rough *m* 232
roulotte *f* 266
round *m* 237
rovescio *m* 231, 286
rovina famosa *f* 261
Ruanda 317
rubinetto *m* 61, 66
rubinetto dell'acqua calda *m* 72
rubinetto dell'acqua fredda *m* 72
rubinetto di arresto *m* 61
rubinetto di scarico *m* 61
rubino *m* 288
ruck *m* 221
rucola *f* 123
ruga *f* 15
rugby *m* 221
rullino *m* 271
rullo *m* 83
rullo compressore *m* 187
rum *m* 145
rum con coca cola *m* 151
ruota *f* 198, 207, 235, 276
ruota anteriore *f* 196, 210
ruota dentata *f* 206
ruota di scorta *f* 203
ruota posteriore *f* 197
ruspante 118
russare 71

S

sabato 306
sabbia *f* 85, 264
sacca *f* 37
sacca da golf *f* 233
sacchetto *m* 311
sacco *m* 237
sacco a pelo *m* 267
sacco postale *m* 98
Sahara *m* 313
Sahara Occidentale 317
Saint Kitts-Nevis 314
Saint Lucia 314
Saint Vincent e Grenadine 314
sala da pranzo *f* 64
sala da riunione *f* 174
sala d'attesa *f* 45
sala delle partenze *f* 213
sala di lettura *f* 168
sala emergenze *f* 48
sala macchine *f* 214
sala operatoria *f* 48
salamandra *f* 294
salame *m* 142
salame piccante *m* 142
salato 121, 129, 137, 143, 155
saldare 79
saldatore *m* 80
sale *m* 64, 152
salice *m* 296
salmone *m* 120
salopette *f* 30
salotto *m* 62
salpare 217
salsa *f* 134, 143, 155
salsa di pomodoro *f* 154
salsiccia *f* 118, 157
salsiccia piccante *f* 142
saltare 227
saltare con la corda 251
saltare in padella 67
salto *m* 237, 243, 247
salto con l'asta *m* 234
salto in alto *m* 235
salto in lungo *m* 235
salumeria *f* 107, 142
salumi *f* 107
salute *f* 44
salvagente *m* 240
salvare 177
salvaslip *m* 108
salvia *f* 133
salvietta antisettica *f* 47
salviettina umidificata *f* 75, 108
San Marino 316
sandali *m* 31
sandalo *m* 37
sanguinaccio *m* 157
São Tomé e Príncipe 317
sapone *m* 73
saponetta *f* 311
Sardegna 316
sardina *f* 120
sarta *f* 277
sartiame *m* 215, 240
sarto *m* 191
sartoria *f* 115
sassofono *m* 257
satellite *m* 281
satsuma *m* 126
Saturno 280
sauna *f* 250
savoiardi *m* 141
sazio 64
sbadigliare 25
sbagliato 321
sbarcare 217
sbarra *f* 235, 250
sbarramento *m* 75
sbarre *f* 74
sbarre asimmetriche *f* 235
sbarre parallele *f* 235
sbattere 67
sbucciare 67
sbucciatura *f* 46
scacchi *m* 272
scacchiera *f* 272

scaffale *m* 106, 168
scafo *m* 214, 240
scaglia *f* 294
scaglie *f* 132, 293
scala *f* 95, 186, 256
scala a libretto *f* 82
scala di sicurezza *f* 95
scala mobile *f* 104
scaldaacqua *m* 61
scale *f* 59
scalogno *m* 125
scalpello *m* 81, 275
scandire 162
scanner *m* 176
scapola *f* 17
scarafaggio *m* 295
scarcerazione sulla parola *f* 180
scaricare 177
scarpa con i lacci *f* 37
scarpa con tacco alto *f* 37
scarpa da ginnastica *f* 31, 37
scarpa da golf *f* 233
scarpa da trekking *f* 37
scarpa da uomo *f* 37
scarpa di cuoio *f* 32, 37
scarpe *f* 34, 37
scarpe da escursionismo *f* 267
scarpe da tennis *f* 231
scarpette *f* 30
scarpino *m* 220, 223
scarponcini *m* 251
scarpone da sci *m* 246
scartavetrare 82
scatola d'archivio *f* 173
scatola degli attrezzi *f* 80, 244
scatola dei fusibili *f* 203
scatola del cambio *f* 202, 204
scatola di cioccolatini *f* 113
scatola di fazzolettini *f* 70
scatola portaesche *f* 244
scatolame *m* 107
scatoletta *f* 311
scavare 90
scendibagno *m* 72
scenografia *f* 254
scheda del paziente *f* 48
schedario *m* 172
scheggia *f* 46
scheletro *m* 17
scherma *f* 249
schermo *m* 97, 176, 255, 267
schiacciapatate *m* 68
schiacciata *f* 139
schiacciato 159
schiena *f* 13
schienale *m* 64, 210
schiuma *f* 148
schiuma da barba *f* 73
schiumarola *f* 68
schizzo *m* 275
sci *m* 241, 246
sci alpino *m* 247
sci d'acqua *m* 241
sci di fondo *m* 247
sciabola *f* 236
sciacquare 38, 76
sciarpa *f* 31
sciatore d'acqua *m* 241
sciatrice *m* 246
scienza *f* 162, 166
scienziato *m* 190
scimmia *f* 291
scioccato 25
sciroppo *m* 109
sciroppo d'acero *m* 134
scisto *m* 288
scivolare 229
scivolata *f* 237
scivolo *m* 263
scogliera *f* 285
scoiattolo *m* 290
scolapasta *m* 68
scolapiatti *m* 67
scolara *f* 162
scolaro *m* 162
scollatura *f* 34
scollo all'Americana *m* 35
scolo *m* 61, 72, 91
scommessa *f* 273
scompartimento *m* 209
scompartimento a cuccette *m* 209
scongelare 67
scopa *f* 77
scopa lavapavimenti *f* 77
scoperto 260
scoperto *m* 96
scorpione *m* 295
scorza *f* *126,* 142
scorza interna *f* 126
scossa elettrica *f* 46
scotta *f* 241
scottatura *f* 46
scrabble *m* 272
scrivania *f* 172
scrivere 162
scroto *m* 21
scucire 277
scultore *m* 191
scultura *f* 275
scuola *f* 162, 299
scuola d'arte *f* 169
scuolabus *m* 196
scuole *f* 169
scuro 41, 321
secchi 39
secchiello *m* 265
secchio *m* 77, 82
secco 41, 130, 145, 286
secolo *m* 307
seconda galleria *f* 254
secondo *m* 304
secondo 309
secondo piano *m* 104
sedano *m* 122
sedano rapa *m* 124
sedativo *m* 109
sede centrale *f* 175
sede del circolo *f* 232
sedia *f* 64
sedia a rotelle *f* 48
sedia a sdraio *f* 265
sedia girevole *f* 172
sedicesimo 309
sedici 308
sedile *m* 61, 64, 204, 209, 210, 242
sedile del water *m* 72
sedile dell'autista *m* 196
sedile posteriore *m* 200
sedimentario 288
sega *f* 89
sega circolare *f* 78
sega da traforo *f* 78, 81
sega manuale *f* 80
sega per tenoni *f* 81
segare 79
seggiolino per bambini *m* 198, 207
seggiolone *m* 75
seggiovia *f* 246
seghetto per metalli *m* 81
segnale *m* 209
stradale *m* 298
segnaletica orizzontale *f* 194
segnare 223, 227
segreteria telefonica *f* 99
sei 308
seicento 308
selce *f* 288
selezionatore dei punti *m* 276
sella *f* 242
sella da signora *f* 242
sellino *m* 206
sellino posteriore *m* 204
semaforo *m* 194, 298
seme *m* 122, 127, 128, 130
seme di girasole *m* 131
seme di sesamo *m* 131
seme di zucca *m* 131
semenzaio *m* 89
semenzale *m* 91
semi *m* 88, 131
semi di carvi *m* 131
semi di finocchio *m* 133
semi di mostarda *m* 131
semi di papavero *m* 138
semi di soia *m* 131
seminare 90, 183
seminterrato *m* 58
semola *f* 130
sempreverde 86
senape *f* 135, 155
Senegal 317
seno *m* 12, 19
sensibile 41
senso unico *m* 194, 298
sentenza *f* 181
sentiero *m* 85, 262
sentiero per cavalli *m* 263
senza 320
senza grassi 137
senza maniche 34
senza piombo 199
senza sale 137
senza semi 127
senza spalline 34
seppia *f* 121
sera *f* 305
serbatoio *m* 61, 204
del liquido lavavetri *m* 202
serbatoio del liquido per i freni *m* 202
serbatoio della benzina *m* 203
serbatoio dell'acqua *m* 61
serbatoio dell'olio *m* 204
serbatoio per il liquido refrigerante *m* 202
serie *f* 179
televisiva *f* 178
serpente *m* 293
serra *f* 85
serratura *f* 59
server *m* 176
servire 64, 229
servizi di emergenza *m* 94
servizio *m* 231, 231
servizio compreso 152
servizio di lavanderia *m* 101
servizio di pulizia *m* 101
servizio in camera *m* 101
servizio informazione abbonati *m* 99
servizio non compreso 152
sessanta 308
sessantesimo 309
sesto 309
set *m* 178, 179, 230
seta *f* 277
setacciare 91, 138
setaccio *m* 89
settanta 308
settantesimo 309
sette 308
settecento 308
settembre 306
settimana *f* 306
settimana prossima *f* 306
settimana scorsa *f* 307
settimanale 307
settimo 309
sfera *f* 164
sfiatatoio *m* 290
sfocato 271
sfogo *m* 44
sfondo *m* 177
sformato *m* 142
sfumatura alta *f* 39
sgabello *m* 150
sgombro *m* 120
sgusciato 129
shaker *m* 150
shampoo *m* 38
sherry *m* 145
shiatsu *m* 54
shock *m* 47
shuttle *m* 281
si 322
Siberia *f* 313
Sicilia 316
sicura *f* 200
sicurezza *f* 75, 212, 240
sicuro 228
sidro *m* 145
siepe *f* 85, 90, 182
siero di latte *m* 137
Sierra Leone 317
sigarette *f* 112
sigaro *m* 112
sigillante *m* 83
Signora *f* 23
Signore *m* 23
Signorina *f* 23
silenziatore *m* 203, 204
silos *m* 183
sinagoga *f* 300
sinfonia *f* 256
Singapore 319
singolo *m* 230
singolo 151
sinistra 260
sintetico 31
sintonizzare 179
sintonizzare la radio 269
sipario *m* 254
sirena *f* 94
Siria 318
siringa *f* 109, 167
sistema *m* 176
sistema di avviso ai passeggeri *m* 209
sistema solare *m* 280
sistemi interni *m* 60
sistemi organici *m* 19
sito web *m* 177
skateboard *m* 249, 263
slalom *m* 247
slalom gigante *f* 247
slip *m* 33, 35
slittino *m* 247
slogatura *f* 46
Slovacchia 316
Slovenia 316
smaltimento dei rifiuti *m* 61
smalto *m* 50
smalto per unghie *m* 41
smeraldo *m* 288
smorzata *f* 230
snack bar *m* 148
snooker *m* 249
snowboard *m* 247
società *f* 175
soda *f* 144
sodo 124
soffiare 141
soffione della doccia *m* 72

soffitto *m* 62
soffocare 47
software *m* 176
sogliola di Dover *f* 120
sogliola limanda *f* 120
solco *m* 183
soldato *m* 189
sole *m* 280
soleggiato 286
solidi *m* 164
sollevare 251
solubile 109
soluzione disinfettante *f* 51
soluzione per la pulizia *f* 51
solvente *m* 83
Somalia 317
sommare 165
sonaglio *m* 74
sonata *f* 256
sonda *f* 50
sonnifero *m* 109
sopra 320
sopracciglio *m* 14, 51
sorbetto *m* 141
sorella *f* 22
sorgere del sole *m* 305
sorpassare 195
sorpreso 25
sorriso *m* 25
sospensione *f* 203
sospetto *m* 94
sospirare 25
sosta vietata 195
sostegno *m* 88
sostegno del morsetto *m* 166
sostituto *m* 223
sostituzione *f* 223
sottaceto 159
sottile 321
sotto 320
sottobicchiere *m* 150
sottoesposto 271
sott'olio 143
sottomarino *m* 215
sottopassaggio *m* 194
sottopiatto *m* 64
sottosuolo *m* 91
sottoveste *f* 35
sottrarre 165
soufflé *m* 158
sovraesposto 271
sovrapantoloni *m* 245
spaccato *m* 282
Spagna 316
spago *m* 89
spalla *f* 13
spallina *f* 35
spartito *m* 256
spatola *f* 68, 167
spaventapasseri *m* 184
spaventato 25
spazio *m* 280
spazio con fasciatoio *m* 104
spazzare 77
spazzola *f* 38, 77, 82
spazzola da water *m* 72
spazzola per la schiena *f* 73
spazzolare 38
spazzolina per le sopracciglia *f* 40
spazzolino *m* 50
spazzolino da denti *m* 72
specchietto laterale *m* 198
specchietto retrovisore *m* 198
specchio *m* 40, 63, 71, 167
specialista *m* 49
spedire 177
spegnere la televisione 269
spellato 121
sperma *m* 20
spesa *f* 106
spesso 321
spettatori *m* 233
spezie *f* 132
spia del carburante *f* 201
spia della temperatura *f* 201
spiaggia *f* 264
spianare 67
spicchio *m* 125, 126
spiodino *m* 68, 155, 158
spigola *f* 120
spilla *f* 36
spilla da balia *f* 47
spillatore di birra *m* 150
spillo *m* 276
spina *f* 60, 121
spina dorsale *f* 17
spinaci *m* 123
spinato 121
spioncino *m* 59
spira *f* 300
spoletta *f* 277
spolverare 77
spolverino *m* 77
sport *m* 220
sport acquatici *m* 241
sport da combattimento *m* 236
sport e il tempo libero *m* 236
sport invernali *m* 247
sportello *m* 96, 98, 198
sportello dell' equipaggio *m* 281
sposarsi 26
spray *m* 109
spremiaglio *m* 68
spremuta *f* 149
spruzzare 91
spugna *f* 73, 74, 83
spuntare 39, 90
sputacchiera *f* 50
squadra *f* 165, 220, 229
squalo *m* 294
squama *f* 121
squash *m* 231
squat *m* 251
sradicare le erbacce 91
Sri Lanka 318
stabilizzatore *m* 210
staccare 82
staccato 99
stadio *m* 223
staffa *f* 242
staffetta *f* 235
stagionale 129
stagionato 118, 159
stagioni *f* 306
stagno *m* 289
stalla *f* 185, 243
stame *m* 297
stampa *f* 178, 275
stampante *f* 172, 176
stampare 172
stampino *m* 83
stampo *m* 69
stampo per dolci *m* 69
stampo per flan *m* 69
stampo per soufflé *m* 69
stampo per torte *m* 69
stanza *f* 58
stanza da bagno *f* 72
starnuto *m* 44
Stati Uniti d'America 314
stato *m* 315
statuina *f* 260
stazione di polizia *f* 94
stazione di servizio *f* 199
stazione ferroviaria *f* 208
stazione spaziale *f* 281
stecca *f* 47
stella *f* 280
stella di mare *f* 295
stelo *m* 111, 122, 297
stendere 251
stenografo *m* 181
stereo 269
sterile 20, 47
sterno *m* 17
stetoscopio *m* 45
stile libero *m* 239
stili *m* 239, 301
stili musicali *m* 259
stilista *m* 277
stinco *m* 12
stipendio *m* 175
stiramento *m* 251
stirare 76
stiva *f* 215
stivale da equitazione *m* 242
stivaloni di gomma *m* 244
stoffa *f* 276
stomaco *m* 18
stop *m* 269
storia *f* 162
storia dell'arte *f* 169
stoviglie *f* 65
strada *f* 298
strada di accesso *f* 216
strade *f* 194
strascico *m* 35
strato di ozono *m* 286
strato superficiale *m* 85
stratosfera *f* 286
stress *m* 55
stretching *m* 251
stretto 321
strike *m* 228
strumenti *m* 256, 258
strumenti a fiato *m* 257
struttura *f* 267
struttura per arrampicarsi *f* 263
struzzo *m* 292
stucco *m* 83
studente universitario *m* 169
studio *m* 63, 162
studio dell'avvocato *m* 180
studio di registrazione *m* 179
studio televisivo *m* 178
stufa *f* 60
stufa a convezione *f* 60
stufato *m* 158
sturalavandini *m* 81
stuzzichini *m* 151
su 320
succo *m* 127
succo d'ananas *m* 149
succo d'arancia *m* 148
succo di frutta *m* 156
succo di mela *m* 149
succo di pomodoro *m* 144
succo d'uva *m* 144
succursale *f* 175
sud *m* 312
Sud Africa 317
Sudan 317
sugoso 127
sumo *m* 237
suocera *f* 23
suocero *m* 23
suola *f* 37
superficie *f* 165, 310
supermercato *m* 106
supplemento *m* 55
supporto *m* 187, 268
supporto per l'altoparlante *m* 268
supposta *f* 109
surf *m* 241
surfing *m* 241
surfista *m* 241
surgelati *m* 107
Suriname 315
sveglia *f* 70
svegliarsi 71
svenire 25, 44
Svezia 316
sviluppare 271
svincolo *m* 194
Svizzera *f* 316
svolta a destra vietata 195
Swaziland 317
swing di pratica *m* 233

T

tabacco *m* 112, 184
tabellone *m* 173, 226
tabellone dei risultati *m* 225
tacchino *m* 119, 185, 293
tacco *m* 37
tae kwondo *m* 236
Tagikistan 318
tagli *m* 119
tagliabordi *m* 88
tagliare 38, 79, 277
tagliatubi *m* 81
tagliaunghie *m* 41
tagliere *m* 68
taglierini *m* 158
taglio *m* 46, 230
taglio cesareo *m* 52
tai-chi *m* 236
Tailandia 318
Taiwan 319
talco *m* 73
talea *f* 91
tallone *m* 13, 15
tamburino *m* 257
tamburo militare *m* 257
tampone di inchiostro *m* 173
tamponi *m* 108
tandem *m* 206
Tanzania *f* 317
tappetino *m* 54
tappeto *m* 63, 71
tappezzare 82
tappo *m* 72, 134, 166
tardi 305
targa *f* 198
targhetta d'identità *f* 53
tariffa *f* 197, 209
tariffa d'ingresso *f* 260
tartaruga *f* 293
tartufo *m* 113, 125
tasca *f* 32
tasca da pasticciere *f* 69
Tasmania 319
tassista *m* 190
tasso di cambio *m* 97
tasso d'interesse *m* 96
tastiera *f* 97, 99, 172, 176, 258
tasto *m* 176, 258
tatuaggio *m* 41
tavola *f* 241
tavola da skateboard *f* 249
tavolata *f* 85
tavoletta *f* 238
tavoletta di cioccolata *f* 113
tavolino *m* 62
tavolo *m* 64, 148
tavolo da lavoro *m* 82
tavolo da picnic *m* 266
tavolo della colazione *m* 156
tavolozza *f* 274
tazza *f* 61, 65

italiano

tazza da tè *f* 65
tazza per bere *f* 75
tazzina da caffè *f* 65
tè *m* 144, 149, 184
tè al limone *m* 149
tè alla menta *m* 149
tè alle erbe *m* 149
tè con latte *m* 149
tè freddo *m* 149
tè nero *m* 149
tè sciolto *m* 144
tè verde *m* 149
teatro *m* 254, 299
tecniche *f* 79
tecnico del suono *m* 179
tee *m* 233
teeing-ground *m* 232
teglia *f* 69
teglia per pasticcini *f* 69
tegola *f* 58, 187
teiera *f* 65
tela *f* 274
telaio *m* 203, 206, 277
telecamera *m* 178
telecomando *m* 269
telefonino *m* 99
telefono *m* 99, 172
telefono a monete *m* 99
telefono a scheda *m* 99
telefono per emergenze *m* 195
telefono senza fili *m* 99
telegiornale *m* 178
telegramma *m* 98
telenovela *f* 178
telescopio *m* 281
televisione via cavo *f* 269
televisore *m* 268
televisore a schermo largo *m* 269
telo di protezione *m* 83
telo isolante *m* 267
telo protettivo *m* 266
tema *m* 163
tempera *f* 274
temperamatite *m* 163
temperatura *f* 286
tempesta *f* 287
tempia *f* 14
tempio *m* 300
tempo *m* 234, 286
tempo libero *m* 254, 258, 264
tempo supplementare *m* 223
tenda *f* 63, 148, 267
tenda da doccia *f* 72
tendina *f* 63
tendine *m* 16, 17
tendine di Achille *m* 16
tenersi a galla 239
tennis *m* 230
tennista *m* 231
tensione *f* 60
tenuta da calcio *f* 31
tequila *f* 145
terapia di gruppo *f* 55
terapie alternative *f* 54
terapista *f* 55
tergicristallo *m* 198
terminal *m* 212
terminale di carenaggio *m* 216
termite *f* 295
termocoperta *f* 71
termometro *m* 45, 167
termosfera *f* 286
termostato *m* 61
terra *f* 282
Terra *f* 280
terraferma *f* 282
terremoto *m* 283
terreno *m* 85
terreno agricolo *m* 182
terriccio *m* 88
terrina *f* 69
territorio *m* 315
terzo 309
tesi *f* 169
tesserino *m* 168
tessitura *f* 277
tessuto *m* 277
test di gravidanza *m* 52
testa *f* 12, 19, 81, 230
testa del cilindro *f* 202
testata *f* 70
testicolo *m* 21
testimone *m* 180, 235
testo *m* 259
testuggine *f* 293
tettarella *f* 75
tetto *m* 58, 203
tettuccio *m* 202
thermos *m* 267
thriller *m* 255
tibia *f* 17
tiebreak *m* 230
tiepido 286
tiglio *m* 296
tigre *f* 291
timbro di gomma *m* 173
timbro postale *m* 98
timido 25
timo *m* 133
timone *m* 210, 241
Timor Est 319
timpano *m* 257
tinti 39
tintura per capelli *f* 40
tipi *m* 199, 205
tipi di autobus *m* 196
tipi di fattoria *m* 183
tipi di giardino *m* 84
tipi di macchina fotografica *m* 270
tipi di pesca *m* 245
tipi di piante 86
tipi di treno *m* 208
tirare 221, 223, 227
tirare con il mulinello 245
tiro al bersaglio *m* 249
tiro alto *m* 230
tiro con l'arco *m* 249
tiro insospensione *m* 226
tiroide *f* 18
titoli *m* 97
titolo *m* 168
toeletta *f* 71
toga *f* 169
togliere i fiori appassiti 91
Togo *m* 317
toilettes *f* 104
tombino *m* 299
tonalità 41
tonnellata *f* 310
tonno *m* 120
tono *m* 256
topazio *m* 288
topinambur *m* 125
topo *m* 290
toppa *f* 207
torace *m* 12
torcia *f* 267
tormalina *f* 288
tornado *m* 287
torneo *m* 233
tornio da vasaio *m* 275
tornire 79
toro *m* 185
torre *f* 272, 300
torre di controllo *f* 212
torre di sorveglianza *f* 265
torrente *m* 285
torretta *f* 300
torretta di comando *f* 215
torrone *m* 113
torsolo *m* 127
torta al cioccolato *f* 140
torta alla crema *f* 141
torta di compleanno *f* 141
torta nuziale *f* 141
torte per celebrazioni *f* 141
tosaerba *m* 88, 90
tosare l'erba 90
tosse *f* 44
tostapane *m* 66
touch-down *m* 220
tovaglia *f* 64
tovagliolo *m* 65, 152
tovagliolo di carta *m* 154
tra 320
trachea *f* 18
traffico *m* 194
traghetto *m* 215, 216
traguardo *m* 234
tram *m* 196, 208
tramezzino *m* 155
tramezzino a strati *m* 155
tramezzino aperto *m* 155
tramezzino tostato *m* 149
tramonto *m* 305
trampolino *m* 238
trancia *f* 121
transenna di sicurezza *f* 246
trapanare 79
trapano *m* 50
trapano elettrico *m* 78
trapano manuale *m* 81
trapano ricaricabile *m* 78
trapezio *m* 16, 164
trapiantare 91
trapunta *f* 71
trapunto *m* 277
trasferta *f* 223
trasformatore *m* 60
trasmettere 178, 179
trasmissione *f* 202
trasporti *m* 194
trattamenti di bellezza *m* 41
trattamento per il viso *m* 41
trattato 143
trattore *m* 182
trave *f* 235
trave del tetto *f* 186
travel cheque *m* 97
traversa *f* 222
tre 308
treadmill *m* 250
treccia *f* 39
trecento 308
tredicesimo 309
tredici 308
trementina *f* 83
tremore *m* 283
treno *m* 208
treno a vapore *m* 208
treno ad alta velocità *m* 208
treno diesel *m* 208
treno elettrico *m* 208
treno intercity *m* 209
treno merci *m* 208
trenta 308
trentesimo 309
treppiede *m* 166, 270, 281
triangolo *m* 164, 257
tric trac (la tavola reale) *m* 272
tricheco *m* 290
tricipite *m* 16
trifoglio *m* 297
triglia *f* 120
trigone *m* 294
trimestre *m* 52
Trinidad e Tobago 314
triste 25
tritato 132
tritatutto *m* 66
tromba *f* 257
trombone *m* 257
tronco *m* 296
tropici *m* 283
tropico del Cancro *m* 283
tropico del Capricorno *m* 283
troposfera *f* 286
trota iridea *f* 120
trotto *m* 243
trovare un lavoro 26
trucco *m* 40
truciolato *m* 79
trucioli *m* 78
tuba *f* 257
tuba di Fallopio *f* 20
tubetto *m* 311
tubo *m* 89, 202
tubo dell'acqua *m* 61
tubo di aspirazione *m* 77
tubo di scappamento *m* 203, 204
tubo di scolo *m* 61
tubo di troppopieno *m* 61
tubo reggisella *m* 206
tuffarsi 238, 239
tuffatore *m* 238
tuffo alto *m* 239
tuffo di rincorsa *m* 239
tulipano *m* 111
Tunisia *f* 317
tuono *m* 286
tuorlo *m* 137, 157
turbato 25
turbocompressore *m* 203
turchese *m* 289
Turchia *f* 316
turismo *m* 260
turista *m* 260
Turkmenistan 318
turno di battuta *m* 228
tuta *f* 31, 82
tuta da sport *f* 32
tuta da sci *f* 246
tuta di pelle *f* 205
tuta spaziale *f* 281
tuta subacquea *f* 239
tutina *f* 30
tutina da neve *f* 30
tutore *m* 90
tutù *m* 191

U

uccelli *m* 292
Ucraina *f* 316
ufficio *m* 24, 172, 174
ufficio contabilità *m* 175
ufficio del direttore *m* 266
ufficio del personale *m* 175
ufficio della dogana *m* 216
ufficio di assistenza clienti *m* 175
ufficio di cambio *m* 97
ufficio iscrizioni *m* 168
ufficio legale *m* 175
ufficio marketing *m* 175
ufficio postale *m* 98
ufficio vendite *m* 175
Uganda *m* 317
uguale 165
ulna *f* 17
ultrasuono *m* 52
un quarto d'ora 304

una mezzora 304
uncino *m* 244
underpar *m* 233
undicesimo 309
undici 308
Ungheria 316
unghia *f* 15
unghia del piede *f* 15
unguento *m* 109
unifamiliare 58
uniforme *f* 94
unità di smistamento *f* 61
università *f* 168, 299
universo *m* 280
uno 308
uomo *m* 12, 23
uomo d'affari *m* 175
uova *f* 137
uova strappazzate *f* 157
uovo alla coque *m* 137, 157
uovo di anatra *m* 137
uovo di gallina *m* 137
uovo di quaglia *m* 137
uovo d'oca *m* 137
uovo fritto *m* 157
uragano *m* 287
Uranio 280
uretere *m* 21
uretra *f* 20
urinario 19
urologia *f* 49
Uruguay 315
uscita *f* 61, 210
uscita di emergenza *f* 210
ustione *f* 46
utensili *m* 66
utensili da cucina *m* 68
utero *m* 20, 52
uva passa *f* 129
uva spina *f* 127
uva sultanina *f* 129
uvetta *f* 129
Uzbekistan 318

V

vacanza *f* 212
vagina *f* 20
vaglia postale *m* 98
vagone *m* 208
vagone ristorante *m* 209
valanga *f* 247
valigetta *f* 37
valle *f* 284
valuta estera *f* 97
valvola *f* 207
valvola della pressione *f* 61
valvoliera *f* 60
vanga *f* 88
vaniglia *f* 132
vano della pellicola *m* 270
vantaggio *m* 230
Vanuatu 319
varechina *f* 77
varicella *f* 44
vasca *f* 72
vaschetta *f* 74, 311
vaschetta per la vernice *f* 83
vasino *m* 74
vaso *m* 63, 111
vaso da fiori *m* 89
vassoio *m* 152, 154, 210
vassoio della colazione *m* 101
vassoio in arrivo *f* 172
vassoio in partenza *m* 172
vassoio per la carta *m* 172
vecchio 321
veicolo di servizio *m* 212
vela *f* 240, 241
vela di maestra *f* 240
vela di prua *f* 240
velo *m* 35
veloce 321
velocista *m* 234
vena *f* 19
venditore ambulante *m* 154
venerdì 306
Venere 280
veneziana *f* 63
Venezuela 315
ventesimo 309
venti 308
venti minuti 304
ventidue 308
ventiduesimo 309
ventilatore *m* 60
ventimila 309
ventitreesimo 309
vento *m* 241, 286
ventola *f* 202
ventola per l'aria *f* 210
ventosa *f* 53
ventoso 286
ventunesimo 309
ventuno 308
verbale *m* 174
verde 274
verdetto *m* 181
verdura *f* 122
verdure *f* 107, 124
verme *m* 295
vernice di base *f* 83
vernice trasparente *f* 83
verniciare 83
versare 67, 96
verso 320
vertebre cervicali *f* 17
vertebre lombari *f* 17
vertebre toraciche *f* 17
verticale 271
verza *f* 123
vescica *f* 20, 46
vescicola seminale *f* 21
vespa *f* 295
vestaglia *f* 31, 32
vestiti puliti *m* 76
vestito *m* 31, 34
veterinaria *f* 189
via laterale *f* 299
viaggio d'affari *m* 175
viaggio di nozze *m* 26
viale *m* 299
vibrafono *m* 257
vicino 320
vicino *m* 24
vicolo *m* 298
videocamera *f* 260, 269
videocassetta *f* 269
videogioco *m* 269
videoregistratore *m* 269
videotelefono *m* 99
Vietnam 318
vigile del fuoco *m* 189
vigile urbano *m* 195
vigili del fuoco *m* 95
vigna *f* 183
vigneto *m* 183
villaggio *m* 299
vincere 273
vincitore *m* 273
vino *m* 145, 151
viola 274
viola *f* 256
violacciocca *f* 110
violino *m* 256
violoncello *m* 256
viottolo *m* 58
virus *m* 44
visiera *f* 205
visita *f* 45
visita guidata *f* 260
visita medica *f* 45
vista *f* 51
visto *m* 213
vita *f* 12
vitamine *f* 108
vite *f* 80
vitello *m* 118, 185
vivaio ittico *m* 183
vodka *f* 145
vodka all'arancia *f* 151
vogatore *m* 250
volano *m* 231
volante *m* 201
volare 211
volée *f* 231
volo a vela *m* 248
volo in deltaplano *m* 248
volo internazionale *m* 212
volo nazionale *m* 212
volpe *f* 290
volta *f* 300
volteggio *m* 235
volume *m* 165, 179, 269, 311
vomitare 44
vongola *f* 121
vulcano *m* 283
vuoto 321

W

waffle *m* 157
water *m* 61, 72
western *m* 255
whisky *m* 145
whisky con acqua *m* 151
wicket *m* 225
windsurf *m* 241
windsurfer *m* 241
wok *m* 69
wurstel *m* 155

Y

yacht *m* 215, 240
Yemen 318
yoga *m* 54
yogurt *m* 137
yogurt alla frutta *m* 157
yogurt gelato *m* 137

Z

zafferano *m* 132
zaffiro *m* 288
zainetto *m* 37
zaino *m* 31, 267
Zambia *m* 317
zampa *f* 119
zanna *f* 291
zanzara *f* 295
zanzariera *f* 267
zappa *f* 88
zattera di salvataggio *f* 240
zatterone *m* 37
zebra *f* 291
zenzero *m* 125, 133
zerbino *m* 59
zero 308
zia *f* 22
Zimbabwe *m* 317
zincato 79
zinco *m* 289
zio *m* 22
zoccolo *m* 242, 291
zolfo *m* 289
zolla *f* 283
zona *f* 315
zona fumatori *f* 152
zona industriale *f* 299
zona non fumatori *f* 152
zona pedonale *f* 299
zone *f* 283, 299
zoo *m* 262
zoologia 169
zoom *m* 270
zoosafari *m* 262
zucca *f* 124, 125
zucca a ghianda *f* 125
zucca Butternut *f* 125
zucchina *f* 125
zuppa *f* 158
zuppa inglese *f* 141

indice inglese • English index

english

A
à la carte 152
abdomen 12
abdominals 16
above 320
acacia 110
accelerator 200
accessories 36, 38
accident 46
account number 96
accountant 97, 190
accounts department 175
accused 180
ace 230, 273
Achilles tendon 16
acorn squash 125
acquaintance 24
acquitted 181
across 320
acrylic paints 274
actions 237, 229, 227, 233, 183
activities 263, 245, 162, 77
actor 254, 191
actors 179
actress 254
acupressure 55
acupuncture 55
Adam's apple 19
add *v* 165
address 98
adhesive tape 47
adjustable wrench 80
admission charge 260
admissions office 168
admitted 48
aduki beans 131
adult 23
advantage 230
adventure 255
advertisement 269
aerate *v* 91
aerobics 251
Afghanistan 318
Africa 317
after 320
afternoon 305
aftershave 73
after-sun 108
agate 289
agenda 174
aikido 236
aileron 210
air bag 201
air conditioning 200
air cylinder 239
air filter 202, 204
air letter 98
air mattress 267
air supply 199
air vent 210
aircraft 210
aircraft carrier 215
airliner 210, 212
airport 212
aisle 106, 168, 210, 254
alarm clock 70
Alaska 314
Albania 316
alcoholic drinks 145
alfalfa 184
Algeria 317
all-purpose flour 139
allergy 44
alley 298
alligator 293
alligator clip 167
allspice 132
almond 129
almond oil 134
almonds 151
along 320
alpine 87
alpine skiing 247
alternating current 60
alternative therapy 54
alternator 203
altitude 211
aluminum 289
Amazonia 312
ambulance 94
amethyst 288
amniocentesis 52
amniotic fluid 52
amount 96
amp 60
amphibians 294
amplifier 268
anchor 214, 240
Andes 312
Andorra 316
anesthetist 48
angle 164
angler 244
Angola 317
angry 25
animals 292, 294
animated film 255
ankle 13, 15
ankle-length 34
anniversary 26
annual 86, 307
answer 163
answer *v* 99, 163
answering machine 99
ant 295
antenna 295
antifreeze 199, 203
Antigua and Barbuda 314
anti-inflammatory 109
antique shop 114
antiseptic 47
antiseptic wipe 47
anti-wrinkle 41
antler 291
apartment building 298
apéritif 153
aperture dial 270
apex 165
appeal 181
appearance 30
appendix 18
applaud *v* 255
apple 126
apple corer 68
apple juice 149
appliances 66
application 176
appointment 45, 175
apricot 126
April 306
apron 30, 50, 69, 212
APS camera 270
aquamarine 288
Arabian Sea 313
arc 164
arch 15, 85, 301
archery 249
architect 190
architecture 300
architrave 301
Arctic Circle 283
Arctic Ocean 312
area 165, 310
areas 299
arena 243
Argentina 315
arithmetic 165
arm 13
armband 238
armchair 63
Armenia 318
armpit 13
armrest 200, 210
aromatherapy 55
around 320
arrangements 111
arrest 94
arrivals 213
arrow 249
art 162
art college 169
Art Deco 301
art gallery 261
art history 169
Art Nouveau 301
art shop 115
artery 19
artichoke 124
artist 274
arts and crafts 274, 276
ash 283
ashtray 150
Asia 318
asphalt 187
assault 94
assistant 24
assisted delivery 53
asteroid 280
asthma 44
astigmatism 51
astronaut 281
astronomy 281
asymmetric bars 235
at 320
athlete 234
athletic shoes 31, 251
Atlantic Ocean 312
ATM 97
atmosphere 282, 286
atrium 104
attachment 177
attack 220
attack zone 224
attend *v* 174
attic 58
attractions 261
auburn 39
audience 254
August 306
aunt 22
aurora 286
Australasia 319
Australia 319
Austria 316
automatic 200
automatic door 196
automatic payment 96
avalanche 247
avenue 299
avocado 128
awning 148
ax 95
axle 205
ayurveda 55
Azerbaijan 318

B
baby 23, 30
baby bath 74
baby care 74
baby changing facilities 104
baby monitor 75
baby products 107
baby sling 75
back 13
back brush 73
back seat 200
back up v 195
backboard 226
backdrop 254
backgammon 272
backhand 231
backpack 31, 37, 267
backsplash 66
backstroke 239
backswing 233
bacon 118, 119, 157
bad 321
badge 94, 189
badminton 231
bag 311
bagel 139
baggage claim 213
baggage trailer 212
bags 37
baguette 138
Bahamas 314
bail 181
bailiff 180
bait 244
bait *v* 245
bake *v* 67, 138
baked 159
baker 139
baker's 114
bakery 107, 114, 138
baking 69
baking sheet 69
balance wheel 276
balcony 59, 254
bald 39
bale 184
Balearic Islands 316
ball 15, 75, 221,224, 226, 228, 230
ball boy 231
ballet 255
balsamic vinegar 135
Baltic Sea 313
bamboo 86,122
banana 128
bandage 47
Bangladesh 318
banister 59
bank 96, 284
bank charge 96
bank manager 96
bank transfer 96
bar 150, 152, 250, 256, 311
bar code 106
bar counter 150
bar mitzvah 26
bar snacks 151
bar stool 150
barb 244
Barbados 314
barbecue 267
barber 39, 188
bark 296

barley 130, 184
barn 182
baroque 301
bars 74
bartender 150, 191
basalt 288
base 164, 229
base station 99
baseball 228
baseline 230
baseman 228
basement 58
basil 133
basket 106, 207, 226
basket of fruit 126
basketball 226
basketball player 226
basque 35
bass clarinet 257
bass clef 256
bass guitar 258
bass guitarist 258
bassinet 74
bassoon 257
bat 225, 228, 231, 290
bat *v* 225, 229
bath mat 72
bath towel 73
bathrobe 31, 32, 73
bathroom 72
bathtub 72
baton 235, 256
batsman 225
batter 228
batteries 260
battery 167, 202
battery pack 78
battleship 215
bay leaf 133
be born *v* 26
beach 264
beach bag 264
beach ball 265
beach hut 264
beach towel 265
beach umbrella 264
beaker 167
beam 186, 235
bean sprout 122
beans 131, 144
bear 291
beat 259
beauty 40, 105
beauty treatments 41
bed 70
bed and breakfast 101
bed linen 71
bedding 74
bedroom 70
bedside lamp 70
bedspread 70
bee 295
beech 296
beef 118
beer 145,151
beer tap 150
beetle 295
beet 125
before 320
beginning 321
behind 320
Belarus 316
Belgium 316
Belize 314
bell 197
below 320
belt 32, 36, 236
bench 250, 262
Benin 317
berry 296
beside 320
bet 273
between 320
beyond 320
Bhutan 318
biathlon 247
bib 30
biceps curl 251
biceps 16
bicycle 206
bidet 72
biennial 86
bifocal 51
big toe 15
bike rack 207
bikini 264
bill 152, 293
binoculars 281
biology 162
biplane 211
birch 296
bird-watching 263
birds 292
birth 52
birth weight 53
birth certificate 26
birthday 27
birthday cake 141
birthday candles 141
birthday party 27
bishop 272
bit 242
bit brace 78
bite 46
bite *v* 245
bitter 124, 145
black 39, 272, 274
black belt 237
black coffee 148
black currant 127
black hole 280
black olive 143
black pudding 157
Black Sea 313
black tea 149
blackberry 127
blackboard 162
black-eyed beans 131
bladder 20
blade 60, 66, 78, 89
blanket 71, 74
blazer 33
bleach 77
blender 66
blister 46
block 237
block *v* 227
blonde 39
blood pressure 44
blood pressure gauge 45
blood test 48
blouse 34
blow-dry *v* 38
blow out *v* 141
blowhole 290
blue 274
blue cheese 136
bluebells 297
blueberry 127
blues 259
blusher 40
board 241
board *v* 217
board games 272
boarding pass 213
boardwalk 265
bob 39
bobbin 276
bobsled 247
body 12
body lotion 73
body systems 19
bodywork 202
boil *v* 67
boiled egg 137, 157
Bolivia 315
bollard 214, 298
bolt 59
bomber 211
bone 17, 119, 121
bone meal 88
boned 121
bongos 257
book 168
bookstore 115
bookshelf 63, 168
boom 95, 240
booster 281
booties 30
bored 25
borrow *v* 168
Bosnia and Herzegovina 316
Botswana 317
bottle 61, 75, 135, 311
bottle opener 68, 150
bottled foods 134
bottled water 144
bottom tier 141
boundary line 225
bouquet 35, 111
bouquet garni 132
bout 237
boutique 115
bow 240, 249
bow tie 36
bowl 61, 65, 112
bowl *v* 225
bowler 225
bowling 249
bowling ball 249
box 254
box file 173
box of chocolates 113
box of tissues 70
box office 255
boxer shorts 33
boxercise 251
boxing 236
boxing gloves 237
boxing ring 237
boy 23
boyfriend 24
bra 35
braces 50
bracelet 36
braid 39
brain 19
brake 200, 204, 206
brake *v* 207
brake block 207
brake fluid reservoir 202
brake lever 207
brake pedal 205
bran 130
branch 296
brandy 145
brass 256
Brazil 315
Brazil nut 129
bread 157
bread flour 139
bread knife 68
bread roll 143
breadcrumbs 139
breadfruit 124
breads 138
break a record *v* 234
break water *v* 52
breakdown 203
breakfast 64, 156
breakfast buffet 156
breakfast cereals 107
breakfast table 156
breakfast tray 101
breast 12, 119
breast pump 53
breastbone 17
breastfeed *v* 53
breaststroke 239
breathing 47
breech 52
brick 187
bridge 15, 214, 258, 273, 300
bridle 242
bridle path 263
brie 142
briefcase 37
briefs 33, 35
brioche 157
broadcast 179
broadcast *v* 178
broccoli 123
brochure 96, 175
brogue 37
broil *v* 67
bronze 235
brooch 36
broom 77
broth 158
brother 22
brother-in-law 23
browband 242
brown 274
brown bread 139, 149
brown flour 138
brown lentils 131
brown rice 130
browse *v* 177
browser 177
bruise 46
Brunei 319
brunette 39
brush 38, 40, 77, 83, 274
brush *v* 38, 50
Brussels sprout 122
bubble bath 73
buckle 36
bud 111, 297
buffet 152
build *v* 186
building site 186
buildings 299
built-in wardrobe 71
bulb 86
Bulgaria 316
bull 185
bulldog clip 173
bullnose pliers 80
bullseye 273
bumper 74, 198
bun 39, 140, 139, 155
bunch 111
bungalow 58
bungee jumping 248
bunker 232
bunsen burner 166
buoy 217
bureau de change 97
burger 154
burger bar 154
burger meal 154
burglar alarm 58
burglary 94
Burkina Faso 317
Burma (Myanmar) 318
burn 46
burner 67

english

english

Burundi 317
bus 196
bus driver 190
bus stop 197
bus station 197
bus stop 197, 299
bus ticket 197
buses 196
business 175
business class 211
business deal 175
business lunch 175
business partner 24
business suit 32
business trip 175
businessman 175
businesswoman 175
busy 99
butcher 118, 188
butcher shop 114
butter 137, 156
butter beans 131
buttercup 297
butterfly 239, 295
buttermilk 137
butternut squash 125
buttock 13, 16
button 32
buttonhole 32
buttress 301
by 320
by airmail 98
bytes 176

C

cab 95
cab driver 190
cabbage 123
cabin 210, 214
Cabinda 317
cabinet 66
cable 79, 207
cable car 246
cable television 269
cactus 87
caddy 233
cesarean section 52
café 148, 262
cafeteria 168
cafetière 65
cake pan 69
cakes 140
calcite 289
calcium 109
calculator 165
calendar 306
calf 13, 16, 185
call button 48
calyx 297
cam belt 203
Cambodia 318
camcorder 260, 269
camel 291
camembert 142
camera 178, 260, 270
camera case 271
camera crane 178
camera shop 115
cameraman 178
Cameroon 317
camisole 35
camp *v* 266
camp bed 266
campari 145
camper van 266
campfire 266
camping 266
camping stove 267
campground 266
campus 168
can 145, 289, 311
can opener 68
Canada 314
canary 292
candied fruit 129
candle 63
candy 113
candy store 113
cane 91
canes 89
canine 50
canned drink 154
canned food 107
canoe 214
canoeing 241
canola oil 135
canter 243
canvas 274
cap 21, 36, 238
capacity 311
cape gooseberry 128
capers 143
capital 315
capoeira 237
cappuccino 148
capsize *v* 241
capsule 109
captain 214
car 198, 200
car accident 203
car rental 213
car seat 198, 207
car stereo 201
car wash 198
caramel 113
caraway 131
card 27
card phone 99
card slot 97
cardamom 132
cardboard 275
cardigan 32
cardiology 49
cardiovascular 19
cards 273
cargo 216
Caribbean Sea 312
carnation 110
carnival 27
carousel 212
carpenter 188
carpentry bits 80
carpet 71
carriage race 243
carrier 75, 204
carrot 124
carry-on luggage 211, 213
cart 48, 100, 106, 208, 213
cartilage 17
carton 311
cartoon 178
carve *v* 79
carving fork 68
case 51
cash *v* 97
cashew 129
cashews 151
cashier 96, 106
casino 261
Caspian Sea 313
cassava 124
casserole dish 69
cassette player 269
cassette tape 269
cast 254
cast *v* 245
castle 300
casual 34
casual wear 33
cat 290
catalog 168
catamaran 215
cataract 51
catch *v* 220, 227, 229, 245
catcher 229
caterpillar 295
cathedral 300
catheter 53
cauliflower 124
cave 284
CD 269
CD player 268
cedar 296
ceiling 62
celebration 140
celebration cakes 141
celebrations 27
celeriac 124
celery 122
cell 94, 181
cell phone 99
cello 256
cement 186
cement mixer 186
centimeter 310
centipede 295
Central African Republic 317
central reservation 194
center 164
center circle 222, 224, 226
center field 228
center line 226
centerboard 241
century 307
CEO 175
ceramic range 66
cereal 130, 156
cervical vertebrae 17
cervix 20, 52
Chad 317
chain 36, 206
chair 64
chair *v* 174
chairlift 246
chalk 85, 162, 288
chamber 283
chamomile tea 149
champagne 145
championship 230
change *v* 209
change a tire *v* 203
change channels *v* 269
change gears *v* 207
changing mat 74
changing room 104
channel 178
charçoal 266, 275
charge 94, 180
chart 48
chassis 203
check 96
checkbook 96
checkers 272
check-in *v* 212
check-in desk 213
checking account 96
checkout 106
checkup 50
cheddar 142
cheek 14
cheerleader 220
cheese 136, 156
chef 152, 190
chef's hat 190
chemistry 162
cherry 126
cherry tomato 124
chess 272
chessboard 272
chest 12
chest of drawers 70
chest press 251
chestnut 129
chewing gum 113
chick 185
chicken 119, 185
chicken burger 155
chicken coop 185
chicken nuggets 155
chicken pox 44
chicory 122
child 23, 31
child lock 75
childbirth 53
children 23
children's clothing 30
children's department 104
children's meal 153
children's ward 48
Chile 315
chili pepper 124, 132, 143
chill 44
chimney 58
chin 14
China 318
china 105
chip *v* 233
chips 113, 151
chipboard 79
chiropractic 54
chisel 81, 275
chives 133
chocolate 113
chocolate bar 113
chocolate cake 140
chocolate chip 141
chocolate-coated 140
chocolate milkshake 149
chocolate spread 135
choir 301
choke *v* 47
chop 119, 237
chorizo 143
choux pastry 140
christening 26
Christmas 27
chrysanthemum 110
chuck 78
church 298, 300
chutney 134
cider 145
cider vinegar 135
cigar 112
cigarettes 112
cilantro 133
cinnamon 133
circle 165, 254
circular saw 78
circuit training 251
circulation desk 168
circumference 164
citrus fruit 126
city 299
clam 121
clamp 78, 166
clamp stand 166
clapper board 179
clarinet 257
clasp 36
classical music 255, 259
classroom 162
claw 291

clay 85, 275
clean *v* 77
clean clothes 76
cleaned 121
cleaner 188
cleaning equipment 77
cleaning fluid 51
cleanser 41
clear honey 134
cleat 240
cleaver 68
clementine 126
client 38, 175, 180
cliff 285
climber 87
climbing frame 263
clinic 48, 168
clipboard 173
clitoris 20
clock 62
clock radio 70
closed 260, 321
cloth diaper 30
clothesline 76
clothespin 76
clothing 205
cloud 287
cloudy 286
clove 125
clover 297
cloves 133
club 273
club sandwich 155
clubhouse 232
clutch 200, 204
coach 196
coal 288
coast 285
coaster 150
coastguard 217
coat 32
coat hanger 70
cockatoo 293
cockle 121
cockpit 210
cockroach 295
cocktail 151
cocktail shaker 150
cocoa powder 148
coconut 129
cocoon 295
cod 120
coffee 144, 148, 153, 156, 184
coffee cup 65
coffee machine 148, 150
coffee milkshake 149
coffee spoon 153
coffee table 62
cog 206
coin 97
coin phone 99
coin return 99
cola 144
colander 68
cold 44, 286, 321
cold faucet 72
cold-pressed oil 135
collage 275
collar 32
collarbone 17
colleague 24
collect call 99
collection 98
college 168
cologne 41
Colombia 315
colony 315
colored pencil 163
colors 39, 274
comb 38
comb *v* 38
combat sports 236
combine 182
comedy 255
comforter 71
comet 280
comic 112
commis chef 152
commission 97
communications 98
commuter 208
Comoros 317
compact 40
compact car 199
company 175
compartment 209
compass 165, 312, 240
complaint 94
complexion 41
composite 181
compost 88
compost pile 85
computer 172, 176
concealer 40
conceive *v* 20
conception 52
concert 255, 258
concourse 209
concrete block 187
concussion 46
condensed milk 136
conditioner 38
condom 21
conductor 256
cone 164, 187
confectionery 107, 113
confident 25
confused 25
conglomerate 288
Congo 317
conifer 86
connect *v* 177
connection 212
conning tower 215
console 269
constellation 281
construction 186
construction worker 186, 188
consultant 49
consultation 45
contact lenses 51
container 216, 311
container port 216
container ship 215
continent 282, 315
contraception 21, 52
contraction 52
control tower 212
controller 269
controls 201, 204
convenience food 107
convertible 199
conveyer belt 106
cooked meat 118, 143
cookies 113, 141
cooking 67
coolant reservoir 202
cooling rack 69
co-pilot 211
copper 289
copy *v* 172
cor anglais 257
coral reef 285
cordless drill 78
cordless phone 99
core 127
cork 134
corkscrew 150
corn 122, 130, 184
corn bread 139
corn oil 135
cornea 51
corner 223
corner flag 223
cornice 300
corset 35
Corsica 316
Costa Rica 314
costume 255
cottage cheese 136
cottage garden 84
cotton 184, 277
cotton balls 41
cough 44
cough drop 109
cough medicine 108
counselor 55
count *v* 165
counter 96, 98, 100, 142, 272
countertop 66
country 259, 315
couple 24
courier 99
courses 153
court 226
court case 180
court clerk 180
court date 180
courtroom 180
courtyard 58, 84
couscous 130
cousin 22
coverall 30
cow 185
cow's milk 136
CPU 176
crab 121, 295
cracked wheat 130
cradle 95
craft knife 82
crafts 275
cramp 239
cramps 44
cranberry 127
crane 187, 216, 292
crater 283
crayfish 121
cream 109, 137, 140, 157
cream cheese 136
cream pie 141
crease 225
credit card 96
creel 245
creeper 87
crème caramel 141
crème patisserie 140
crêpe 155, 157
crescent moon 280
crew 241
crew hatch 281
crib 74
cricket 225, 295
cricket ball 225
cricketer 225
crime 94
criminal 181
criminal record 181
crisp 127
crispbread 139, 156
crisper 67
Croatia 316
crochet 277
crochet hook 277
crockery 64
crockery and cutlery 65
crocodile 293
croissant 156
crop 39, 183
crop farm 183
crops 184
crossbar 207, 222, 235
cross-country skiing 247
cross-trainer 250
crosswalk 195
crow 292
crown 50
crucible 166
crushed 132
crust 139, 282
cry *v* 25
crystal healing 55
Cuba 314
cube 164
cucumber 125
cuff 32, 45
cufflink 36
cultivate *v* 91
cultivator 182
cumin 132
curb 298
cured 118, 159, 143
curler 38
curling 247
curling iron 38
curly 39
currant 129
curry 158
curry powder 132
curtain 63, 254
curved 165
cushion 62
custard 140
customer 96, 104, 106, 152
customer service department 175
customer services 104
customs 212
customs house 216
cut 46
cut *v* 38, 79, 277
cuticle 15
cutlery 64
cuts 119
cutting 91
cutting board 68
cuttlefish 121
cycle *v* 207
cycle lane 206
cycling 263
cylinder 164
cylinder head 202
cymbals 257
Cyprus 316
Czech Republic 316

D

daffodil 111
dairy 107
dairy farm 183
dairy produce 136
daisy 110, 297
dam 300
dance 259
dance academy 169
dancer 191
dandelion 123, 297
dandruff 39
dark 41, 321
darkroom 271
darn *v* 277
dartboard 273
darts 273
dashboard 201
date 129, 306
daughter 22

english

daughter-in-law 22
dawn 305
day 305, 306
day after tomorrow 307
day before yesterday 307
dead ball line 221
deadhead v 91
deal v 273
debit card 96
decade 307
decay 50
December 306
deciduous 86
decimal 165
deck 214
deck chair 265
deck of cards 273
decking 85
decorating 82
decoration 141
decorator 82
deep end 239
deep-fried 159
deep-sea fishing 245
deer 291
defense 181, 220
defendant 181
defender 223
defending zone 224
defrost v 67
degree 169
delay 209
deli 107
delicatessen 142
delivery 52, 98
deltoid 16
Democratic Republic of the Congo 317
Denmark 316
denomination 97
denominator 165
dental care 108
dental floss 50, 72
dental hygiene 72
dental X-ray 50
dentist 50, 189
dentist's chair 50
dentures 50
deodorant 73, 108
department 169
department store 105
departments 49
departure lounge 213
departures 213
deposit v 96
deposit slips 96
depth 165
dermatology 49
descaled 121
desert 285
desiccated 129
designer 191, 277
desk 162, 172
desktop 177
dessert 153
desserts 140
dessert cart 152
destination 213
detached 58
detective 94
detergent 77
detour 195
deuce 230
develop v 271
diabetes 44
diagonal 164
dial v 99
diameter 164
diamond 273, 288
diaper 75
diaper bag 75
diaper rash cream 74
diaphragm 19, 21
diarrhea 44, 109
dice 272
dictionary 163
die v 26
diesel 199
diesel train 208
difficult 321
dig v 90, 227
digestive 19
digital 269
digital camera 270
dilation 52
dill 133
dimensions 165
dimple 15
dining car 209
dining room 64
dinner 64, 158
dinner plate 65
diopter 51
diploma 169
dipstick 202
direct current 60
directions 260
director 254
directory assistance 99
dirt bike 205
dirty laundry 76
disabled parking 195
discharged 48
disconnected 99
discus 234
discuss v 163
disembark v 217
dishwasher 66
disinfectant solution 51
disk 176
disposable 109
disposable camera 270
disposable diaper 30
disposable razor 73
dissertation 169
distance 310
distributor 203
district 315
dive 239
dive v 238
diver 238
divide v 165
divided by 165
divided highway 195
dividends 97
divider 173, 194
divorce 26
Diwali 27
DJ 179
Djibouti 317
do not bend v 98
dock 214, 216
dock v 217
doctor 45, 189
doctorate 169
documentary 178
dog 290
dog-sledding 247
doll 75
dollhouse 75
dolphin 290
dome 300
domestic flight 212
Dominica 314
Dominican Republic 314
dominoes 273
donkey 185
door 196, 198, 209
door chain 59
door knob 59
door knocker 59
door lock 200
doorbell 59
doormat 59
dormer 58
dorsal fin 294
dosage 109
double 151
double bass 256
double bassoon 257
double bed 71
double room 100
double-decker bus 196
doubles 230
dough 138
Dover sole 120
down 320
downhill skiing 247
download v 177
dragonfly 295
drain 61, 72, 299
drain cock 61
drainage 91
draining board 67
draw 223
draw v 162
drawer 66, 70, 172
drawer unit 172
drawing 275
dress 31, 34
dressage 243
dressed 159
dressed chicken 119
dressing 47, 158
dressing table 71
dribble v 223, 227
dried flowers 111
dried fruit 156
drill 50
drill v 79
drill bit 78
drill bits 80
drinking cup 75
drinking fountain 262
drinks 107, 144, 156
drip 53
drive v 195, 233
driver 196
driver's seat 196
driveshaft 202
drop anchor v 217
dropper 109, 167
drops 109
dropshot 230
drown v 239
drum 258
drum kit 258
drummer 258
dry 39, 41, 130, 145, 286, 321
dry v 76
dry-cleaner 115
dry dock 217
duck 119, 185
duck egg 137
duckling 185
duffle bag 37
duffle coat 31
dugout 229
dumb bell 251
dumper truck 187
dunk v 227
duodenum 18
duplex 58
dusk 305
dust v 77
dustpan 77
duster 77
dust sheet 83
duty-free shop 213
DVD 269
DVD player 268
dyed 39
dynamo 207

E

eagle 292
ear 14
early
earring 36
Earth 280, 282
earthenware dish 69
earthquake 283
easel 174, 274
east 312
East Timor 319
Easter 27
easy 321
easy cook 130
eat v 64
eat-in 154
eating 75
eaves 58
éclair 140
eclipse 280
economics 169
economy class 211
Ecuador 315
eczema 44
edam 142
edge 246
editor 191
eel 294
egg 20
egg cup 65, 137
egg white 137
eggplant 125
eggs 137
Egypt 317
eight 308
eight hundred 308
eighteen 308
eighteenth 309
eighth 309
eightieth 309
eighty 308
ejaculatory duct 21
El Salvador 314
elbow 13
electric blanket 71
electric drill 78
electric guitar 258
electric meter 60
electric razor 73
electric shock 46
electric train 208
electrical goods 105, 107
electrician 188
electricity 60
elephant 291
elevator 59, 100, 104
eleven 308
eleventh 309
elm 296
email 98, 177
email account 177
email address 177
embarrassed 25
embossed paper 83
embroidery 277
embryo 52
emerald 288
emergency 46
emergency exit 210
emergency lever 209
emergency phone 195
emergency room 48
emergency services 94

emigrate *v* 26
emotions 25
employee 24
employer 24
empty 321
enamel 50
encore 255
encyclopedia 163
end 321
end zone 220
endive 123
endline 226
endocrine 19
endocrinology 49
engaged couple 24
engine 202, 204, 208, 210
engine room 214
engineering 169
English breakfast 157
English mustard 135
engraving 275
enlarge *v* 172
enlargement 271
ENT (otolaryngology) 49
entrance 59
entrée 153
envelope 98, 173
environment 280
epidural 52
epiglottis 19
epilepsy 44
episiotomy 52
equals 165
equation 165
equator 283
equipment 233, 238
equipment 165
Equatorial Guinea 317
equity 97
eraser 163
Eritrea 317
erupt *v* 283
escalator 104
esophagus 19
espresso 148
essay 163
essential oils 55
estate 199
Estonia 316
estuary 285
Ethiopia 317
eucalyptus 296
Europe 316
evening 305
evening dress 34
evening menu 152
events 243, 247
evergreen 86
evidence 181
excavator 187
excess baggage 212
exchange rate 97
excited 25
excuse me 322
executive 174
exercise bike 250
exercises 251
exfoliate *v* 41
exhaust pipe 203, 204
exhibit *v* 261
exhibition 261
exit 210
exit ramp 194
exosphere 286
expanding file 173
expectant 52
experiment 166
expiration date 109
exposure 271
express train 209
extend *v* 251
extension 58
extension cord 78
exterior 198
extra time 223
extraction 50
extractor 66
eye 14, 51, 244, 276
eye shadow 40
eye test 51
eyebrow 14, 51
eyebrow brush 40
eyebrow pencil 40
eyecup 269
eyelash 14, 51
eyelet 37
eyelid 51
eyeliner 40
eyepiece 167

F

fabric 277
fabric conditioner 76
face 14
face cream 73
face mask 225
face pack 41
face powder 40
faceoff circle 224
facial 41
factory 299
faint *v* 25, 44
fair 41
fairground 262
fairway 232
falcon 292
Falkland Islands 315
fall 237
fall (autumn) 31, 307
fall in love *v* 26
fallopian tube 20
family 22
famous ruin 261
fan 60, 202
fan belt 203
fans 258
far 320
fare 197, 209
farm 182, 183, 184
farmer 182, 189
farmhouse 182
farmland 182
farmyard 182
farsightedness 51
fashion 277
fast 321
fast food 154
fast-forward 269
fastening 37
fat 119, 321
fat-free 137
father 22
father-in-law 23
fault 230
fava beans 122, 131
fax 98, 172
fax machine 172
feather 293
feature film 269
February 306
feed *v* 183
feijoa 128
female 12, 20
feminine hygiene 108
femur 17
fence 85, 182, 243
fencing 249
feng shui 55
fennel 122, 133
fennel seeds 133
fenugreek 132
fern 86
ferry 215, 216
ferry terminal 216
fertilization 20
fertilize *v* 91
fertilizer 91
festivals 27
fetus 52
fever 44
fiancé 24
fiancée 24
fiber 127
fibula 17
field 182, 222, 225, 228, 234, 258, 266
field *v* 225, 229
field hockey 224
fifteen 308
fifteenth 309
fifth 309
fiftieth 309
fifty 308
fifty five thousand, five hundred 309
fifty thousand 309
fig 129
fighter plane 211
figure skating 247
figurine 260
Fiji 319
filament 60
file 81, 172, 177
filing cabinet 172
fill *v* 82
filler 83
fillet 119, 121
filleted 121
filling 50, 140, 155
film chamber 270
film spool 271
filter 270
filter coffee 148
filter paper 167
fin 210
finance 97
financial advisor 97
fingerprint 94
finial 300
finish line 234
Finland 316
fire 95
fire alarm 95
fire department 95
fire engine 95
fire escape 95
fire extinguisher 95
fire station 95
firefighter 95, 189
firelighter 266
fireplace 63
firm 124
first 309
first aid 47
first-aid box 47
first night 254
fish 107, 120, 294
fish and chips 155
fish farm 183
fisherman 189
fishhook 244
fishing 244, 245
fishing boat 217
fishing permit 245
fishing port 217
fishing rod 244
fish-seller 114, 120, 188
fist 15, 237
fitness 250
five 308
five hundred 308
flag 221, 232
flageolet beans 131
flakes 132
flamingo 292
flan 142
flare 240
flash 270
flash gun 270
flashlight 267
flask 166
flat 59, 256
flatbread 139
flat race 243
flat tire 203, 207
flat wood bit 80
flavored oil 134
flax 184
fleece 74
flesh 124, 127, 129
flex *v* 251
flight attendant 190, 210
flight number 213
flint 288
flipchart 174
flip-flop 37
flipper 239, 290
float 238, 244
float ball 61
flock 183
flood 287
floor 58, 62, 71
floor exercises 235
floor plan 261
florentine 141
floret 122
florist 110, 188
floss *v* 50
flours 138
flower 297
flowerbed 85, 90
flowering plant 297
flowering shrub 87
flowers 110
flu 44
flute 139, 257
fly 244, 295
fly *v* 211
fly-fishing 245
flysheet 266
foal 185
focus *v* 271
focusing knob 167
fog 287
foil 249
folder 177
foliage 110
folk music 259
follicle 20
font 177
food 118, 130, 149
food hall 105
food processor 66
foot 12, 15, 310
football 220
footboard 71
footpath 262
footstrap 241
for 320
forceps 53, 167
forearm 12
forecourt 199
forehand 231
forehead 14
foreign currency 97
foreskin 21
forest 285
fork 65, 88, 153, 207
forklift truck 186, 216

english

formal 34
formal garden 84, 262
fortieth 309
forty 308
forty minutes
forward 222
foul 222, 226
foul ball 228
foul line 229
foundation 40
fountain 85
four 308
four hundred 308
four-door 200
fourteen 308
fourteenth 309
fourth 309
four-wheel drive 199
fox 290
foxglove 297
foyer 59
fraction 165
fracture 46
fragile 98
fragranced 130
frame 51, 62, 206, 230, 269
frame counter 270
France 316
freckle 15
free 321
free kick 222
free-range 118
free weights 250
freesia 110
free-throw line 226
freeway 194
freeze 287
freeze *v* 67
freezer 67
freight train 208
freighter 215
French bean 122
French braid 39
french fries 154
French Guiana 315
French horn 257
French mustard 135
French toast 157
frequency 179
fresh 121, 127, 130
fresh cheese 136
fresh fruit 157
freshwater fishing 245
fret 258
fretsaw 81
Friday 306
fried 159
fried chicken 155
fried egg 157
friend 24
frieze 301
frog 294
from 320
front crawl 239
front door 58
front wheel 196
frontage road 194, 216
frontal 16
frost 287
froth 148
frown 25
frozen 121, 124
frozen food 107
frozen yogurt 137
fruit 107, 126, 128
fruit bread 139
fruit cake 140
fruit farm 183
fruit juice 127, 156
fruit tart 140
fruit yogurt 157
fry *v* 67
frying pan 69
fuel gauge 201
fuel tank 204
full 64, 266, 321
full board 101
full moon 280
fumble 220
funeral 26
funnel 166, 214
furniture store 115
furrow 183
fuse 60
fuse box 60, 203
fuselage 210

G

gable 300
Gabon 317
Galápagos Islands 315
galaxy 280
gale 286
galley 214
gallon 311
gallop 243
galvanized 79
Gambia 317
game 119, 230, 273
game show 178
games 272
gangway 214
garage 58, 199, 203
garbage can 61, 67
garbanzos 131
garden 84
garden center 115
garden features 84
garden pea 122
garden plants 86
garden styles 84
garden tools 88
gardener 188
gardening 90
gardening gloves 89
gardens 261
garland 111
garlic 125, 132
garlic press 68
garnet 288
garter 35
garter belt 35
gas burner 61
gas pump 199
gas station 199
gas tank 203
gasket 61
gasoline 199
gate 85, 182, 247
gate number 213
gauze 47, 167
gear lever 207
gearbox 202, 204
gears 206
gearshift 201
gel 38, 109
gems 288
generation 23
generator 60
genitals 12
geography 162
geometry 165
Georgia 318
gerbera 110
Germany 316
get a job *v* 26
get married *v* 26
get up *v* 71
geyser 285
Ghana 317
giant slalom 247
gift shop 114
gill 294
gin 145
gin and tonic 151
ginger 125, 133
giraffe 291
girder 186
girl 23
girlfriend 24
girth 242
glacier 284
gladiolus 110
gland 19
glass 69, 152
glass bottle 166
glass stirrer 167
glasses 51, 150
glassware 64
glaze *v* 139
glider 211, 248
gliding 248
gloss 83, 271
glove 224, 233, 236, 246
gloves 36
glue 275
glue gun 78
gneiss 288
go to bed *v* 71
go to sleep *v* 71
goal 221, 223, 224
goal area 223
goal line 220, 223, 224
goalkeeper 222, 224
goalpost 220, 222
goat 185
goat's cheese 142
goat's milk 136
goggles 238, 247
going out 75
gold 235, 289
goldfish 294
golf 232
golf bag 233
golf ball 233
golf cart 232, 233
golf clubs 233
golf course 232
golf shoe 233
golfer 232
gong 257
good 321
good afternoon 322
good evening 322
good morning 322
good night 322
goodbye 322
goose 119, 293
goose egg 137
gooseberry 127
gorge 284
gorilla 291
gothic 301
grade 163
graduate 169
graduate *v* 26
graduation ceremony 169
graft *v* 91
grains 130
gram 310
grandchildren 23
granddaughter 22
grandfather 22
grandmother 22
grandparents 23
grandson 22
granite 288
grape juice 144
grapefruit 126
grapeseed oil 134
graphite 289
grass 86, 262
grass bag 88
grasshopper 295
grassland 285
grate *v* 67
grated cheese 136
grater 68
gratin dish 69
gravel 88
gravity 280
gray 39, 274
graze 46
greasy 39
Greece 316
green 129, 232, 274
green olive 143
green onion 125
green peas 131
green salad 158
green tea 149
greenhouse 85
Greenland 314
Grenada 314
grill pan 69
grilled 159
grip 78
groceries 106
grocery store 114
groin 12
groom 243
ground 60, 132
ground coffee 144
ground cover 87
ground floor 104
ground meat 119
ground sheet 267
groundnut oil 135
group therapy 55
grout 83
guard 236
guard rail 195, 246
Guatemala 314
guava 128
guest 64, 100
guidebook 260
guided tour 260
guilty 181
Guinea 317
Guinea-Bissau 317
guitarist 258
gull 292
gum 50
gumdrop 113
gun 94
gutter 58, 299
guy rope 266
Guyana 315
gym 101, 250
gym machine 250
gymnast 235
gymnastics 235
gynecologist 52
gynecology 49
gypsophila 110

H

hacksaw 81
haddock 120
hail 286
hair 14, 38
hair dye 40
hairband 38
hairdresser 38, 115, 188
hair-dryer 38
hairpin 38
hairspray 38

english

Haiti 314
half an hour 304
half-board 101
half-time 223
half-liter 311
halibut fillets 120
Halloween 27
hallway 59
halter 243
halter neck 35
ham 119, 143, 156
hammer 80
hammer *v* 79
hammock 266
hamper 263
hamster 290
hamstring 16
hand 13, 15
hand drill 81
hand fork 89
hand rail 59
hand saw 89
hand towel 73
handbag 37
handcuffs 94
handicap 233
handkerchief 36
handle 36, 88, 106, 187, 200, 230
handlebar 207
handles 37
handrail 196
handsaw 80
handset 99
hang *v* 82
hang-glider 248
hang-gliding 248
hanging basket 84
hanging file 173
happy 25
harbor 217
harbor master 217
hard 129, 321
hard candy 113
hard cheese 136
hard drive 176
hard hat 186
hard shoulder 194
hardboard 79
hardware 176
hardware store 114
hardwood 79
haricot beans 131
harness race 243
harp 256
harvest *v* 91, 183
hat 36
hatchback 199
have a baby *v* 26
Hawaii 314
hay 184
hayfever 44
hazard 195
hazard lights 201
hazelnut 129
hazelnut oil 134
head 12, 19, 81, 230
head *v* 222
head injury 46
headache 44
headboard 70
headlight 198, 205
headphones 268
headquarters 175
headrest 200
headsail 240
health 44
health food store 115
heart 18, 119, 122, 273
heart attack 44
heater 60
heater controls 201
heather 297
heating element 61
heavy 321
heavy metal 259
hedge 85, 90, 182
hedgehog 290
heel 13, 15, 37
height 165
height bar 45
helicopter 211
hello 322
helmet 95, 204, 206, 220, 224, 228
helpdesk 168
hem 34
hematite 289
hemorrhage 46
hen's egg 137
herb 55, 86
herb garden 84
herbaceous border 85
herbal remedies 108
herbal tea 149
herbalism 55
herbicide 183
herbs 133, 134
herbs and spices 132
herd 183
hexagon 164
high 321
high chair 75
high dive 239
high-heeled shoe 37
high jump 235
high speed train 208
highlights 39
hiking 263
hill 284
Himalayas 313
hip 12
hippopotamus 291
historic building 261
history 162
hit *v* 224
hockey 224
hockey stick 224
hoe 88
hold 215, 237
hole 232
hole in one 233
hole punch 173
holly 296
home 58
home delivery 154
home entertainment 268
home furnishings 105
home plate 228
homeopathy 55
homework 163
homogenized 137
Honduras 314
honeycomb 135
honeymoon 26
honeysuckle 297
hood 31, 75, 198
hoof 242, 291
hook 187, 276
hoop 226, 277
horizontal bar 235
hormone 20
horn 201, 204, 291
horror movie 255
horse 185, 235, 242
horse race 243
horseback riding 242, 263
horseradish 125
horseshoe 242
hose 89, 95
hose reel 89
hospital 48
host 64
hostess 64
hot 124, 286, 321
hot chocolate 144, 156
hot dog 155
hot-dog vendor 154
hot drinks 144
hot faucet 72
hot-air balloon 211
hotel 100, 264
hot-water bottle 70
hour 304
hour hand 304
house 58
household products 107
hovercraft 215
hub 206
hubcap 202
hull 214, 240
human resources 175
humerus 17
humid 286
hummingbird 292
hump 291
hundred 308
hundred and ten 308
hundred thousand 308
hundredth 309
Hungary 316
hungry 64
hurdles 235
hurricane 287
husband 22
husk 130
hydrant 95
hydrofoil 215
hydrotherapy 55
hypnotherapy 55
hypoallergenic 41
hypotenuse 164

I

ice 120, 287
ice and lemon 151
ice bucket 150
ice climbing 247
ice cream 149
ice cube 151
ice hockey 224
ice hockey player 224
ice hockey rink 224
ice maker 67
ice cream 137
iced coffee 148
iced tea 149
ice-skate 224
ice-skating 247
icicle 287
icing 141
icon 177
identity tag 53
igneous 288
ignition 200
iguana 293
illness 44
immigration 212
impotent 20
in 320
in brine 143
in front of 320
in oil 143
in sauce 159
in syrup 159
inbox 177
inch 310
incisor 50
incubator 53
index finger 15
India 318
Indian Ocean 312
indigo 274
Indonesia 319
induce labor *v* 53
industrial park 299
infection 44
infertile 20
infield 228
inflatable dinghy 215
information 261
information screen 213
in-goal area 221
inhaler 44, 109
injection 48
injury 46
ink 275
ink pad 173
inlet 61
inner core 282
inner tube 207
inning 228
innocent 181
inoculation 45
insect repellent 108, 267
inside 320
insomnia 71
inspector 94
install *v* 177
instant camera 270
instep 15
instructions 109
instruments 256, 258
insulating tape 81
insulation 61
insulin 109
insurance 203
intensive care unit 48
interchange 194
intercom 59
intercostal 16
intercourse 20
interest rate 96
interior 200
internal systems 60
international flight 212
internet 177
intersection 298
interval 254
interviewer 179
into 320
in-tray 172
invertebrates 295
investigation 94
investment 97
ionosphere 286
Iran 318
Iraq 318
Ireland 316
iris 51, 110
iron 76, 109, 233, 289
iron *v* 76
ironing board 76
island 282
Israel 318
Italy 316
itinerary 260
IUD 21
Ivory Coast 317

J

jack 203, 273
jacket 32, 34
jackhammer 187
jade 288
jam 134, 156
Jamaica 314
January 306
Japan 318

english

english

jar 134, 311
javelin 234
jaw 14, 17
jazz 259
jeans 31
jelly bean 113
jellyfish 295
Jerusalem artichoke 125
jet 288
jet-skiing 241
jetty 217
jeweler 188
jewelry store 114
jewelry 36
jewelry box 36
jewelry-making 275
jigsaw 78
jigsaw puzzle 273
jodhpurs 242
jog in place 251
jogging 251, 263
jogging suit 31, 32
joint 17, 119
joker 273
Jordan 318
journal 168
journalist 190
judge 180
judo 236
jug 65
juices and milkshakes 149
juicy 127
July 306
jumbo shrimp 121
jump 237, 243
jump *v* 227
jump ball 226
jumping rope 251
June 306
Jupiter 280
jury 180
jury box 180

K

kale 123
kangaroo 291
karate 236
Karliningrad 316
kayak 241
Kazakhstan 318
kebab 155, 158
keel 214
keep net 244
kendo 236
Kenya 317
kernel 122, 129, 130
ketchup 135, 154
kettle 66
kettledrum 257
key 59, 80, 176, 207
keyboard 172, 176, 258
keypad 97, 99
kick 237, 239
kick *v* 221, 223
kickboxing 236
kickstand 207
kid 185
kidney 18, 119
kilogram 310
kilometer 310
king 272, 273
kippers 157
kitchen 66, 152
kitchen knife 68
kitchenware 68, 105
kitten 290
kiwifruit 128
knead *v* 138
knee 12
knee pad 205
knee support 227
kneecap 17
knee-length 34
knife 65, 80
knife sharpener 68, 118
knight 272
knitting 277
knitting needle 277
knock out 237
knuckle 15
koala 291
kohlrabi 123
koi carp 294
kumquat 126
kung fu 236
Kuwait 318
Kyrgyzstan 318

L

label 172
labels 89
labia 20
laboratory 166
lace 35, 37
lace bobbin 277
lace-making 277
lace-up 37
lacrosse 249
lactose 137
ladder 95, 186
ladle 68
lady fingers 141
ladybug 295
lake 285
lamb 118, 185
lamp 62, 207, 217
land 282
land *v* 211
landing 59
landing gear 210
landing net 244
landlord 58
landscape 271, 284
landscape *v* 91
lane 234, 238
languages 162
Laos 318
lapel 32
laptop 175
larch 296
large 321
large intestine 18
larynx 19
last week 307
lat 16
late 305
later 304
latex paint 83
latitude 283
Latvia 316
laugh *v* 25
launch 281
launch pad 281
laundromat 115
laundry 76
laundry basket 76
laundry service 101
lava 283
law 169, 180
lawn 85, 90
lawn rake 88
lawnmower 88, 90
lawyer 180, 190
lawyer's office 180
laxative 109
lead singer 258
leaded 199
leaf 122, 296
league 223
lean meat 118
learn *v* 163
leather shoe 37
leather shoes 32
leathers 205
Lebanon 318
lecture hall 169
leek 125
left 260
left field 228
left-hand drive 201
leg 12, 119
leg pad 225
leg press 251
legal advice 180
legal department 175
leggings 31
legumes 130
leisure 258, 254, 264
lemon 126
lemon curd 134
lemon grass 133
lemon sole 120
lemonade 144
length 165, 310
lens 270
lens (eye) 51
lens (glasses) 51
lens cap 270
lens case 51
Lesotho 317
lesson 163
let! 231
letter 98
letter slot 58, 99
letterhead 173
lettuce 123
level 80, 187
lever 61, 150
Liberia 317
librarian 168, 190
library 168, 299
library card 168
Libya 317
license plate 198
liquor store 115
licorice 113
lid 61, 66
Liechtenstein 316
life events 26
life jacket 240
life preserver 240
life raft 240
lifeboat 214
lifeguard 239, 265
lifeguard tower 265
ligament 17
light 178, 321
light a fire *v* 266
light aircraft 211
light bulb 60
lighter 112
lighthouse 217
lighting 105
lightmeter 270
lightning 287
lights 94
lights switch 201
lily 110
lime 126, 296
limestone 288
limousine 199
line 244
line judge 220
line of play 233
linen 105, 277
linen basket 76
lines 165
linesman 223, 230
lingerie 35, 105
lining 32
lining paper 83
link 36
lintel 186
lion 291
lip 14
lip brush 40
lip gloss 40
lip liner 40
lipstick 40
liqueur 145
liquid 77
liquid dispenser 311
liquid measure 311
liter 311
literature 162, 169
Lithuania 316
little finger 15
little toe 15
live 60, 178
live rail 209
liver 18, 118
livestock 183, 185
living room 62
lizard 293
load *v* 76
load line 214
loaf 139
loan 96, 168
lob 230
lobby 100, 255
lobster 121, 295
lock 59, 207
lockers 239
log on *v* 177
loganberry 127
logo 31
loin 121
lollipop 113
long 32
long jump 235
long wave 179
long-grain 130
long-handled shears 88
longitude 283
loofah 73
loom 277
loose tea 144
lose *v* 273
loser 273
lotion 109
lottery tickets 112
love 230
low 321
luge 247
luggage 100, 198, 213
luggage department 104
luggage hold 196
luggage rack 209
lumbar vertebrae 17
lunar module 281
lunch 64
lunch menu 152
lung 18
lunge 251
lupines 297
lure 244
Luxembourg 316
lychee 128
lymphatic 19
lyrics 259

M

macadamia 129
mace 132
Macedonia 316
machine gun 189
machinery 187
mackerel 120
macramé 277

Madagascar 317
magazine 112
magazines 107
magma 283
magnesium 109
magnet 167
maid service 101
mail carrier 98, 190
mailbag 98, 190
mailbox 99
mainsail 240
make a will *v* 26
make friends *v* 26
make the bed *v* 71
makeup 40
making bread 138
malachite 288
Malawi 317
Malaysia 318
Maldives 318
male 12, 21
Mali 317
mallet 78, 275
malt vinegar 135
Malta 316
malted drink 144
mammals 290
man 23
manager 24, 174
manchego 142
mane 242, 291
mango 128
mangosteen 128
manhole 299
manicure 41
mantelpiece 63
mantle 282
manual 200
map 195, 261
maple 296
maple syrup 134
maracas 257
marathon 234
marble 288
March 306
margarine 137
marina 217
marinated 143, 159
marine fishing 245
marjoram 133
mark *v* 227
market 115
marketing department 175
marmalade 134, 156
marrow 124
Mars 280
marshmallow 113
martial arts 237
martini 151
marzipan 141
mascara 40
mashed 159
masher 68
mask 189, 228, 236, 239, 249
masking tape 83
masonry bit 80
massage 54
mast 240
masters 169
mat 54, 83, 235, 271
match 230
matches 112
material 276
materials 79, 187
maternity 49
maternity ward 48
math 162, 164
mattress 70, 74
Mauritiana 317
Mauritius 317
May 306
maybe 322
mayonnaise 135
MDF 79
meadow 285
meal 64
measles 44
measure 150, 151
measure *v* 310
measurements 165
measuring cup 69, 311
measuring spoon 109
meat 119
meat and poultry 106
meat tenderizer 68
meatballs 158
meathook 118
mechanic 188, 203
mechanics 202
medals 235
media 178
medical examination 45
medication 109
medicine 109, 169
medicine cabinet 72
meditation 54
Mediterranean Sea 313
medium wave 179
meeting 174
meeting room 174
melody 259
melon 127
memory 176
men's clothing 32
menswear 105
menstruation 20
menu 148, 153, 154
menu bar 177
mercury 289
Mercury 280
meringue 140
mesosphere 286
messages 100
metacarpal 17
metal 79
metal bit 80
metals 289
metamorphic 288
metatarsal 17
meteor 280
meter 310
Mexico 314
mica 289
microphone 179, 258
microscope 167
microwave oven 66
midday 305
middle finger 15
midnight
midwife 53
migraine 44
mile 310
milk 136, 156
milk *v* 183
milk carton 136
milk chocolate 113
milkshake 137
millennium 307
millet 130
milligram 310
milliliter 311
millimeter 310
mineral 144
mineral spirits 83
minerals 289
mini bar 101
mini disc recorder 268
minibus 197
minivan 199
mini-dress 34
mint 113, 133
mint tea 149
minus 165
minute 304
minute hand 304
minutes 174
mirror 40, 63, 71, 167
miscarriage 52
Miss 23
missile 211
mist 287
miter block 81
mitt 228
mittens 30
mix *v* 67, 138
mixing bowl 66, 69
mixing desk 179
moat 300
mobile 74
model 169, 190
model-making 275
modeling tool 275
modem 176
moisturizer 41
molar 50
Moldova 316
mole 14
Monaco 316
Monday 306
money 97
money order 98
Mongolia 318
monitor 172, 176
monitor 53
monkey 291
monkfish 120
monopoly 272
monorail 208
monsoon 287
month 306
monthly 307
monument 261
Moon 280
moonstone 288
moor *v* 217
mooring 217
mop 77
morning 305
Morocco 317
mortar 68, 167, 187
mortgage 96
mosque 300
mosquito 295
mosquito net 267
moth 295
mother 22
mother-in-law 23
motocross 249
motor 88
motor racing 249
motorcycle 204
motorcycle racing 249
molding 63
mountain 284
mountain bike 206
mountain range 282
mouse 176, 290
mousse 141
mouth 14
mouth guard 237
mouthwash 72
move 273
movie 260, 271
movie set 179
movie theater 255, 299
mow *v* 90
Mozambique 317
mozzarella 142
MP3 player 268
Mr. 23
Mrs. 23
mudguard 205
muffin 140
muffin pan 69
muffler 203, 204
mug 65
mulch *v* 91
multigrain bread 139
multiply *v* 165
multivitamin tablets 109
mumps 44
mung beans 131
muscles 16
museum 261
mushroom 125
music 162
music school 169
musical 255
musical score 255
musical styles 259
musician 191
mussel 121, 295
mustard 155
mustard seed 131
Myanmar 318

N

naan bread 139
nail 15, 80
nail clippers 41
nail file 41
nail polish 41
nail polish remover 41
nail scissors 41
Namibia 317
nape 13
napkin 65, 152
napkin ring 65
narrow 321
nation 315
national park 261
natural 256
natural fiber 31
naturopathy 55
nausea 44
navel 12
navigate *v* 240
near 320
nearsightedness 51
nebula 280
neck 12, 258
neck brace 46
necklace 36
neckline 34
nectarine 126
needle 109, 276
needle plate 276
needlenose pliers 80
needlepoint 277
negative 271
negative electrode 167
negligée 35
neighbor 24
neoclassical 301
Nepal 318
nephew 23
Neptune 280
nerve 19, 50
nervous 19, 25
net 217, 222, 226, 227, 231
net *v* 245
net curtain 63
Netherlands 316
nettle 297
network 176
neurology 49
neutral 60

english

neutral zone 224
new 321
new moon 280
new potato 124
New Year 27
New Zealand 319
newborn baby 53
news 178
newscaster 179, 191
newspaper 112
newsstand 112
next week 306
nib 163
Nicaragua 314
nickel 289
niece 23
Niger 317
Nigeria 317
night 305
nightgown 35
nightie 31
nightwear 31
nightstand 70
nightstick 94
nine 308
nine hundred 308
nineteen 308
nineteen hundred 307
nineteen hundred and one 307
nineteen ten 307
nineteenth 309
ninetieth 309
ninety 308
ninth 309
nipple 12
no 322
no entry 195
no right turn 195
no stopping 195
nonsmoking section 152
nonstick 69
noodles 158
normal 39
north 312
North and Central America 314
North Korea 318
North Pole 283
North Sea 312
Northern Hemisphere 283
Norway 316
nose 14, 210
nose clip 238
noseband 242
nosebleed 44
nosewheel 210
nostril 14
notation 256
note 97, 256
notecard 173
notepad 173
notebook 163, 172
notes 175, 191
notice board 173
notions 105
nougat 113
November 306
now 304
nozzle 89
number 226
numbers 308
numerator 165
nurse 45, 48, 52, 189
nursery 74
nursing 53
nursing bra 53
nut 80
nutmeg 132
nuts 151
nuts and dried fruit 129
nylon 277

O

oak 296
oar 241
oatmeal 156
oats 130
objective lens 167
oboe 257
obsidian 288
obstetrician 52
occupations 188, 190
occupied 321
ocean 282
ocean liner 215
octagon 164
October 306
octopus 121, 295
odometer 201
offal 118
offers 106
office 24, 172, 174
office building 298
office equipment 172
office supplies 173
off-piste 247
off-side 223
oil 142, 199
oil paints 274
oil tank 204
oil tanker 215
oils 134
oily 41
ointment 47, 109
okra 122
old 321
olive oil 134
olives 151
Oman 318
omelet 158
on time 305
on top of 320
oncology 49
one 308
one billion 309
one million 309
one thousand 309
one-way 194
one-way system 298
onion 124
on-line 177
onto 320
onyx 289
opal 288
open 260, 321
open sandwich 155
open-top 260
opera 255
operating room 48
operation 48
operator 99
ophthalmology 49
opponent 236
opposite 320
optic 150
optic nerve 51
optician 51, 189
orange 126, 274
orange juice 148
orangeade 144
orbit 280
orchestra 254, 256
orchestra pit 254
orchid 111
order *v* 153
oregano 133
organic 91, 118, 122
organic waste 61
organizer 175
origami 275
ornamental 87
orthopedics 49
osteopathy 54
ostrich 292
otter 290
ounce 310
out 225, 228, 320
out of bounds 226
out of focus 271
outboard motor 215
outbuilding 182
outdoor activities 262
outer core 282
outfield 229
outlet 61
outpatient 48
outside 320
out-tray 172
oval 164
ovary 20
oven 66
oven mitt 69
ovenproof 69
over 320
over par 233
overalls 30, 82
overdraft 96
overexposed 271
overflow pipe 61
overhead bin 210
overhead projector 163
overpass 194
overture 256
ovulation 20, 52
owl 292
oyster 121
ozone layer 286

P

Pacific Ocean 312
pack 311
pack of cigarettes 112
package 99, 311
pad 224
paddle 241
paddock 242
pads 53, 220
painkiller 109
painkillers 47
pail 77, 82, 265
paint 83
paint *v* 83
paint can 83
paint tray 83
painter 191
painting 62, 261, 274
paints 274
pajamas 33
pak-choi 123
Pakistan 318
palate 19
palette 274
pallet 186
palm 15, 86, 296
palm hearts 122
palmtop 175
pan 310
pan-fried 159
Panama 314
pancreas 18
panda 291
panties 35
pants 32, 34
panty liner 108
papaya 128
paper clip 173
paper guide 172
paper napkin 154
paper tray 172
papier-maché 275
paprika 132
Papua New Guinea 319
par 233
parachute 248
parachuting 248
paragliding 248
Paraguay 315
parallel 165
parallel bars 235
parallelogram 164
paramedic 94
parents 23
park 262
park *v* 195
parka 31, 33
parking brake 203
parking meter 195
parking lot 298
parmesan 142
parole 181
parrot 293
parsley 133
parsnip 125
partner 23
pass 226
pass *v* 195, 220, 223
passenger 216
passenger port 216
passion fruit 128
Passover 27
passport 213
passport control 213
pasta 158
pastels 274
pasteurized 137
pasting brush 82
pasting table 82
pastry 140, 149
pastry brush 69
pasture 182
patch 207
patchwork 277
pâté 142, 156
path 58, 85
pathology 49
patient 45
patio garden 85
pattern 276
pause 269
paving 85
pawn 272
pay *v* 153
pay-per-view channel 269
payment 96
payroll 175
peach 126, 128
peacock 293
peanut 129
peanut butter 135
peanuts 151
pear 127
peas 131
pecan 129
pectoral 16
pectoral fin 294
pedal 61, 206
pedal *v* 207
pedestrian zone 299
pediatrics 49
pedicure 41
pediment 301
peel *v* 67
peeled shrimp 120
pelican 292
pelvis 17
pen 163, 185
pen holder 172

pen pal 24
penalty 222
penalty area 223
pencil 163, 275
pencil case 163
pencil sharpener 163
pendant 36
penguin 292
peninsula 282
penis 21
pentagon 164
peony 111
people 12, 16
pepper 64, 124, 152
peppercorn 132
pepperoni 142
percentage 165
percussion 257
perennial 86
perfume 41, 105
pergola 84
periodical 168
perm 39
perpendicular 165
persimmon 128
personal best 234
personal CD player 269
personal organizer 173, 175
personal trainer 250
Peru 315
pesticide 89, 183
pestle 68, 167
pet food 107
pet store 115
petal 297
petri dish 166
pharmacist 108, 189
pharmacy 108
pharynx 19
pheasant 119, 293
Phillips screwdriver 81
philosophy 169
Philippines 319
photo album 271
photo finish 234
photographer 191
photograph 271
photograph *v* 271
photography 270
phyllo pastry 140
physical education 162
physics 162, 169
physiotherapy 49
piano 256
piccolo 257
pick *v* 91
pick-and-mix 113
pickax 187
pickled 159
pickup 258
picnic 263
picnic bench 266
picture frame 271
pie 158
pie pan 69
piece 272
pier 217
pies 143
pig 185
pig farm 183
pigeon 292
pigeonhole 100
piglet 185
pigsty 185
pigtails 39
Pilates 251
pill 21, 109
pillar 300
pillion 204
pillow 70
pillowcase 71
pilot 190, 211
pin 60, 237, 249, 276
PIN 96
pincushion 276
pine 296
pine nut 129
pineapple 128
pineapple juice 149
pink 274
pint 311
pinto beans 131
pipe 112, 202
pipe cutter 81
pipette 167
piping bag 69
pistachio 129
pita bread 139
pitch *v* 229
pitch a tent *v* 266
pitcher 151, 229
pitcher's mound 228
pitches available 266
pith 126
pizza 154
pizzeria 154
place mat 64
place setting 65
placenta 52
plain 285
plane 81
plane *v* 79
planet 280, 282
plant *v* 183
plant pot 89
plants 86, 296
plaque 50
plaster *v* 82
plastic bag 122
plastic pants 30
plastic surgery 49
plate 283
plateau 284
platform 208
platform number 208
platform shoe 37
platinum 289
play 254, 269
play *v* 229, 273
player 221, 231, 273
playground 263
playhouse 75
playing 75
playpen 75
plea 180
please 322
plow *v* 183
plug 60, 72
plum 126
plumb line 82
plumber 188
plumbing 61
plunger 81
plus 165
Pluto 280
plywood 79
poach *v* 67
poached 159
pocket 32
pod 122
podium 235, 256
point 273
poisoning 46
poker 273
Poland 316
polar bear 291
pole 245, 282
pole vault 234
police 94
police car 94
police officer 94, 189
police station 94
polish 77
polish *v* 77
politics 169
polo 243
polyester 277
pomegranate 128
pommel 242
pommel horse 235
pond 85
ponytail 39
pool 249
pop 259
popcorn 255
poplar 296
popper 30
poppy 297
poppy seeds 138
porch 58
porch light 58
pore 15
pork 118
port 145, 176, 214, 216
porter 100
portfolio 97
porthole 214
portion 64
portrait 271
Portugal 316
positive electrode 167
post office 98
postage 98
postal worker 98
postcard 112
poster 255
poster paint 274
postgraduate 169
postmark 98
pot *v* 91
potato 124
potpourri 111
potted plant 87, 110
potter's wheel 275
pottery 275
potty 74
pouch 291
poultry 119
poultry farm 183
pound 310
pour *v* 67
powder 77, 109
powder puff 40
powdered milk 137
power 60
power cord 176
power outage 60
practice swing 233
pram 75
praying mantis 295
pregnancy 52
pregnancy test 52
pregnant 52
premature 52
premolar 50
prenatal 52
prerecorded 178
prescription 45
present 27
presentation 174
presenter 178
preservative 83
preserved fruit 134
press 178
presser foot 276
pressure valve 61
price 152, 199
price list 154
prickly pear 128
primer 83
primrose 297
principal 163
principality 315
print 271
print *v* 172
printer 172, 176
printing 275
prison 181
prison guard 181
private bathroom 100
private jet 211
private room 48
probe 50
problems 271
processed grains 130
procession 27
processor 176
produce stand 114, 188
producer 254
professor 169
program 176
program 254, 269
programming 178
projector 174
propagate *v* 91
propeller 211, 214
proposal 174
prosciutto 143
prosecution 180
prostate 21
protractor 165
proud 25
prove *v* 139
province 315
prow 215
prune 129
prune *v* 91
pruners 89
psychiatry 49
psychotherapy 55
public address system 209
puck 224
pudding rice 130
Puerto Rico 314
puff pastry 140
pull up *v* 251
pulp 127
pulse 47
pumice 288
pumice stone 73
pump 207
pumpkin 125
pumpkin seed 131
punch 237
punching bag 237
pup 290
pupil 51, 162
puppy 290
purple 274
pushup 251
purse 37
putt *v* 233
putter 233
pyramid 164

Q

Qatar 318
quadriceps 16
quail 119
quail egg 137
quart 311
quarter of an hour 304
quarterdeck 214
quartz 289
queen 272, 273
question 163
question *v* 163
quiche pan 69

english

quilt 71
quilting 277
quince 128
quinoa 130
quiver 249

R
rabbit 118, 290
raccoon 290
race 234
race-car driver 249
racecourse 243
racehorse 243
racing bike 205, 206
racing dive 239
rack 166
racket 230
racket games 231
racquetball 231
radar 214, 281
radiator 60, 202
radicchio 123
radio 179, 268
radio antenna 214
radio station 179
radiology 49
radish 124
radius 17, 164
rafter 186
rafting 241
rail 208
rail network 209
rain 287
rain gear 245, 267
rainbow 287
rainbow trout 120
raincoat 31, 32
rainforest 285
raisin 129
rake 88
rake *v* 90
rally 230
rally driving 249
RAM 176
Ramadan 26
ramekin 69
range 67
rap 259
rapeseed 184
rapids 240, 284
rappeling 248
rash 44
raspberry 127
raspberry jam 134
rat 290
rattle 74
raw 124, 129
ray 294
razor blade 73
razorshell clam 121
read *v* 162
reading light 210
reading list 168
reading room 168
reamer 80
rear light 207
rear wheel 197
rearview mirror 198
receipt 152
receive *v* 177
receiver 99
reception 100
receptionist 100, 190
record 234, 269
record player 268
record store 115
recording studio 179
rectangle 164
rectum 21
recycling bin 61
red 145, 274
red card 223
red-eye 271
red kidney beans 131
red lentils 131
red meat 118
red mullet 120
Red Sea 313
reduce *v* 172
reduced-fat milk 136
reel 244
reel in *v* 245
referee 222, 226
referral 49
reflector 50, 204, 207
reflector strap 205
reflexology 54
refrigerator 67
reggae 259
region 315
register 100
registered mail 98
regulator 239
reheat *v* 154
reiki 55
reins 242
relationships 24
relatives 23
relaxation 55
relay race 235
release *v* 245
remote control 269
Renaissance 301
renew *v* 168
rent 58
rent *v* 58
repair kit 207
report 174
reporter 179
reproduction 20
reproductive 19
reproductive organs 20
reptiles 293
research 169
reserve *v* 168
residence hall 168
respiratory 19
rest 256
restaurant 101, 152
result 49
resurfacing 187
resuscitation 47
retina 51
retire *v* 26
return 231
return address 98
return date 168
rewind 269
rhinoceros 291
rhombus 164
rhubarb 127
rhythmic gymnastics 235
rib 17, 119
rib cage 17
ribbon 27
ribbon 39, 111, 141, 235
ribs 155
rice 130, 158, 184
rice pudding 140
rider 242
riding boot 242
riding crop 242
riding hat 242
rigging 215, 240
right 260
right field 229
right-hand drive 201
rim 206
rind 119, 127, 136, 142
ring 36
ring binder 173
ring finger 15
ring ties 89
rings 235
rinse *v* 38, 76
ripe 129
rise *v* 139
river 284
road bike 206
road markings 194
road signs 195
roads 194
road work 187, 195
roast 158
roast *v* 67
roasted 129
roasting pan 69
robe 38, 169
rock climbing 248
rock concert 258
rock garden 84
rocket 123
rocks 284, 288
Rocky Mountains 312
rococo 301
rodeo 243
roll 139, 311
roll *v* 67
roller 83, 187
roller coaster 262
roller shade 63
roller skating 249
rollerblading 263
rollerskate 249
rolling pin 69
romance 255
Romania 316
romper 30
roof 58, 203
roof garden 84
roof tile 187
roof rack 198
rook 272
room 58
room key 100
room number 100
room service 101
rooms 100
rooster 185
root 50, 124, 296
roots 39
rope 248
rose 89, 110, 145
rosé 145
rosemary 133
rotor blade 211
rotten 127
rough 232
round 237
round neck 33
roundabout 195
route number 196
router 78
row 210, 254
row *v* 241
rower 241
rowboat 214
rowing machine 250
rubber band 173
rubber boots 89
rubber ring 265
rubber stamp 173
ruby 288
ruck 221
rudder 210, 241
rug 63
rugby 221
ruler 163, 165
rum 145
rum and coke 151
rump steak 119
run 228
run *v* 228
runway 212
rush 86
rush hour 209
Russian Federation 318
rutabaga 125
Rwanda 317
rye bread 138

S
sad 25
saddle 206, 242
safari park 262
safe 228
safety 75, 240
safety goggles 81, 167
safety pin 47
saffron 132
sage 133
Sahara Desert 313
sail 241
sailboat 215
sailing 240
sailor 189
salad 149
salamander 294
salami 142
salary 175
sales clerk 104, 188
sales department 175
salmon 120
salt 64, 152
salted 121, 129, 137, 143
San Marino 316
sand 85, 264
sand *v* 82
sandal 37
sandals 31
sandbox 263
sandcastle 265
sander 78
sandpaper 81, 83
sandstone 288
sandwich 155
sandwich counter 143
sanitary napkin 108
São Tomé and Principe 317
sapphire 288
sardine 120
Sardinia 316
satellite 281
satellite dish 269
satellite navigation 201
satsuma 126
Saturday 306
Saturn 280
sauce 134, 143, 155
saucepan 69
Saudi Arabia 318
sauna 250
sausage 155, 157
sausages 118
sauté *v* 67
save *v* 177, 223
savings 96
savings account 97
savory 155
saw *v* 79
saxophone 257
scaffolding 186
scale 121, 256, 294
scales 45, 53, 69, 98, 118, 166, 212, 293, 310
scallop 121
scalp 39

scalpel 167
scan 48, 52
scanner 106, 176
scarecrow 184
scared 25
scarf 31, 36
schedule 197, 209, 261
schist 288
scholarship 169
school 162, 299
school bus 196
school uniform 162
schoolbag 162
schoolboy 162
schoolgirl 162
schools 169
science 162, 166
science fiction movie 255
scientist 190
scissors 38, 47, 82,188, 276
scoop 68, 149
scooter 205
score 220, 256, 273
score a goal *v* 223
scoreboard 225
scorpion 295
scotch and water 151
scrabble 272
scrambled eggs 157
scrape *v* 77
scraper 82
screen 59, 63, 97, 176, 255, 269
screw 80
screwdriver 80, 151
screwdriver bits 80
script 254
scrollbar 177
scrotum 21
scrub *v* 77
scrum 221
scuba diving 239
sculpting 275
sculptor 191
sea 264, 282
sea bass 120
sea bream 120
sea horse 294
sea lion 290
sea plane 211
seafood 121
seal 290
sealant 83
sealed jar 135
seam 34
seamstress 191
search *v* 177
seasonal 129
seasons 306
seat 61, 204, 209, 210, 242, 254
seat back 210
seat belt 198, 211
seat post 206
seating 254
second 304, 309
second floor 104
second-hand 304
second-hand store 115
section 282
security 212
security bit 80
security guard 189
sedan 199
sedative 109
sedimentary 288
seed 122, 127, 128, 130
seed tray 89
seeded bread 139
seedless 127
seedling 91
seeds 88, 131
seesaw 263
segment 126
self-defense 237
self-rising flour 139
self-tanning cream 41
semi-hard cheese 136
seminal vesicle 21
semi-soft cheese 136
semisweet chocolate 113
semolina 130
send *v* 177
send off 223
Senegal 317
sensitive 41
sentence 181
September 306
series 179
serve 231
serve *v* 64, 231
server 176
service included 152
service line 230
service not included 152
service provider 177
service vehicle 212
serving spoon 68
sesame seed 131
sesame oil 134
set 178, 230, 254
set *v* 38
set honey 134
set sail *v* 217
set the alarm *v* 71
set the table v 64
seven 308
seven hundred 308
seventeen 308
seventeenth 309
seventh 309
seventieth 309
seventy 308
sew *v* 277
sewing basket 276
sewing machine 276
sexually transmitted disease 20
shade 41
shade plant 87
shallot 125
shallow end 239
shampoo 38
shapes 164
share price 97
shares 97
shark 294
sharp 256
shaving 73
shaving foam 73
shears 89
shed 84
sheep 185
sheep farm 183
sheep's milk 137
sheet 71, 74, 241
shelf 67, 106
shell 129, 137, 265, 293
shelled 129
shelves 66
sherbet 141
sherry 145
shiatsu 54
shield 88
shin 12
ship 214
ships 215
shipyard 217
shirt 32
shock 47
shocked 25
shoe department 104
shoe store 114
shoes 34, 37
shoot *v* 223, 227
shop 298
shopping 104
shopping bag 106
shopping center 104
shops 114
short 32, 321
short wave 179
short-grain 130
shorts 30, 33
shot 151
shotput 234
shoulder 13
shoulder bag 37
shoulder blade 17
shoulder pad 35
shoulder strap 37
shout *v* 25
shovel 187
shower 72, 286
shower block 266
shower curtain 72
shower door 72
shower gel 73
shower head 72
showjumping 243
shuffle *v* 273
shutoff valve 61
shutter 58
shutter release 270
shutter-speed dial 270
shuttle bus 197
shuttlecock 231
shy 25
Siberia 313
Sicily 316
side 164
side effects 109
side mirror 198
side order 153
side plate 65
side-saddle 242
side street 299
sidedeck 240
sideline 220, 226, 230
sidewalk 298
sidewalk café 148
Sierra Leone 317
sieve 68, 89
sieve *v* 91
sift *v* 138
sigh *v* 25
sightseeing 260
sign 104
signal 209
signature 96, 98
silk 277
silo 183
silt 85
silver 235, 289
simmer *v* 67
Singapore 319
singer 191
single 151
single room 100
singles 230
sink 38, 60, 61, 66, 72
sinus 19
siren 94
sirloin steak 119
sister 22
sister-in-law 23
site manager's office 266
situp 251
six 308
six hundred 308
sixteen 308
sixteenth 309
sixth 309
sixtieth 309
sixty 308
skate 120, 247, 294
skate *v* 224
skate wings 120
skateboard 249
skateboarding 249, 263
skein 277
skeleton 17
sketch 275
sketch pad 275
skewer 68
ski 241, 246
ski boot 246
ski jump 247
ski pole 246
ski run 246
ski slope 246
ski suit 246
skier 246
skiing 246
skim milk 136
skin 14, 119, 128
skin care 108
skinned 121
skirt 30, 34
skull 17
skydiving 248
skyscraper 299, 300
slalom 247
slate 288
sledding 247
sledgehammer 187
sleeper 30
sleeping 74
sleeping bag 267
sleeping compartment 209
sleeping mat 267
sleeping pill 109
sleet 286
sleeve 34
sleeveless 34
slice 119, 139, 140, 230
slice *v* 67
sliced bread 138
slicer 139
slide 167, 263
slide *v* 229
sling 46
slip 35
slip-on 37
slippers 31
slope 284
slotted spatula 68
slotted spoon 68
Slovakia 316
Slovenia 316
slow 321
slug 295
small 321
small intestine 18
small of back 13
smash 231
smile 25
smoke 95
smoke alarm 95
smoked 118, 121, 143, 159
smoked fish 143
smoking 112
smoking section 152
snack bar 113, 148
snail 295

english

snake 293
snare drum 257
sneeze 44
snore *v* 71
snorkel 239
snout 293
snow 287
snowboarding 247
snowmobile 247
snowsuit 30
soak *v* 130
soap 73, 178
soap dish 73
soccer 220, 222
soccer field 220
soccer player 220
soccer player 222
soccer uniform 31, 222
socket 60, 80
socket wrench 80
socks 33
soda bread 139
soda water 144
sofa 62
sofabed 63
soft 129, 321
soft cheese 136
soft drink 154
soft drinks 144
soft toy 75
software 176
softwood 79
soil 85
solar system 280
solder 79, 80
solder *v* 79
soldering iron 81
soldier 189
sole 15, 37
solids 164
Solomon Islands 319
soluble 109
solvent 83
Somalia 317
somersault 235
son 22
sonata 256
song 259
son-in-law 22
sorrel 123
sorting unit 61
soufflé 158
soufflé dish 69
sound boom 179
sound technician 179
soundtrack 255
soup 153, 158
soup bowl 65
soup spoon 65
sour 127
sour cream 137
sourdough bread 139
south 312
South Africa 317
South Korea 318
Southern Hemisphere 283
Southern Ocean 313
souvenirs 260
sow *v* 90, 183
soybeans 131
space 280
space exploration 281
space heater 60
space shuttle 281
space station 281
space suit 281
spade 88, 265, 273
Spain 316
spare tire 203
spark plug 203
sparkling 144
sparring 237
sparrow 292
spatula 68, 167
speaker 174, 176, 258, 268
speaker stand 268
spearfishing 245
specials 152
spectators 233
speed limit 195
speed skating 247
speedboat 241
speedometer 201, 204
spell *v* 162
sperm 20
sphere 164
spices 132
spicy sausage 142
spider 295
spike *v* 90
spikes 233
spin 230
spin *v* 76
spin-dryer 76
spinach 123
spine 17
spire 300
spleen 18
splint 47
splinter 46
split ends 39
split peas 131
spoke 207
sponge 73, 74, 83
sponge cake 140
spool 245
spoon 65
sport fishing 245
sports 105, 220, 236, 248
sports car 198
sports field 168
sportcoat 33
sportsman 191
spotlight 259
sprain 46
spray 109
spray *v* 91
spray can 311
spray bottle 89
spring 71, 307
spring balance 166
spring greens 123
springboard 235, 238
sprinkler 89
sprinter 234
sprocket 207
spy hole 59
square 164, 165, 272, 299
square foot 310
square meter 310
squash 231
squat 251
squid 121, 295
squirrel 290
Sri Lanka 318
St. Kitts and Nevis 314
St. Lucia 314
St. Vincent and the Grenadines 314
stable 185, 243
stadium 223
staff 175, 256
stage 167, 254
stages 23
stainless steel 79
stair gate 75
staircase 59
stake 90
stake *v* 91
stalk 122, 297
stalls 254
stamen 297
stamp 98
stamp collecting 273
stamps 112
stance 232
stand 88, 205, 268
stapler 173
staples 173
star 280
star anise 133
starfish 295
starfruit 128
start school *v* 26
starter 153
starting block 234, 238
starting line 234
state 315
statement 180
stationery 105
steak 121
steam *v* 67
steam train 208
steamed 159
steeplechase 243
steel wool 81
steering wheel 201
stem 111, 112, 297
stencil 83
stenographer 181
step machine 250
stepdaughter 23
stepfather 23
stepladder 82
stepmother 23
stepson 23
stereo 269
stereo system 268
sterile 47
stern 240
stethoscope 45
stew 158
stick 224, 249
sticks 133
still 144
sting 46, 295
stir *v* 67
stir-fry 158
stirrer 150
stirrup 242
stitch 277
stitch selector 276
stitches 52
stock broker 97
stock exchange 97
stockings 35
stocks 97, 110
stomach 18
stomachache 44
stone 36, 275
stone fruit 126
stop 269
stop button 197
stopper 166
stopwatch 234
store directory 104
stork 292
storm 287
stout 145
straight 39, 165
straight ahead 260
straighten *v* 39
strap 35
strapless 34
stratosphere 286
straw 144, 154
strawberry 127
strawberry milkshake 149
stream 285
street 298
street corner 298
street sign 298
streetlight 298
stress 55
stretch 251
stretcher 94
strike 228, 237
string 230, 258
string of pearls 36
string bean 122
strings 256
strip *v* 82
stroke 44, 233, 239
strokes 231
stroller 75
strong 321
stub 96
study 63, 162
stuffed 159
stuffed olive 143
stump 225
styles 39, 239, 301
submarine 215
subsoil 91
substitute 223
substitution 223
subtract *v* 165
suburb 299
subway map 209
subway train 209
succulent 87
suction hose 77
Sudan 317
sugarcane 184
suit 273
sulfur 289
summer 31, 307
summons 180
sumo wrestling 237
Sun 280
sun hat 30, 265
sunbathe *v* 264
sunbed 41
sunblock 108, 265
sunburn 46
Sunday 306
sunflower 184, 297
sunflower oil 134
sunflower seed 131
sunglasses 51, 265
sunny 286
sunrise 305
sunroof 202
sunscreen 108
sunset 305
sunshine 286
suntan lotion 265
supermarket 106
supersonic jet 211
supplement 55
supply pipe 61
support 187
suppository 109
surf 241
surfboard 241
surfcasting 245
surfer 241
surfing 241
surgeon 48
surgery 45, 48
Suriname 315
surprised 25
suspect 94, 181
suspension 203, 205
swallow 292

english

swamp 285
swan 293
Swaziland 317
sweater 33
sweatpants 33
sweatshirt 33
Sweden 316
sweep v 77
sweet 124, 127, 155
sweet potato 125
sweet spreads 134
swim v 238
swimmer 238
swimming 238
swimming pool 101, 238, 250
swimsuit 238, 265
swing v 232
swings 263
swiss chard 123
switch 60
Switzerland 316
swivel chair 172
sword 236
swordfish 120, 294
symphony 256
synagogue 300
synchronized swimming 239
synthetic 31
Syria 318
syringe 109, 167
syrup 109
system 176

T
tab 173
table 64, 148
table tennis 231
tablecloth 64
tachometer 201
tack v 241, 277
tackle 245
tackle v 220, 223
tackle box 244
tadpole 294
tae kwon do 236
tag v 229
tai chi 236
tail 121, 210, 242, 280, 290, 294
tailbone 17
tailgate 198
taillight 204
tailor 191
tailored 35
tailor's 115
tailor's chalk 276
tailor's dummy 276
tailplane 210
Taiwan 319
Tajikistan 318
take a bath v 72
take a shower v 72
take notes v 163
take off v 211
talcum powder 73
tall 321
tambourine 257
tampon 108
tan 41
tandem 206
tangerine 126
tank 61
Tanzania 317
tap 61, 66
tap water 144
tape deck 268
tape dispenser 173
tape measure 80, 276
target 249
target shooting 249
taro root 124
tarragon 133
Tasmania 319
tattoo 41
tax 96
taxi stand 213
tea 144, 149, 184
tea bag 144
tea with lemon 149
tea with milk 149
teacher 54, 162, 191
teacup 65
team 220, 229
teapot 65
tear 51
teaspoon 65
teat 75
techniques 79, 159
teddy bear 75
tee 233
teeing ground 232
teenager 23
tee off v 233
telegram 98
telephone 99, 172
telephone booth 99
teleprompter 179
telescope 281
television 268
television series 178
television studio 178
temperature 286
temperature gauge 201
temple 14, 300
ten 308
ten thousand 309
tenant 58
tend v 91
tendon 17
tennis 230
tennis court 230
tennis shoes 231
tenon saw 81
tent 267
tent peg 266
tent pole 266
tenth 309
tequila 145
terminal 212
termite 295
terrace café 148
territory 315
test 49, 163
test tube 166
testicle 21
text message 99
textbook 163
Thailand 318
thank you 322
Thanksgiving 27
theater 254, 299
theme park 262
therapist 55
thermal underwear 35
thermals 267
thermometer 45, 167
thermosphere 286
thermostat 61
thesis 169
thick 321
thigh 12, 119
thimble 276
thin 321
third 309
third floor 104
thirteen 308
thirteenth 309
thirtieth 309
thirty 308
this way up 98
this week 307
thistle 297
thoracic vertebrae 17
thread 276
thread v 277
thread guide 276
thread reel 276
three 308
three hundred 308
hatchback 200
three-point line 226
thriller 255
throat 19
throttle 204
through 320
throw 237
throw v 221, 227, 229
throw-in 223, 226
thruster 281
thumb 15
thumbtack 173
thunder 286
Thursday 306
thyme 133
thyroid gland 18
tibia 17
ticket 209, 213
ticket gate 209
ticket inspector 209
ticket office 209, 216
tie 32
tiebreaker 230
tie-pin 36
tiger 291
tights 35, 251
tile 58, 272
tile v 82
till 106, 150
tiller 240
timber 187
time 234, 304
time out 220
timer 166
times 165, 261
timing 203
tip 36, 122, 246
tissue 108
title 168
titles 23
to 320
to go 154
toad 294
toast 157
toasted sandwich 149
toaster 66
tobacco 112, 184
today 306
toddler 30
toe 15
toe clip 207
toe strap 207
toenail 15
toffee 113
toggle 31
Togo 317
toilet 61, 72
toilet brush 72
toilet paper 72
toilet seat 72
toiletries 41, 107
toilets 104, 266
toll booth 194
tomato 125, 157
tomato juice 144, 149
tomorrow 306
ton 310
toner 41
tongs 150, 167
tongue 19, 37, 118
tonic water 144
tool rack 78
toolbar 177
toolbelt 186
toolbox 80
tools 187
tooth 50
toothache 50
toothbrush 72
toothpaste 72
top coat 83
top-dress v 90
top tier 141
topaz 288
topiary 87
topping 155
topsoil 85
tornado 287
tortoise 293
tossed salad 158
touch line 221
touchdown 221
tour bus 197, 260
tour guide 260
tourer 205
touring bike 206
tourist 260
tourist attraction 260
tourist information 261
tourmaline 288
tournament 233
tow away v 195
tow truck 203
toward 320
towel bar 72
towels 73
tower 300
town 298
town hall 299
townhouse 58
toy 75
toy basket 75
toys 105
track 208, 234
track and field 234
tractor 182
traffic 194
traffic jam 195
traffic light 194
traffic police 195
trailer 266
train 35, 208
train v 91, 251
train station 208
trainer 37
training wheels 207
tram 196, 208
transfer 223
transformer 60
transmission 202
transplant v 91
transportation 194
trapezium 164
trapezius 16
trash 177
travel agent 190, 114
travel brochure 212
travel sickness pills 109
traveler's check 97
tray 152, 154
tray-table 210
tread 207
tread water v 239
treadmill 250
treble clef 256
tree 86, 296
trekking 243
trellis 84
tremor 283

english

triangle 164, 257
triceps 16
trifle 141
trim v 39, 90
trimester 52
trimmer 88
Trinidad and Tobago 314
tripod 166, 270, 281
trolley bus 196
trombone 257
tropic of Cancer 283
tropic of Capricorn 283
tropical fruit 128
tropics 283
troposphere 286
trot 243
trough 183
trout 120
trowel 89, 187
truck 194
truck driver 190
truffle 113, 125
trumpet 257
trunk 198, 291, 296
trunks 238
try 221
T-shirt 30, 33
tub 311
tuba 257
tube 311
Tuesday 306
tugboat 215
tulip 111
tumble 235
tumble-dryer 76
tumbler 65
tuna 120
tune v 179
tune the radio v 269
tuning peg 258
Tunisia 317
turbocharger 203
turf v 90
Turkey 316
turkey 119, 185, 293
Turkmenistan 318
turmeric 132
turn 238
turn v 79
turn off the television v 269
turn on the television v 269
turn signal 198, 204
turnip 124
turpentine 83
turquoise 289
turret 300
turtle 293
tusk 291
tutu 191
tweezers 40, 47, 167
twelfth 309
twelve 308
twentieth 309
twenty 308
twenty minutes 304
twenty thousand 309
twenty-first 309
twenty-one 308
twenty-second 309
twenty-third 309
twenty-two 308
twig 296
twin bed 71
twin room 100
twine 89
twins 23
twist ties 89
two 308
two hundred 308
two o'clock 304
two thousand 307
two thousand and one 307
two-door 200
types 199, 205
types of buses 196
types of cameras 270
types of farms 183
types of plants 86
types of fishing 245
types of trains 208
tire 198, 205, 206
tire iron 207
tire pressure 203

U

Uganda 317
ugli fruit 126
Ukraine 316
ulna 17
ultralight 211
ultrasound 52
ultraviolet rays 286
umbilical cord 52
umbrella 36, 233
umbrella stand 59
umpire 225, 229, 230
uncle 22
unconscious 47
uncooked meat 142
under 320
under par 233
undercoat 83
underexposed 271
undergraduate 169
underpass 194
underwear 32, 35
underwired 35
uniform 94, 189
United Arab Emirates 318
United Kingdom 316
United States of America 314
universe 280
university 299
unleaded 199
unpasteurized 137
unpick v 277
unsalted 137
until 320
up 320
upset 25
Uranus 280
ureter 21
urethra 20
urinary 19
urology 49
Uruguay 315
usher 255
uterus 20, 52
utility knife 81
utility room 76
Uzbekistan 318

V

vacation 212
vacuum cleaner 77, 188
vacuum cup 53
vacuum flask 267
vagina 20
valance 71
valley 284
valve 207
vanilla 132
Vanuatu 319
varnish 79, 83
vas deferens 21
vase 63, 111
Vatican City 316
vault 235, 300
veal 118
vegetable garden 85, 182
vegetable oil 135
vegetable peeler 68
vegetables 107, 122, 124
veggie burger 155
veil 35
vein 19
venetian blind 63
Venezuela 315
venison 118
vent 283
Venus 280
verdict 181
vest 33, 35, 251
veterinarian 189
vibraphone 257
video game 269
video phone 99
video recorder 269
video tape 269
Vietnam 318
viewfinder 271
village 299
vine 183
vinegar 135, 142
vineyard 183
vintage 199
viola 256
violin 256
virus 44
visa 213
vise 78
vision 51
visiting hours 48
visor 205
vitamins 108
V-neck 33
vocal cords 19
vodka 145
voice message 99
volcano 283
volley 231
volleyball 227
voltage 60
volume 165, 179, 269, 311
vomit v 44

W

waders 244
wading pool 263
waffles 157
waist 12
waistband 35
waistcoat 33
waiter 148, 152
waiting room 45
waitress 191
wake up v 71
walk 243
walking boot 37, 267
walkway 212
wall 58, 186, 222
wall light 62
wallet 37
wallpaper 82, 177
wallpaper v 82
wallpaper brush 82
wallpaper paste 82
walnut 129
walnut oil 134
walrus 290
ward 48
wardrobe 70
warehouse 216
warm 286
warm up v 251
warrant 180
wash v 38, 77
washer 80
washer fluid 199
washer fluid reservoir 202
washing machine 76
wasp 295
waste disposal 61, 266
waste disposal unit 61
waste pipe 61
wastebasket 172
watch 36
watch television v 269
water 144, 238
water v 90, 183
water bottle 206, 267
water chamber 61
water chestnut 124
water garden 84
water hazard 232
water heater 61
water jet 95
water plant 86
water polo 239
watercolor paints 274
watercress 123
waterfall 285
watering 89
watering can 89
watermelon 127
waterskier 241
waterskiing 241
watersports 241
wave 241, 264
wavelength 179
wax 41
weak 321
weather 286
weaving 277
website 177
wedding 26. 35
wedding cake 141
wedding dress 35
wedding reception 26
wedge 233
Wednesday 306
weed v 91
weedkiller 91
weeds 86
week 306
weekend 306
weekly 307
weigh v 310
weight 166, 244
weight bar 251
weight belt 239
weight training 251
wellington boots 31
west 312
western 255
Western Sahara 317
wet 286, 321
wet wipe 75, 108
wetsuit 239
whale 290
wheat 130, 184
wheel 198, 207
wheel nuts 203
wheelbarrow 88
wheelchair 48
wheelchair access 197
whetstone 81
whiplash 46
whipped cream 137
whisk 68
whisk v 67

whiskers 290
whiskey 145
white 39, 145, 272, 274
white bread 139
white chocolate 113
white coffee 148
white currant 127
white flour 138
white meat 118
white rice 130
whiting 120
whole 129, 132
whole milk 136
whole-grain 131
whole-grain mustard 135
whole-wheat bread 139
whole-wheat flour 138
wicket 225
wide 321
widescreen television 269
width 165
wife 22
wig 39
wild rice 130
willow 296
win *v* 273
wind 241, 286
windbreak 265
windbreaker 33
windlass 214
window 58, 96, 98, 177, 186, 197, 209, 210
windpipe 18
windshield 198, 205
windshield wiper 198
windsurfer 241
windsurfing 241
windy 286
wine 145, 151
wine glass 65
wine list 152
wine vinegar 135
wing 119, 210, 293
wings 254
winner 273
winter 31, 307
winter sports 247
wipe *v* 77
wire 79
wire cutter 80
wire strippers 81
wires 60
with 320
withdrawal slip 96
without 320
witness 180
wok 69
wolf 290
woman 23
womb 52
women's clothing 34, 105
wood 79, 233, 275, 285
wood glue 78
wood shavings 78
wood stain 79
wooden spoon 68
woodpecker 292
woodwind 257
woodworking 275
wool 277
work 172
work day 306
workbench 78
workshop 78
world map 312
worm 295
worried 25
wound 46
wrap 155
wrapping 111
wreath 111
wrench 80, 81, 203
wrestling 236
wrinkle 15
wrist 13, 15
wristband 230
writ 180
write *v* 162

X

X-ray 48
X-ray film 50
X-ray machine 212
X-ray viewer 45

Y

yacht 215, 240
yam 125
yard 310
yawn *v* 25
year 163, 306
yeast 138
yellow 274
yellow card 223
Yemen 318
yes 322
yesterday 306
yoga 54
yogurt 137
yolk 137, 157
you're welcome 322
Yugoslavia 316

Z

Zambia 317
zebra 291
zero 308
zest 126
Zimbabwe 317
zinc 289
zip 277
ZIP code 98
zone 315
zones 283
zoo 262
zoology 169
zoom lens 270
zucchini 125

english

ringraziamenti • acknowledgments

DORLING KINDERSLEY would like to thank Tracey Miles and Christine Lacey for design assistance, Georgina Garner for editorial and administrative help, Sonia Gavira, Polly Boyd, and Cathy Meeus for editorial help, and Claire Bowers for compiling the DK picture credits.

The publisher would like to thank the following for their kind permission to reproduce their photographs:
Abbreviations key:
t=top, b=bottom, r=right, l=left, c=centre

Abode: 62; **Action Plus:** 224bc; **alamy.com:** 154t; A.T. Willett 287bcl; Michael Foyle 184bl; Stock Connection 287bcr; **Allsport/Getty Images:** 238cl; **Alvey and Towers:** 209 acr, 215bcl, 215bcr, 241cr; **Peter Anderson:** 188cbr, 271br. **Anthony Blake Photo Library:** Charlie Stebbings 114cl; John Sims 114tcl; **Andyalte:** 98tl; **apple mac computers:** 268tcr; **Arcaid:** John Edward Linden 301bl; Martine Hamilton Knight, Architects: Chapman Taylor Partners, 213cl; Richard Bryant 301br; **Argos:** 41tcl, 66cbl, 66cl, 66br, 66bcl, 69cl, 70bcl, 71t, 77tl, 269tc, 270tl; **Axiom:** Eitan Simanor 105bcr; Ian Cumming 104; Vicki Couchman 148cr; **Beken Of Cowes Ltd:** 215cbc; **Bosch:** 76tcr, 76tc, 76tcl; **Camera Press:** 27c, 38tr, 256t, 257cr; Barry J. Holmes 148tr; Jane Hanger 159cr; Mary Germanou 259bc; **Corbis:** 78b; Anna Clopet 247tr; Bettmann 181tl, 181tr; Bo Zauders 156t; Bob Rowan 152bl; Bob Winsett 247cbl; Brian Bailey 247br; Carl and Ann Purcell 162l; Chris Rainer 247ctl; ChromoSohm Inc. 179tr; Craig Aurness 215bl; David H.Wells 249cbr; Dennis Marsico 274bl; Dimitri Lundt 236bc; Duomo 211tl; Gail Mooney 277ctcr; George Lepp 248c; Gunter Marx 248cr; Jack Fields 210b; Jack Hollingsworth 231bl; Jacqui Hurst 277cbr; James L. Amos 247bl, 191ctr, 220bcr; Jan Butchofsky 277cbc; Johnathan Blair 243cr; Jon Feingersh 153tr; Jose F. Poblete 191br; Jose Luis Pelaez.Inc 153tc, 175tl; Karl Weatherly 220bl, 247tcr; Kelly Mooney Photography 259tl; Kevin Fleming 249bc; Kevin R. Morris 105tr, 243tl, 243tc; Kim Sayer 249tcr; Lynn Goldsmith 258t; Macduff Everton 231bcl; Mark Gibson 249bl; Mark L. Stephenson 249tcl; Michael Pole 115tr; Michael S. Yamashita 247ctcl; Mike King 247cbl; Neil Rabinowitz 214br; Owen Franken 112t; Pablo Corral 115bc; Paul A. Sounders 169br, 249ctcl; Paul J. Sutton 224c, 224br; Peter Turnley 105tcr; Phil Schermeister 227b, 248tr; R. W Jones 309; R.W. Jones 175tr; Richard Hutchings 168b; Rick Doyle 241ctr; Robert Holmes 97br, 277ctc; Roger Ressmeyer 169tr; Russ Schleipman 229; Steve Raymer 168cr; The Purcell Team 211ctr; Tim Wright 178; Vince Streano 194t; Wally McNamee 220br, 220bcl, 224bl; Yann Arhus-Bertrand 249tl; **Demetrio Carrasco / Dorling Kindersley (c) Herge / Les Editions Casterman:** 112ccl; **Dixons:** 270cl, 270cr, 270bl, 270bcl, 270bcr, 270ccr; **Education Photos:** John Walmsley 26tl; **Empics Ltd:** Adam Day 236br; Andy Heading 243c; Steve White 249cbc; **Getty Images:** 48bcl, 100t, 114bcr, 154bl, 287tr; 94tr; **Dennis Gilbert:** 106tc; **Hulsta:** 70t; **Ideal Standard Ltd:** 72r; **The Image Bank/Getty Images:** 58; **Impact Photos:** Eliza Armstrong 115cr; John Arthur 190tl; Philip Achache 246t; **The Interior Archive:** Henry Wilson, Alfie's Market 114bl; Luke White, Architect: David Mikhail, 59tl; Simon Upton, Architect: Phillippe Starck, St Martins Lane Hotel 100bcr, 100br; **Jason Hawkes Aerial Photography:** 216t; **Dan Johnson:** 26cbl, 35r; **Kos Pictures Source:** 215cbl, 240tc, 240tr; David Williams 216b; **Lebrecht Collection:** Kate Mount 169bc; **MP Visual.com:** Mark Swallow 202t; **NASA:** 280cr, 280ccl, 281tl; **P&O Princess Cruises:** 214bl; **P A Photos:** 181br; **The Photographers' Library:** 186bl, 186bc, 186t; **Plain and Simple Kitchens:** 66t; **Powerstock Photolibrary:** 169tl, 256t, 287tc; **Rail Images:** 208c, 208 cbl, 209br; **Red Consultancy:** Odeon cinemas 257br; **Redferns:** 259br; Nigel Crane 259c; **Rex Features:** 106br, 259tc, 259tr, 259bl, 280b; Charles Ommaney 114tcr; J.F.F Whitehead 243cl; Patrick Barth 101tl; Patrick Frilet 189cbl; Scott Wiseman 287bl; **Royalty Free Images:** Getty Images/Eyewire 154bl; **Science & Society Picture Library:** Science Museum 202b; **Skyscan:** 168t, 182c, 298; Quick UK Ltd 212; **Sony:** 268bc; **Robert Streeter:** 154br; **Neil Sutherland:** 82tr, 83tl, 90t, 118, 188ctr, 196tl, 196tr, 299cl, 299bl; **The Travel Library:** Stuart Black 264t; **Travelex:** 97cl; **Vauxhall:** Technik 198t, 199tl, 199tr, 199cl, 199cr, 199ctcl, 199ctcr, 199tcl, 199tcr, 200; **View Pictures:** Dennis Gilbert, Architects: ACDP Consulting, 106t; Dennis Gilbert, Chris Wilkinson Architects, 209tr; Peter Cook, Architects: Nicholas Crimshaw and partners, 208t; **Betty Walton:** 185br; **Colin Walton:** 2, 4, 7, 9, 10, 28, 42, 56, 92, 95c, 99tl, 99tcl, 102, 116, 120t, 138t, 146, 150t, 160, 170, 191ctcl, 192, 218, 252, 260br, 260l, 261tr, 261c, 261cr, 271cbl, 271cbr, 271ctl, 278, 287br, 302, 401.

DK PICTURE LIBRARY:
Akhil Bahkshi; Patrick Baldwin; Geoff Brightling; British Museum; John Bulmer; Andrew Butler; Joe Cornish; Brian Cosgrove; Andy Crawford and Kit Hougton; Philip Dowell; Alistair Duncan; Gables; Bob Gathany; Norman Hollands; Kew Gardens; Peter James Kindersley; Vladimir Kozlik; Sam Lloyd; London Northern Bus Company Ltd; Tracy Morgan; David Murray and Jules Selmes; Musée Vivant du Cheval, France; Museum of Broadcast Communications; Museum of Natural History; NASA; National History Museum; Norfolk Rural Life Museum; Stephen Oliver; RNLI; Royal Ballet School; Guy Ryecart; Science Museum; Neil Setchfield; Ross Simms and the Winchcombe Folk Police Museum; Singapore Symphony Orchestra; Smart Museum of Art; Tony Souter; Erik Svensson and Jeppe Wikstrom; Sam Tree of Keygrove Marketing Ltd; Barrie Watts; Alan Williams; Jerry Young.

Additional Photography by Colin Walton.

Colin Walton would like to thank:
A&A News, Uckfield; Abbey Music, Tunbridge Wells; Arena Mens Clothing, Tunbridge Wells; Burrells of Tunbridge Wells; Gary at Di Marco's; Jeremy's Home Store, Tunbridge Wells; Noakes of Tunbridge Wells; Ottakar's, Tunbridge Wells; Selby's of Uckfield; Sevenoaks Sound and Vision; Westfield, Royal Victoria Place, Tunbridge Wells.